森の神々と民俗

ニソの杜から考えるアニミズムの地平

金田久璋

白水社

目次

第三部 森の神の祭り

まえがき

一昨年の春に放映されたＮＨＫの教育テレビの番組『ふるさとの伝承』――「小さな森の祭り　若狭の聖域」のラスト・シーンで、私は「地元の人たちにとっては、ニソの杜《もり》が古代北欧の神話『エッダ』に出てくる宇宙樹、イグドラシルのように世界の中心にそびえているのではないか」と口ごもりながらのべた。

実は「口ごもりながら」というところに、制作協力者としてのリアリティがこめられていて、心中、民俗学徒でありながらこのようなことを言ってあちこちから指弾されはしないかと逡巡したことも事実である。ことさら言葉を一語一語たしかめながら、慎重にのべたつもりだった。それゆえ、口ごもるのは心のなかの葛藤の反映に相違ない。

放映後、このコメントに対して特に批判があったわけではない。悪くいえば無視されたも同然なのだろう。たしかに、森神信仰論のひとつのキイ・ワードとしてのニソの杜を、宇宙樹イグドラシルと結びつけて言及したことは、日本民俗学の許しがたい逸脱である。とりわけ、安易に異国の習俗と関連づけて論及することを、学界の一般的な風潮として嫌うところがある。長年地道につみかさねてきたニソの杜の研究が、このコメントによって一挙に瓦解してしまうのではないかと危惧する向きもないとはいえまい。それはそれで至当なことである。

とはいえ、私が言葉をえらんでのべたことは、「イグドラシルのように世界の中心にそびえる」巨木信仰としてのニソの杜にほかならないのであって、ニソの杜＝イグドラシル＝宇宙樹ということでは決してない。いわば単なる比喩である。大島にはニソの杜を宇宙樹とする伝承など、もとよりあろうはずがない。禁足地の中心にそびえたコタブの巨木は壮祖霊のめじるしとしてあがめられてきた。

批判を覚悟で私が表現したかったのは、伝承よりも常民の深層意識に根ざした神話的なイマジネーションの世界であり、ユング心理学のキイ・ワードを援用すれば元型《アーキ・タイプ》とか集合的無意識に関わる心意の領域にほかならないだろう。ミクロコスモスの世界にそびえる世界柱が宇宙樹である。したがって目下のところは比喩でしかないが、一歩踏みこめば仮説となりうる余地はある。

ひとはなぜ天空にそそり立つ巨木をあがめ、その中心の木や森を建ちはじまりの先祖として信仰の対象とするのか。この問いには、固有信仰論に立脚するかぎり、日本民俗学は答えることができないだろう。このグローバリズムの風靡する時代に、もはや何をもってして固有信仰と名づけるのであろうか。

蛮勇をふるって私の見解の一端をのべておこう。基本的な立場をいえば、この狭い若狭の一角に伝承された民俗事象は、世界のどこにでもありうることであり、したがって、天道花は五月柱《メイ・ポール》に通底し、諏訪の御柱や伊勢皇太神宮の心の御柱は、宇宙樹（世界柱・世界軸）にほかならないということである。本邦のグリーン・マンは、シバや祝棒を手にして生業の豊穣を予祝するだろう。

　このような思考は、この国の学界ではえてしてマイノリティにならざるを得ないが、思わぬところから、高名な人類学者が一冊の本をたずさえて援軍よろしくあらわれた。村武精一氏の歴史文化ライブラリー16・『アニミズムの世界』（吉川弘文館）である。「聖なる樹木」のなかで、氏はニソの杜や沖縄の御嶽《うたき》、上賀茂神社のミアレ木、諏訪大社の御柱、伊勢神宮の心御柱を例にひき、「神木は神霊の依り代として、あるいは天界と地上とを結ぶ『宇宙樹』として、神霊の降臨によって『常在神』のとどまるところとなっている。」とのべている。人類学者にしてはじめて言いうる言説であろう。当初、本書の書名も『森のアニミズム』として構想した経緯があり、共感するものがある。また、近年フィールドを中国奥地に移して、つぎつぎと日本民俗学のパラダイムを超える問題作を発表している、萩原秀三郎氏の著作にも勇気づけられている。

　ところで、私をここ数年悩ませている問題がもうひとつある。神が降臨して宿る樹木や巨石を依代というが、それならば「豊葦原の水穂の国は、昼は五月蝿《さばえ》なす水沸《みなわ》き、夜は火瓮《ほべ》なす光《かがや》く神あり、石《いわ》根《ね》、木立《こだち》、青水沫《あおみなわ》も事問いて荒ぶる国なり」という出雲国造神賀《かむよ》詞《ごと》の「事問ひ」をするのはそれらに宿った神なのか、あるいは石根や木立、青水沫そのものの霊魂なのであろうか。日本民俗学はこれまであまりに依代論に呪縛されてきたのではないか。これはアニミズムの根幹を問う模索である。「トビ・飛の木・富の木渡し」「シバの精霊」「トブサタテの民俗」はその思考の過程の小論であるが、タマとカミ、内在魂と外在魂に関わるこの命題の答えを私はまだ見出してはいない。管見では保立道久氏と「刈敷考」を発表した故・坪井洋文氏が、この問題に直面していたと推察している。

『森の神々と民俗』と名づけられた本書は、長年予祝儀礼と来訪神、森神信仰を追究してきた過程の産物である。したがって宇宙樹に降臨する森の神から祖霊神が宿るモリサンまで、必ずしも同じ意味で「森の神」という言葉が用いられているわけではない。しかし多義性をはらんだ本書のタイトルは、たとえばハカス人のシャーマン太鼓にえがかれた宇宙樹と天界、人間、さまざまな動物たちが群れつどう民俗世界をイメージしていることを付記しておこう。

第一部　森の神の動物誌

第一章　狐狩り候――民俗行事キツネガリの起源

1　中世仮面劇の広場にて

子《ね》または午《うま》の年の六年ごとに上演される壬生《みぶ》狂言の年がまわってくると、小浜市和久里の壬生狂言保存会と甚六会の面々は、「壬生《みーぶ》の婆《ばーば》のヒャッテンテン」を合言葉に、正月すぎから練習に余念がない。四月中旬の三日間、臨済宗西方寺（もと時宗）の境内に建つ「市の塔」という宝篋印塔の七年供養会に奉納するためである。

その際に子供たちが読みあげる縁起によれば、公家領を管理していた長井雅楽介という下司が、延元二年（一三三七）に所領を没収され、朝阿弥と称して世を捨て西方寺を創建し、延文元年（一三五六）に小浜の上市場に市の塔を建立したとある。その後、市の塔は寛永年中に八幡小路、永三小路に移転、さらに明治六年になって現在地へ移り、その供養のため、永三小路に住む狂言師の木崎氏から壬生狂言を伝授され、明治四十五年の子《ね》年にはじめて和久里で狂言が上演された。昭和六十一年に伝承地の地名をつけて「和久里狂言」として県の無形民俗文化財に指定されたが、杉の枝でふいた仮設の舞台に「壬生」と大書した額をかかげているように、「壬生」といえば「狂言」、「狂言」といえば「壬生」として、京都の壬生寺に起源をもつ民俗芸能であることを、むしろ村びとたちは誇りにしている。

壬生狂言の流れをくむとはいえ、現在和久里に伝えられている「狐釣り」「腰祈り」「寺大黒」「愛宕参り」「餓鬼角力」「ほうらく割り」「座頭の川渡り」「とろろ滑り」「花盗人」の九曲のうち、「狐釣り」「座頭の川渡り」「腰祈り」の三曲は、壬生寺には現存せず廃曲となっている。「壬生の婆」というのは、その三曲の廃曲のひとつ「腰祈り」の婆をさす。寺参り途中の老女が便意を催し、お尻をふいたチリ紙を道化役の供《とも》がひろいあげて臭いをかぐ卑猥な動作が、観衆の哄笑をまきおこす。能狂言と異なり、壬生狂言は仮面をつけ笛・太鼓・鉦の音に「ヒャッテンテン」とはやされて演じる仮面無言劇である。「壬生《みーぶ》の婆《ばーば》のヒャッテンテン」という言葉には、六年間待ちに待ちわびた村びとたちの深い気息がこめられているにちがいない。鄙《ひな》振《ぶ》りというか、片田舎のいかにも野趣にとむ素人芸ゆえ、本家本元の壬生寺の洗練された華麗な芸風にはおよぶべくもないが、あらけずりな活力あふれる中世のいぶきが感じられる。

2 「釣狐」と「狐釣り」の間

さて、壬生寺ではすでに廃曲となっている「狐釣り」は、言うまでもなく能狂言の大曲にして秘曲とされる「釣狐」のバリエーションである。少くとも、「釣狐」を下敷にして創作された作品であることには相違あるまい。「釣狐」なくして「狐釣り」は存在しない。しかし、ストーリーの展開や舞台の設定など、相当内容を異にする面が見られる。

「釣狐」は、齢百歳にもなる年へた古狐が猟師の伯父の白蔵主《はくぞうす》に化けて殺生石の故事を語り、なんとか狐の捕獲をやめさせようとする。説教が功を奏してまんまと罠を捨てさせることができたものの、古塚へ帰る途中餌に気をとられ、本能をむきだしにしてついには正体をあらわして罠にかかり、首尾よく振りきって逃げるという筋立てである。「猿（靫猿《うつぼざる》）に始まり狐（釣狐）に終わる」と言われるように、狂言の世界では狐を演じおえれば一人前の狂言師として認められたということになっている。とりわけ「釣狐」は総体的に仕どころの多い狂言とされ、「姿を水に映す『水鏡の型』、犬のほえ声を聞きつけ舞台いっぱいに跳び廻る『犬怖《お》じの型』、緩急が多く人間の言葉の中に狐の鳴き声をまじえる玉藻の前の語り、さらに猟師に鼠の油揚げをつけた罠を突きつけられて表面的には生臭さを嫌いながら内心では好物の匂いにひかれる『内外《うちと》の伝』などの習い事が続く」と、『狂言総覧』の「演出」にある。(1) 野村万蔵も『狂言の道』のなかで、「この曲は殆ど習い事で終始していまして、白蔵主に化けてくる狐の執念が曲の主想と思われます。」とのべ、(2) 息子の万作も「独自の様式的演出、言いかえれば習といわれる型の連続で成立している特殊な曲と言える。」と『太郎冠者を生きる』のなかで言及している。(3)『釣狐』は寛文以前の書上の段階ですでに「習」と記されていた。

当然のことながら、「釣狐」をパロディ化した「狐釣り」には、「猿に始まり狐に終わる」とされるような習い事としての性格づけは見られない。いずれの曲も仏教の説教臭を加味しながら、仮面をつけた演者が、鉦と笛・太鼓の音にあわせ、身ぶり手ぶりの所作を通しておおらかな哄笑をまきおこす。

「釣狐」も「狐釣り」も大まかな舞台の設定は同じである。ただ狐が化けた白蔵主は、「釣狐」のように決して正体をあらわすことなく、罠を警戒しており、隠れた三人の狩人は催眠術をかけられ、狐のようにとびはねさせられたり糞を食べさせられる仕末。しまいには三人とも狐の言いなりになって馬になり、狐は得意満面、騎上で御幣を打ち振りつつ意気揚々とひきあげる。「惣《そうじ》て狐は神にてまします。天竺にはやしほの宮、唐土にてはきさらぎの宮、我朝にては稲荷大社の明神、是ただしき神なり。まった人皇《にんわう》七十四代鳥羽の院の上童《うえわらは》に、玉藻の前と云しも狐なり。君に御悩《ごなう》を掛しゆゑ、安倍の康成占ひて、壇に五色の幣を立、薬師の法を行ひければ、叶はじとやおもひけん、下野の国那須野の原へ落て行。極《ごく》ない通《つう》の者なれば、およそにしては叶はじとて、三浦の介上総の介両介に被仰付るゝ。両介仰承り、家の面目《めんぼく》是に過じと、家の子郎党引つれて、那須のの原に下着して、犬は狐の相《さう》なれば、犬にて稽古有るべしとて、百日犬をぞ射たりける。夫より犬追ふ物という事初りたり。されば百日に満ずる日、大き成狐矢さきに当って死れば、君の御悩もなほらせ給ふ。猶も其執心大石《たいせき》と成て、人間の事は申におよばず、畜類鳥類迄も其の石の勢ひに当って死す。されば殺生をする石成ればとて、殺生石とは付られたり。惣て狐といふものは、仇をなせばあだを成す。恩を見すれば恩を報ずる。あたかも身に影のそふごとく、執心の深い恐ろしい物じゃに依て、此以後はふつゝと釣らしますな。」と、白蔵主は『殺生石』の故事をもちだして猟師に説教をするが[4]、「釣狐」には、「惣じて狐は神にてまします」とする神への畏敬の念は感じられない。むしろ狐の霊威にたぶらかされることのない、人間の知恵の勝利を物語っているようにも受けとれよう。この違い――テーマの転換――はどこから生じたのかはわからないが、「釣狐」と「狐釣り」の間には大きな乖離《かいり》が横たわっているのである。

とはいえ、その違いを論じるのが本稿のテーマではない。二種類の狂言の素材を通して、中世以来の人間と野獣の交流を垣間見て、龍蛇をはじめ、狼・烏などとともに狐もまた稲荷の使わしめとして善悪の両義性を兼ねそなえた動物であることを、あらためて痛感するのである。この小論では、若狭から丹後・丹波・中国地方にかけて今もなお一部の地域に見られる、小正月の来訪神の行事としての「キツネガリ」を通して、かつて狐という霊的動物が民俗世界のなかでどのように扱われてきたのかを、民俗資料に即して考えてみたい。

3　キツネガリとは何か

まず、小正月の民俗行事である「キツネガリ」とはどういう行事なのか。それは福井・京都・兵庫・鳥取・岡山にわたって広い地域に分布するが、とまれ、私が住んでいる福井県の若狭地方の事例を紹介しよう。自分の足元から問題提起するのが私の流儀である。福井県の場合、名うての真宗地帯である越前地方には稀で、しかも現在の嶺南地方にしか存在せず、もっぱら京滋に隣接する若狭地方に多数分布し、現在も約二十ケ所の集落で継承されている（全集落数の約一割）。以下に、特徴をよく伝えている典型的な事例をあげよう。

①美浜町坂尻のガリアイ

一月十四日夜、子供たちがガリアイの宿にこもって一夜を楽しくすごして遊び、夕方から夜中にかけて三回ガリアイをする。

写真1　美浜町坂尻のガリアイ

キツネのスシは七桶ながら
八桶にたらいで
ジトウドノのおおせで
キツネガリをするといの
ガリアイ　ガリアイ

大声でガリアイの文句をわめきながら、めいめい手にした祝い槌で地面をはげしくたたき、村の通りを回る。途中、各家の玄関口に立ち、猟師の家の場合は、

今年の年はめでたい年で
かどには金蔵　せどにはぜぜ蔵
中には不動の宝蔵
一番福　一番福

と歌いはやし、また農家の場合は、

今年の年はめでたい年で

かどには金蔵　せどにはぜぜ蔵

中には不動の宝蔵

末繁盛　末繁盛

と同じくめでたい文句をとなえ、戸口を祝い槌でたたいて新しい年を祝福する。

戸口を訪れて門付けをするこの行事は、若狭では一般的に「戸祝い」と呼ばれており、年ぼめ、家ぼめの謝礼としてお菓子やなにがしかの駄賃（お年玉）をもらう。坂尻の場合は夜半になるため、事前に各家から心づけを集めておき、宿のお礼や文房具・玩具を買ったりする。祝い槌は大人が松の木を細工して作り、子供たちがめいめい思いをこめて、「家内安全」「息災」「繁盛」「延命」「合格」など祈願の文字やめでたい図柄をえがく。

以前は男子生徒だけに許された子供組の年中行事であったが、戦後子供の数も減少し、男子だけでは民主主義の世の中には不公平だということで、女子も参加するようになった。しかし、ガリアイの行列には加わらず、村通りを拍子木を打ちならし「火の用心」をとなえて回る。

なお現在、ドンドは行われていない。むろん、「ガリアイ」とは「狩り合い」、すなわち狐狩りの転訛である。

② 三方町小川のキツネガエリ

一月十四日午後二時ごろ、小中学生の男子が三〇センチばかりのイワイギ（ヌルデ）を二本持ち、肩にあてがってたたきながら、

大戸の平のキツネと上の小山のキツネと
そりゃ何をするいや
キツネガリをするわいな
キツネのスシは七桶八桶
八桶にたらんとて　スッカラカンノカン
エイホー　エイホー

と大声でわめいて、遊子との村境いにある松の木をひとまわりし、山から降りて吉野神社、小川神社、海蔵院、踊り場（旧浜宮前）の四ケ所をそれぞれ三度まわってキツネガエリをする。そのあと、村の西側から家々を訪れ、イワイギで戸口をたたきながら家業にあわせて、「大漁満足」「商売繁盛」と祝いごとをとなえ、戸祝いを行う。嫁取りをした家では、「若嫁出せよ、若嫁出せよ」と言ってイワイギで尻を打つ。

「若嫁のお尻祝い」と呼ぶこの行事には、新婚家庭を祝福し、健康な子供に恵まれるようにとの呪術的な祈願がこめられている。

③小浜市泊のガヤリ

一月十四日夜、男の子供たちがフシノキ（ヌルデ）で作った「ガヤリのバイ」（直径一〇センチ×長さ五〇センチ）を持ち、各家の戸口をたたき、次のようなガヤリの唄をうたって村中を回る。バイには枡・鶴・亀・小判などのめでたい絵柄をえがく。

戸祝いましょう。
ガヤリ、ガヤリ、キツネのすしは七桶八桶
八桶にたらんといいて
キツネガエリ　ヤレーホーホ
日本の鳥とショーヤの鳥と
渡らんさきに　オチャオチャ　オトト
オトトの餅は粟餅ゃおちて
米餅ゃおちんと　とちて爺なと婆なと
焼いてかませ　セーセー
ええお兄さん　ええお嫁さんもらいなョー
お爺さん　長生きしなよ

④小浜市阿納のキツネガエリ

一月十四日の夕方、ユツダの木（ヌルデ、フシノキともいう）で作ったタンタン棒を持って、男の子供たちが漁船のへりをたたき、

○○○船（家の名前）に
おおさば
おおあじつんで
エンヤァ船

写真２　阿納のキツネガエリ（舟祝い）

と大漁を祝う。タンタン棒は直径三センチ×長さ一メートル、持手の部分をのこして樹皮をはぎ、水にぬらした縄をまき、松のジンを燃やしくすぶらしてラセン状の模様をえがく。同様に長さ二〇センチほどの「サバ」と呼ぶ祝棒を各家で作り、十四日に村通りにある大正権（大将軍）、稲荷神社、六地蔵に供えて鯖の大漁を祈願する。

まず、各家の戸口をタンタン棒でたたき、

今年の年はめでたい年で
せどにはせどぐら
かどにはかどぐら
なかには黄金《こがね》のドウドグラ

と歌い、戸祝いをする。そのあと、夜中に村中の通りをキツネガエ

りの文句を大声でわめいて、狐を村境へと追う。

あれは何をするやいや
若宮をまつりとって
キツネゲェリげげり　サー
りっとんどんの　おっしゃりとって
キツネゲェリ　げげり　ウー

途中、三右ヱ門川・寺・与次兵衛・忠左川などと通称される村の要所で、次のような山や谷の字名を大声で呼ぶことになっている。

なごみち　なごべら　なかんたん
までやでや
じゃ谷　平坂　ほうのき谷
までやでや
柿の木谷　こやが谷　しろが谷
までやでや　（佐右ヱ門川）

またにこうら　までやでや　（○○寺）
なかのおせ　おくみやうら　へたみやうら　あんじゃいおみ　まぐらぐち
までやでや
みのくぼ　うまごえ　かったいわ　下おくぼ　上おくぼ　大へら　やりだおし
までやでや
かげべら　しんなし　せやま　さんじやま　みやのうえ　きさこ
までやでや　（与次兵衛）
ふかさか　たきの上　たきさん　しらきな谷
までやでや
西山谷　北高平　中高平　大高平　小谷
までやでや

大谷　こも谷　おじやま　かみなか　あかさき谷

までやでや　（忠左川）

おそらく、この地名の朗唱は、三方町小川で見られるように、キツネガエリの文句をわめきながら、かつて悪獣とされた狐を追って、村をとりまく山や谷をかけ回った名残であろう。真夜中の、しかも雪の降りしきる山道を歩くことは、子供には大変危険なために、地名を呼ぶことで省略したに相違ない。とまれ、この小地名の朗唱は、神名帳の奉読のようにおごそかに、年が替る小正月の夜更けにさえざえと村中にひびきわたるのである。

宿に一泊し、翌朝七時ごろ、「日本の鳥とどうどの鳥が　渡らんうちに　ドウドやドドや」と歌い、浜でドンド焼を行う。

若狭には約三〇〇ケ所の集落が存在する。先にのべたように、そのうちこの伝統行事を今なお継続しているのは、およそ一割にみたない。

なぜ、キツネガリが多くの集落で民俗行事として継承されなかったのか。その理由も歴然としている。その点についてはあとでふれることにして、これまでの調査の結果、かつては若狭一円に小正月の行事としてキツネガリは分布していたと考えられる。

紙面の都合でこれ以上の事例の紹介はひかえるが、若狭におけるキツネガリ慣行のおおよその傾向がわかっていただけたであろう。むろん、地域ごとのいろいろなバリエーションが散見され、系統だてていちがいに論ずることはきわめて困難がつきまとう。しかしながら、あえて福井の、とりわけ若狭のキツネガリの特色をあげるとすれば、行事の名称や採物《とりもの》の多様性に目を見張るはずである。若狭では一般的に、この小正月の行事を「キツネガエリ」と呼称する。しかし、悪獣とされる狐を村境へ追放することに主眼がおかれていることからみて、あくまでも「狐狩り」にほかならない。伝承者たちの認識もそのことに異論があるわけではない。「ガリアイ」「カリライ」「カイロ講」「ガンヤリ」などという異称は、もともと「狐狩り」から派生した言葉である。決して日本語として生半可な語感がある「狐帰り」などではないはずである。単なる田舎言葉のなまりにすぎないとしても、キツネガリをキツネガエリと発音することのアンビバレントな感情が、この小正月の民俗行事にはたしかにこめられている。キツネガリの心意の複雑怪奇さを、みごとにこの呼称が物語っているように思われる。むろんその心意伝承の背景には、狐が稲荷の眷属《けんぞく》としての聖性をおびた霊獣であるとともに、日常にあっては狐憑きや野荒しの元凶ともなる、いわば両義性を秘めた動物であるということを忘れてはならない。

小正月の前夜、すなわち一月十四日の夜、陰暦では山の端に月が昇る時刻は一日の始まりとされ、まぎれもなく一月十五日の小正月にあたる。したがって年頭の予祝儀礼が集中するこの日は、若狭においては、いわゆる「小正月の訪問者」と呼ばれる来訪神の行事「戸祝い」が各地で行われ、祝棒で玄関をたたきながら年ぼめ家ぼめの祝言を各戸の門前で唱えたあと、道中キツネガリの文句を大声でわめいて悪獣を追いはらい、宿で一泊し、翌朝ドンドを焚いて神送りをした。「ドンドヤー、サンキチヤー」という唱え文句は「ドンドや、左義長や」の転訛であろう。戸祝いの際には、新築や嫁取りのあった家では祝儀を奮発してもらい、とりわけ新婚の家にあがりこんで若嫁の尻を祝棒で打って「嫁の尻祝い」を行った。「シリタタキボウ」(名田庄村下)、「シバラバイ」(上中町上野木)などという祝棒の呼称は、その民俗の名残りである。

おそらく若狭一円で行われていたであろう戸祝いやキツネガリの習俗が、なぜ廃止に追いこまれたかというと、おおまかに言って五点理由をあげることができる。若狭全域を調査した結果、明治末から大正初期と第二次世界大戦後、および高度成長期以後に廃止した集落が多いことが判明した。第二次世界大戦後、すなわち敗戦の影響は「日本の神が敗れたのだ」と折口信夫をして嘆かわしめたように、敬虔な信仰への疑念や絶望のトラウマは祭りや年中行事の衰退となって表われ、高度成長期以降は価値観の多様化という現象を決定的に一般社会にもたらした。つまり時代の変容をうながす、信仰心の稀薄化と共通の価値観の喪失という二つの理由によって、小正月の予祝儀礼が各地で消失したことは否めない。

残る三点はというと、明治の教育体制に求められる。古老たちに廃止の理由を問いただすと、当時の校長の指導によって止めさせられたという回答がほとんどであった。まず、その理由の一点目は、若嫁の尻を追い回して祝棒で打つのはきわめて卑猥であるとされたこと、二点目は、戸口に立って祝

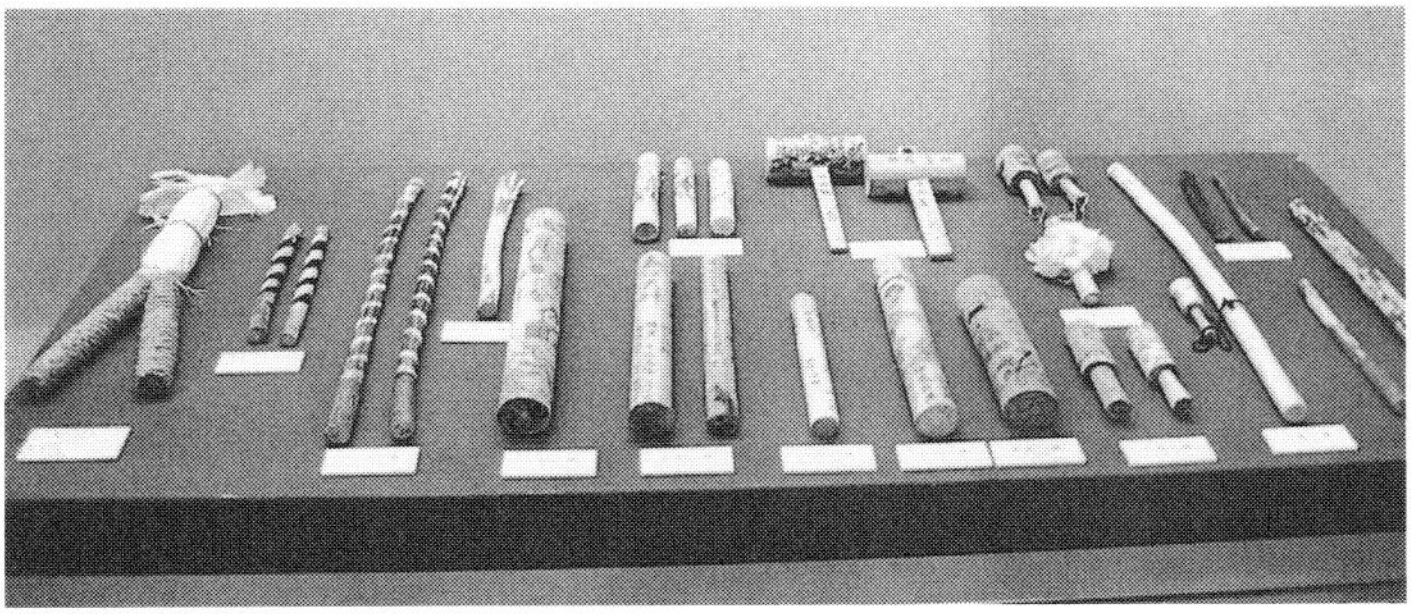

写真3　祝棒のいろいろ

言を述べ、その見返りに何がしかの報謝を受けとるのは物もらい（乞食）の所業にひとしいこと、三点目は、祝言をはやしつつ祝棒で戸口をたたくのは器物破損の害を与えるということであった。それぞれ、いかにも謹言実直な明治の教育者の考えそうなきわめて倫理的な理由である。だが、このように善悪の基準をあてはめて民俗事象を裁断することは許されまい。イワオノボウ（美浜町竹波）、イワイヅチ（敦賀市白木）、イワイギ（小浜市加尾・犬熊・田鳥）、テテバイ（小浜市阿納尻）、フクイレノボウ（名田庄村兵瀬）、ドウドウグラノバイ（上中町玉置）、トイワイボウ（三方町田立）、トイワイギ（高浜町山中・上瀬）、ツチノコ（三方町河内）、ウチデノコヅチ（美浜町太田）、タンタンボウ（小浜市阿納）、ガンヤリノバイ（小浜市若狭）、ガヤリノキ（小浜市泊）、カリアイ（美浜町山上）、ドドドンノバイ（上中町神谷）などと呼称される祝棒は、いわゆる削掛け・削花の一種で、ところによっては修正会の牛玉木・牛玉杖と習合する。アイヌのイナウや東北のハナとも類縁性をもち、神道の採物である御幣の原形ともされるきわめて呪術性の高い儀礼棒である。この祝棒のなかには男根型の形状もみられることから、生来性根が卑猥な部類の人間は、卑猥な想像力をかきたてられ、事の本質を知らずして伝承行事を禁圧しようとする。

戸口を祝棒ではげしくたたくのは、修正会・オコナイに見られる乱声《らんじょう》であろう。また、上中町上吉田・下吉田ではこの行事を「ホトト祝い」と呼び、「ホトトやホトト　今年の年は世の良い年で背戸は背戸蔵　門は門蔵　俺の馬屋に馬が千匹　駒が八百千　ホトトゲルゲル（後略）」ととなえたり、あるいは三方町田立では「お茶わいてホトト」、小浜市泊では「オチャオチャ　オトト　オトトの餅は」などという文句が散見されることから、中国地方の小正月の来訪神「ホトホト」の波及が予想される。柳田国男は「小さき者の声」[5]のなかで、「ホト〳〵と謂ふのも、元は戸を叩く音から来たものに相違ありません」とのべているが、いずれにしても、初春のほがいであり、おとずれにほかならない。

このように、若狭では一月十四日夜（現在は午後に行う集落が多い）、戸祝い、嫁の尻祝いをしながら門付けをして回るが、その道すがら、災厄のシンボルとされたキツネを村境へと追放する行事がキツネガリ（キツネガエリ）の本来の形態であろう。さらに宿に一泊して早朝ドンド（サギチョウ）を行うことから、小正月という予祝性の強い節目の流れのなかで、戸祝い・嫁の尻祝い・キツネガリ・ドンドという少くとも四種類の、本来は性格を異にする小正月の民俗行事が一つの行事名に集約され習合して、今日まで伝承されてきたといえよう。ところによっては、家ごとに粥占いや成り木責めも行われた。したがって戸祝いであれキツネガリであれ、便宜上の行事名の総称によって事の本質を見誤ってはなるまい。キツネガリはなぜ行われるのか、その伝承行事の心意と起源ははたして何であるか、以下に若狭と丹後・丹波の事例を中心により深く追究してみよう。

4 悪口祭り

災厄を一身に具現した悪獣とされる狐を村境いへと追放する（ボイヤル）際に、鉦・太鼓を打ちならしてキツネガリの唱言を大声でわめきつつ、その勢いにまかせて村のハネアガリ者を思いきりこきおろすことも時には行われた。いわば小正月の悪口祭りの要素も、たぶんにキツネガリ行事にはうけつがれていると考えられる。

たとえば、青葉山の秀峰をのぞむ京都府と県境いの集落、高浜町関屋では、一月十四日のケツネガエリの夜をかつては戦々恐々の面持ちですごしたといわれている。なぜなら、とりわけ日頃素行の悪い者はむろんのこと、身におぼえのない者もいつ誰からねたみやひがみ心をさしむけられ、世間話として悪いうわさが伝えられているやも知れないからである。

夕刻、十六歳から三〇歳までの若衆が関屋の上地にある荒神さんに集合し、かつて庄屋をつとめていた高橋勘右ヱ門家で、一年間の人の出入りやその他もろもろの用件をうかがうことが習わしとなっていた。そのあと、十四日夜から十五日の未明にかけて、村の上手から下手へと太鼓をたたき、先刻庄屋から聞かされた旧年の一切合財の出来事を大声でふれ回った。藤倉うの（明治三十三年生）からの聞書きの口調をそのまま写せば、次のようなやりとりがされたことになる。

「どこそこの話聞いたか」
「そりゃなんじゃいナ」
「どこそこのダンナさんは、高浜から来た女子衆に子ォこしらえたげナ」
「その子はどうしたやろナ」
「その子は川へ流れたげナ」
「どこそこの娘は、兄《あん》さんに櫛もろた」
「それで嫁さん、どない怒ったんやろナ」
「どこそこに銭おっとったげナ」
「どこそこで誰それがひろったげナ」

まるで狡猾な狐がとがった耳をそばだてて聞きあつめたような村の噂話も、今ならさしずめ人権問題で訴えられかねないが、当時としては非行と不善の噂は、放置すれば小さな村落共同体をも崩壊させる災厄ともなるのであった。

若衆が集合場所にしていた上地の荒神さんは、ＪＲ小浜線の土手下の畑の一角にある。もともとは当地をおさめていた関六の殿様の地主荒神で、白菊大明神とも呼ばれていた。枯死したタモの古木の根っこにはお稲荷さん（狐）の巣があるといわれ、ふだんは近寄りがたい場所でもあった。ケツネガエリの若衆の一団は村の中の通りを回り、夜明けに荒神さんの広場まで狩り納めてドンドを焚き、村の者とお神酒を祝った。村中の者が集合するドンドの聖なる火の広場は、日頃素行の悪い若者をどのように善導すべきかについてお互いの意見を交換し、自由に話しあう場でもあった。小さなコミューンがここでは機能していたといえようか。

このようにふだん悪口を口にすると、「関屋のケツネガエリみたいなこと」という俚言すらあるが、隣村の六路谷ではキツネガリの文句を大声でわめく際に、わざと家の前で聞こえよがしにどんな悪口を言ってもよいとされていた。キツネガリにおける悪口祭りの慣行は、何も若狭だけに限ったことではない。たとえば京都府北桑田郡京北町矢代中のキツネガエリの文句に、次の言葉がある。

写真4　矢代中のキツネガエリ（京都府京北町）

狐がえり　狐がえり
狐のすしはいく桶あるぞ
七桶ながら八桶にさせよとて
狐がえりするぞ
しょうや入り　しょうや入り
しょうやのかか赤まいだり
ちゃやのかか　くちべ
狐がえり　狐がえり
狐の尻にやいとをすえて

やぐらをたてて　ひとせめヤイヤイ
むくらもちこもち
親も子も出ていね

「口《くち》べ」を日本わらべ歌全集15『京都のわらべ歌』は「おしゃべり」と注記するが、(6)口紅であれ赤まいだりであれ、当時としては決してほめ言葉として紛れこんだわけではあるまい。たとえ庄屋や茶屋の嬶であれ、派手好みの女性は村びとからひそかに指弾されていたはずである。村で生活《たつき》をいとなむことは、そういうことなのだ。

5　キツネガリと餅なし正月

キツネガリにおけるこのような悪口祭りの事例は、村落共同体の平安をおびやかす災厄がどのようなものかについて、今更ながら想像力をかきたてよう。天災はいざ知らず、火災や暴力、殺人・悪疫などの大難から些細な出来心がもたらす小悪まで、キツネという悪の代名詞にその悪業の一切合財を背負わせて村境へと追放しようとした。その共同幻想ともいうべきすさまじい集団妄想の情念が、キツネガリという一方で来訪神行事をともなう伝承行事を、今日まで継続しえた実相だと言ってよい。とりわけ村落共同体にとって、火事は人為的な最大の災厄であろう。それは集落の存続をあやうくする出来事であり、その火元となることは、家名を末代にわたってけがすほどの罪過とされた。焼年忌を行なって防火意識を高めるとともに、一方では火元となった家はこらしめとして、縄帯をしめて村通りを歩かされた村も、かつては存在したといわれている。

大浦半島の先端に位置する高浜町上瀬では、若衆組のキツネガエリにまつわる習俗として、いわゆる「餅なし正月」の伝説を伝えてきた。

当区は二十二戸の純漁村である。平坦地は少なく、切り開かれた山の斜面に点々と民家がへばりついている。村内を流れる三右ヱ門川と呼ばれる小川によってセチ組とゾーニ組に分かれる。ゾーニ組に所属する家は元日の雑煮を祝うことができるが、セチ組はお節しか祝うことができないとされてきた。禁忌の理由づけは、明治四十三年の夏に八戸焼失した大火があり、それ以後火を出した家はセチ組に分類されている。もっとも自宅で雑煮を食べないのは元日のみで、二日のゾーニ講には村びとこぞって参加することができる。

『民俗志林』第四号の報告書によれば[7]、二十二戸中セチ組に所属する家は七戸、一方のゾーニ組は十三戸（二戸は不詳）とされており、上中下の村組ばかりか上下の葬式組の構成とも異なっている。かつては鯖網もセチ組とゾーニ組に分かれて運営されていた。

「年中行事と民俗信仰の諸相」（『高浜町の民俗文化――年中行事と祭り』）のなかで、かつて私は次のようにのべたことがある[8]。

「『餅なし正月』の習俗の由来が、火元となったことへのペナルティとして発生したとはとうてい考えられないし、焼失した八戸はすべて火元ではありえず、むしろ被災者であった。また『餅なし正月』の習俗がそんなに新しい風習とも思われない。一説にはそれ以前から家筋が決っていたともいわれている。雑煮を祝えないほどの貧富の差があったとの説もあるが、むろん差別意識がこの風習に影をおとしている訳ではない。むしろ、正月に雑煮を祝うという新しい風習が、かつて村に流行しようとした際に、その新しい風潮になじめない家が、セチ組として定着したとは考えられないか。

雑煮を食べようとすると狼の毛（または狐の毛）が入っていたとする伝承は、新しい文化になじめなかった者の、禁忌を犯すことへの畏怖が感じられる。上瀬のキツネガエリは、セチ組とゾーニ組に分れて行われた。」

伝承が物語るのは必ずしも事実ではない。なにがしかの事実をもとに派生した風聞の集積であり、畏怖をともなった伝承を育んできた民衆の集合的無意識のゆらぎである。

八戸を焼失した大火は村の歴史的事実に相違ないが、「餅なし正月」の起源とはならない。それは禁忌を侵犯することへの畏怖が育んだ風聞にすぎないと考えるべきだろう。雑煮を食べようとすると狼や狐の毛が混じっていたとする伝承は、キツネガリの厄払い儀礼によっていっそう強化され、村落共同体を強く規制した。なお、狼の毛が雑煮のなかに入っているとする千匹狼の伝説は、高浜町小黒飯の「餅なし正月」の風習が伝えてきたものであり、同じ内浦地方の漁村である上瀬にも伝えられ、キツネガリ行事と混淆したのであろう。

さて上瀬では、一月十四日の夜、若衆が集落のはずれにある氏神、山神神社にこもり、ゾーニ組とセチ組の二手に分かれて、疫病やもろもろの災厄が村内に侵入しないようにキツネガエリを行う。若衆はマワシをしめた勇壮ないでたちをして、ゾーニ組は下駄、セチ組はワラジをはき、米袋からひとつかみの米つぶをまきながら、松明・提灯をかざし、鉦と桶胴太鼓をたたいて、

「わりゃア　何をする」

「若宮の祭りとてキツネガエリするー

キツネガエリ　キツネガエリ

雨降りゃ地固まる　キツネ鳴きゃテン鳴く

鳴くキツネ耳にえてキツネガエリするー

キツネガエリ　キツネガエリ」

と大声で山中をわめき回る。この夜、ナベツカミやナベシキを三辻につるしておくと、キツネはキツネガリの唱言にいたたまれず、それを耳にあてて退散するといわれている。「耳にえて」というのは、耳をたててという意味の方言である。この伝承は若狭から鳥取周辺にまで分布するが、大飯町の佐分利川流域では当日古くなったナベツカミを屋外へすてることになっていた。散米《うちまき》や鍋すみには、災厄をはらう呪力がこもっていると考えられてきたのであろう。

若衆たちは裏山を一周すると堂の上で落ち合い、神社へ戻ることになっていた。年寄はその間ドンドの火の番をしながらキツネガリの一団を待ちうけていた。キツネガエリの文句は、ふだん口にすることはかたく禁じられており、秘密結社的にワカイモンカシラが順送りに口で伝えたとされている。

ことさらに言霊の呪力は絶大であった。若衆が村中をキツネガリしている間、各家ではキツネが入りこまないようにトイワイギ（ゴオウギ）で内側から戸口をたたくことになっていた。大年にフシノキ（ヌルデ）を削って作ったトイワイギには、ヤキゾメの餅をはさんだりアズキガユをつけた。トイワイギは一月十一日のツクリゾメに豊作を祈って田畑にさす。上瀬ではこの習わしを戸祝いと呼んだ。このように上瀬においては、かつて災厄をこうむったと思われるセチ組の方に、雪中にもかかわらずゾーリをはかせるなどの負性を担わせ、ことさらに役割分担を強調しているように見受けられる。

6　キツネガリの起源伝承

では、小正月の伝承行事としてキツネガリがなぜ行われるようになったのか、その由来を伝える起源伝承として、私の知りうるかぎり二種類の伝説がある。

まずその一つとして『内浦村誌』（稿）の「狐狩《きつねがり》」の項を次にひく。(9)

「十四日の深更より翌日暁天にかけて各区の青年所定の宿に集り区内を木をたたきつつ古来より伝い来つる狐狩の歌をうたひつつ各区の境界或は辻に至り其歌の終句を殊更大声に且つ長く引きてやむ　これ南北朝の頃後醍醐天皇の皇子（御名を逸す）遁れて丹後の国加佐郡東大浦村栃尾西山の地内御所ヶ谷に落させ給へる程に御悩ありト者之を判して狐の仕業なりと云へり　それより各区内に布令して狐狩をなさしめたり故に此事実により今猶これを行ふなりと伝誦せり　又或区にてハ往昔狐多く

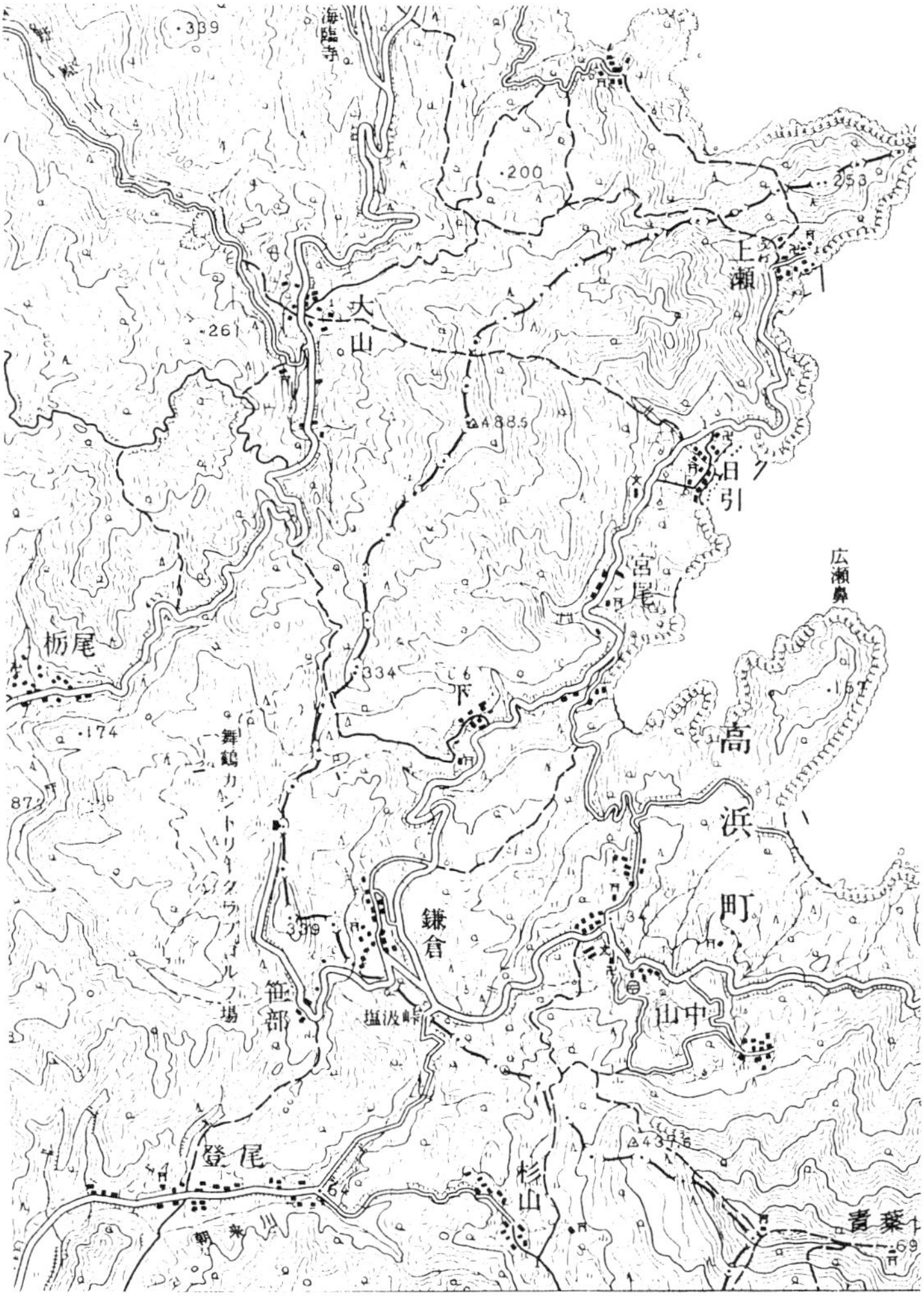

地図1　大浦半島（国土地理院 1:50000）

山野を荒し作物を害せし故一年の初めに之を封ずるなりといひ伝へり　いつれも徴証なきを以て定めかたし」

正史では、後醍醐天皇が正中の変・元弘の乱と二度にわたる倒幕計画に失敗して隠岐に配流になったのは、元弘二年（一三三二）のことである。後に宮将軍として征夷大将軍・兵部卿となる、後醍醐天皇の皇子、護良親王が楠正成らとともに再び挙兵し、翌年（元弘三年二月）天皇はひそかに隠岐を脱出、伯耆の名和長年の支援により船上山に立て籠った。彼は北条氏倒幕の勅命を各地に発し、諸国の新興武士や悪党と呼ばれた地頭名主層の加勢を得て建武の新政を打ち立てることになるが、伝説上の後醍醐天皇の一皇子がはたして誰を指すのか確実な史料はなにも残されていない。

ただ、護良親王と志楽荘の金剛院（舞鶴市鹿原）とのつながりをうかがわせる文書が同寺院に伝えられており、伝説発生の母胎となった歴史的な背景が加佐郡内に認められる。元弘三年六月に出された木札の禁制には、かつては後醍醐天皇の勅判とされた花押が押されているが、近年の調査によって護良親王の近臣定恒《きだつね》の花押《かおう》であることが判明した。「定恒は護良親王の令旨の奉者となったり、御家人から提出された軍忠状に証判を加えたりしており、まさに護良親王の手足となって多方面に活躍した人物」で、「当時の丹後国の知行国主は、定恒の主人たる護良親王であった可能性が強い。」と『舞鶴市史・通史編上』はのべている。[10] むろん、栃尾西山の御所ヶ谷の落人の主が護良親王であるとの確証はなにもない。

舞鶴市栃尾は高浜町の内浦地方と県境の尾根ひとつ越えた大浦半島の山村である。当地に在住の嘉畑義雄（大正七年生）の話によると、『内浦村誌』所載の狐狩の伝説は栃尾にも伝えられていた。高浜町鎌倉と尾根を接する西山の八合目当りにコジキ谷という清水の湧き出る小さな畑地があり、伝説上の一皇子が隠れ住んだとして御所ヶ谷と呼ばれている。後醍醐天皇が隠岐へ逃げるために、各地に皇子を配したが、その一皇子が病気になり、卜者が占ったところ狐のしわざと判明した。「御悩」というのは、「君に御悩《ごなう》を掛しゆえ」と『釣狐』にもあるように、おそらく精神異常を意味しよう。たぶん、中国地方に多く見られる狐憑きではないかと私は考えている。栃尾の隣り、河辺由里の永野野守家は代々神主をつとめる旧家で、一皇子が西山にお隠れになったとき、そのお世話係をつとめたとの伝承がある。弓矢に用いる矢竹が当家の藪にしかなく、あるとき殿様に所望され、そのお礼として西屋から栃尾まで領地を与えると言われたが、そんなに土地ばかり増えても困るので断わったところ、「野守《のがみ》」という家名を賜ったといわれている。

栃尾では大正初期までキツネガリが行われていた。一月十四日のワカイモンイリの翌朝、「テンなく　ワレは何をする　若宮の祭りとて　キツネガリヤーイ」とわめきながら狐を追った。嘉畑翁の子供のころは、狐が火をともすのをよく見たものであった。狐がしっぽに砂をかけて、いきおいよく振ると尾に火がともるといわれている。ときには、五、六匹の狐がいつしか三〇匹にも増えたように見えることがあったりした。コーセた狐（古狐）になると、ひとをだましたり鶏舎をおそったりして悪さをしたものである。「又或区にてハ往昔狐多く山野を荒し作物を害せし故一年の初めに之を封ずるなりといひ伝へり」との『内浦村誌』の記事は、このような人間と狐との関わりを意味しよう。

なお、『内浦村誌』に「区内を木をたたきつつ」とあるが、この村誌が編纂された大正五年当時は、小浜以北に多く見られる祝棒を採物《とりもの》とする風習が残存していたのであろうか。たとえば大浦半島の島の突端にある舞鶴市野原では、かつてはらせん状の模様をえがいたヌルデの木の祝棒を持ってキツネボイをしたが、現在はなにも持参しない。丹後半島の周辺に散見される木製の刀も、本来は祝棒のバリエーションであろう。

さて、もうひとつのキツネガリの由来譚は、同じく舞鶴市の西海岸に所在する漁村、白杉に伝えられている。今から七年前の平成三年十月、梅垣才一郎（昭和三年生）から次のようなたいへん興味深い伝説を聞いた。

むかし、京の都に恐ろしい厄病がはやったことがあった。いたるところに、やせさらばえた病人があふれ、行き倒れの死体が積みかさなって腐臭を発していた。そのはやり病いをまきちらしたのは、ほかでもない七尾の妖狐であった。ある時、おそいかかる病魔を封じこめようと、名乗り出た武士が弓矢で射殺したところ、七つの尾をもつ狐はとたんに石に変身した。その石の近くを通った者は、なおりにくい病気になったり発狂して息絶えた。そこで玄翁和尚という大変すぐれた坊さんが回国修業の折、世を救わんと一心不乱に祈禱をして独鈷で石をたたいたところ、こなごなになって日本中に飛散し、厄病はさらに広がって手に負えなくなってしまった。

白杉では、昭和二十五年ごろまで一月十四日夜から翌朝にかけて、厄病の元凶である狐を村外へ追放するためにキツネガリを行った。ワカシラ（若衆ら）が連れ立って白杉神社のこもり堂に一泊し、

鳥居前の森下仁助家の土蔵脇に祀ってある若宮へ参ったあと、玉泉寺の藪からお宮の森をぬけ、川ぞいの道をたどりながら、

「オーわれは何をすーる
　若宮さんの祭りとてキツネガリするー
　キツネなくテンなく
　なくキツネおくるとて　あとさがいた
　ワー　ワッショイ　ワッショイ」

と大声でわめいて村通りをまわり、隣りの青井の村境いにある赤石（岩）まで来ると、小石をひろって浜に向って投げすてる。石は、伝染病のもととされ、村中の目につく小石がなくなれば病気が絶えるといわれていた。灯火も鉦・太鼓も持たず、カシラ（会長）を先頭に年令順に並び、村通りを二回まわり、ヨアケマイリでキツネを村外へと送りかえすことになっていた。途中、新婚の家を訪ねてヨメサンノシリハリをし、串柿をひと串もらったが、当時すでに形骸化していて祝棒や唄もなく、若嫁の尻を張った記憶はない。中道カネ（明治四十二年生）の話によれば、キツネガリの一行が近くを通ると、「外へ出会われんゾ、かごんどれ」と親にたしなめられた。また村中治郎左ヱ門（明治三十五年生）は、当夜は各家でナベオキとナベツカミを外へ出しておくと、キツネがそれで耳のふたをするとの言い伝えを記憶している。世代によってはキツネガリの唱言もやや変化しており、集落では最長老の村中翁によれば、次のとおりである。

「キツネガエリそーろ
若宮さんの祭りとて　キツネガエリそーろ
ヨイト　ヨイト（キツネを引っぱったように）
オーわれは何をする
キツネなくテンなく
なくキツネ　ワー」

かつてキツネやタヌキはよく人を化かしたり憑《つ》いたものであった。里にまで降りてきて縁の下に巣くったりもした。百年前のころ、赤痢が村に伝染し困窮したが、なす術もなく、冬になるとどうやら下火になった。そうした一切合財の災厄がキツネの仕業とされたが、敗戦になるとともに神さんのことは嘘くさくなって、「そんなアホなことやめとこ」という声がしだいに強まり、年中行事のキツネガリがついには廃止に追いこまれたという次第である。

この白杉のキツネガリの由来譚は、梅垣才一郎が父親の才蔵（明治二十五年生）から生前聞いたものので、村中治郎左エ門や中道カネの記憶にはない伝説である。むろん言わずと知れた『玉藻前物語』と謡曲『殺生石』の類話にほかならない。玄翁（源翁）は鎌倉時代の曹洞宗の名僧である。かなづちのゲンノウは殺生石を打ちくだいた故事によってこの名がある。

「独鈷でこっぱみじんにくだかれた殺生石は、全国にくまなくちらばり災厄をまきちらす。五、六匹の狐が三〇匹にも見える妖狐の変幻自在さ。石が際限なくこまかな砂の粒になるように、悪病のウイルスは世々にはびこってゆく。その不安と恐怖、戦慄が狐狩りの背景をなす深層心理といってよい。」と「年中行事と民俗信仰の諸相」(『高洛町の民俗文化――年中行事と祭り』)のなかで以前のべたことがあるが[(11)]、ここにきてようやく、壬生狂言の『狐釣り』における神獣にして妖狐というキツネの両義性が姿をあらわすことになる。おそいかかる災厄におののき、あわてふためいてその対応に困惑する民衆。キツネという森にひそむ野獣への共同幻想が一気にたかぶる、アンビバレントな緊迫した極限の世相が感じられる。

「其執心大石《たいせき》と成て、人間の事は申におよばず、畜類鳥類迄も其の勢ひに当って死す。されば殺生をする石成ればとて、殺生石とは付られたり」[(12)](『釣狐』)という故事をもちだして、白杉ではキツネガリの由来を説明するが、私はキツネガリの夜に村境の海中にむかっていっせいに放擲される飛礫《つぶて》についていては、事の真相は別に求められるのではないかと考えている。

すなわち印地(伊牟地)・大印地・いむちなどと呼ばれる石合戦が、小正月の夜にも行われていた名残りではないだろうか。たとえば、守屋毅は「祭礼の場の暴力――印地」(『中世芸能の幻像』)のなかで次のようにのべている[(13)]。

「起源や背景はともかくとして、少なくとも、民俗行事としての『印地』というのは、小正月や端午の節供の石合戦に限定していえば、その実態が、やはり柳田らがいうように、年頭もしくは農耕の開始に際して、男の子たちによって、その年の作柄の豊凶を占って行われる『年占(としうら)の競戯』の一種であったことは、どうやら、動かせないところである。(中略)

『つぶて』の著者のいうように、『かつて、三宝の所為かと天台座主にいわしめたのも、つまりは、つぶてに破魔・破邪の呪力をみとめていたからにほかならない』とすれば、『印地打ち』という習俗も、神・仏の意志を帯して行われると観念されていたことになるのであって、その年の豊凶を占う勝負としては、もっとも、ふさわしい競戯だったというわけなのである。」

印地打ちの語源については、「石打ち」という言葉がなまったものとする説以外、確実な説はない。守屋は「いんじ」「いむち」が朝鮮語に由来する言葉であった可能性を指摘している。それはともあれ、古い歴史をもつ兵法としての飛礫は別として、端午の節供における石合戦のもっとも古い事例を、平安時代末期にえがかれた『年中行事絵巻』に見ることができることから、民俗儀礼としての石合戦がこれまで注目を集めてきた。とりわけ名著『つぶて』を著わした中沢厚は、「節供の石投げにも同じ理由があり、同じことがいえる。礫にあたるのは霊性を受けること、邪気を払い清めることであり、礫を投げる行為は破邪の行為である。それならばこそ、風かおる清新の五月に少年らは石投げをし、石にうたれて息災を約束されたのである。また石投げをし、つぶてをうけ、それが子どもと成人との区切りの儀式とも理解されたのであろう。」と、少年時代における笛吹川の河原での石合戦の体験に裏打ちされた説得力のある理論を展開している。[14]

では、わが福井県の場合、かつて印地打ちはどのように行われたのであろうか。たとえば『越前若狭の伝説』には、次のような越前地方の「石合戦」の話が『足羽郡誌』から転載されている。[15]

「太閤検地のとき上六条の村民は、小稲津との境界のくりを夜の間に三町分張り出しておいた。役人はこれを疑ったが、六条村の村民はあくまでも主張した。上六条に源内という者がいて、『もしうそであるならば、自分に必ずたたりがあるであろう。』といったので、事は落着した。

しかし小稲津方ではおさまらず、上六条と石合戦を始めて、源内を打ち殺そうとした。源内は、殺生禁断の中野の専照寺に逃げこんで、ようやく一身の安全を得た。この石合戦は、ちょうど五月五日であったので、毎年端午の節句をもって石合戦の日と定めた。維新までは毎年足羽河原で行ない、負傷者も出た。」

一方、若狭地方については次のような事例が記録されている。

(1)「端午には戦国の余風にや印地打ちとて天禄の頃まで缺脇の御門に町の者集り、伏原の方には里人出、縄手にて礫を打合。和久里村と湯岡とも同し、比類在々に有。其後絶てなし。」(『拾椎雑話』巻六 小浜[16])

(2)「正月十四日、小浜にて小児の輩太鼓をうち、かねをならして狐狩をするという事、謂をしらす。今にありて、狐のすしは七桶八桶にたらぬとて狐狩りをすると呼はりて、十人二十人町中をあるくなり。越前の福井にもありて、武士の勤る事なり。馬上の武士六七十人、歩卒千人はかりも出て、太鼓・鉦・貝をならす。治世に武を忘れさるの備へなるへし。左義長の事、〔歳時記〕にもあり、府下にも今に行はる。十五日の暁、長源寺口・缺脇口・大谷口の門外にて焼捨る、しめかさりの縄・藁・竹木も左義長と共に焼捨る事、故実なり。焼残る竹を削て、灰茇の箸に用ひ来る。左義長も、五月の石打も、昔は大に行はれて、支離つきしものありて、今日静に行ふなり。熊川新道・小浜伏原なと、

東西をわかちて礫打しといふ。」（『稚狭考』第五　散楽祭礼）[17]

(3)「六十年前缺脇・伏原の小児石打をなせる事流行して、町々にも辻を限りて此遊ひあいしに、疵つき支離になるもの有て禁せらる。近きころまても村里にはありたり。」（『稚狭考』第七　草木魚鳥）[18]

県内におけるこうした事例を並べてみると、いずれも『つぶて』の著者があげているように端午の石合戦の民俗にほかならない。今立町南中在住の民俗研究家、藤本良致の母堂（明治三十五年生）も、実家のある大野市中島（旧西谷村）で、子供のころ端午の石合戦を見たことがあると、生前話されたのをおぼえている。とはいえ、小正月の印地打ちも決してないわけではない。私のフィールド・ノートから、たとえば次のような事例をあげることができる。

(1)兵庫県氷上郡青垣町佐治字森　一月十四日の夜、「キツネカーリそーりよ　ワラよんべなんぼ食った　ジジとババと飯米《はんばい》じゃ」と大声でとなえながら、尋常小学生の男子が山道を歩く。帰り道はワルゴドばかりして帰った。「市場の者とケンカしに行こうかい」と言って加古川（佐治川）の河原で石の投げあいをした。各家に立ち寄り、藁を巻いた棒で玄関の土をたたき、餅をもらい、当番の家で食べた。（足立完一、大正三年生）

(2)同・沢野字寺内　昭和二十年代ごろまで上組・下組にわかれてキツネカリを行った。森と同じキツネカリの文句をとなえ、「鬼の金棒」と呼ぶ、小枝を芯にし荒縄で巻いた棒（一〇センチ×一メートル）をもち、各家の玄関口の土間をたたく。餅や菓子（ふかし芋・空豆）をもらい、当番の家で食べた。下組では上組・杉谷・小和田とよくケンカをした。稲荷神社のオイナリサンが村の道を走ると、村に

不幸がおこるといわれている。（土田嘉一・昭和二年生、足立元・昭和十六年生）

ここにいう「ワルゴト」というのは、石合戦などの悪童たちの悪ふざけをさすが、応々にして負傷者を出すこともあるところから、次のように雪合戦に変化した事例も見られる。

(3)福井県三方郡三方町常神　一月十四日の夕方、若衆が鉦と太鼓をたたきながら裏山を一周し、村通りへおりてきて、水仙の球根を芯にした雪玉の投げあいをした。各戸を回って餅をもらい、当屋宿をつとめる柳原弥太夫家を一巡後、雑煮をいただく。厄年の当たった家から酒が振舞われ、青年会の初総会を開いた。（藤間彦太郎、明治三十四年生）

(4)舞鶴市大波上「狐狩の行軍中（正月十四日夜）村の若い娘達は豫め大しょけに一杯の手まりの如き雪だんごを作りおき、物蔭から一行に向かって夫れを投げつけるのである。雪丸を当てられたる青少年達は此夜は手むかいできない習慣になっているから恨を呑んで隠忍せねばならぬので、只誰が一番ひどくなげつけたということをしっかり覚えて引挙げる。

狐鳴く貂なくわれは何しよるぞ　地頭どのの仰せで狐狩りやあー

と声高々と積雪の夜半を数回廻り歩行くのである。」（『朝来村史』(19)）

(4)の事例は小正月の来訪神に向かって、戸口のかげから水をあびせる東北地方のカセドリを想起させるが、当地では、八朔（九月一日）のアクマハライの際に、藁蛇を引きまわして娘たちを見かけると追いかけまわし、榧の木で作ったイバラフンドシ（鬼の褌）を股の間に通すという報復が許されている。舞鶴市別所のエントンビキ、上根のエトンビキも藁蛇を村中引きまわす八朔の行事だが、かつては女性を追いまわし、大蛇のキバに用いるタカノツメ（トウガラシ）を無理やりなめさせた。

石合戦をはじめとする、歳時習俗におけるこれらの濫妨狼藉は、「人に危険を与え又は畏嚇するのが目的では無く、遠矢はま打又は毬打などと共に、石を成るべく遠く深く相手の地内へ打込む者が勝で、意趣を含む者が悪用せざる限りは、やはり平隠に神意を測る手段とするに足りたものと思ふ。」と「年占の二種」（『新たなる太陽』）のなかで柳田国男がのべているように[20]、もともとは神意を占う儀礼にほかならなかった。それゆえ「行事で行なうケンカは、勝っても負けても恨みを後に残さない、その場限りのケンカであったところにも、このケンカの呪術性がうかがえる。」（「狐狩り考」川上廸彦）のである[21]。

日本における石合戦を、文化人類学の立場からよりグローバルな視点で、東アジアの民俗儀礼のなかに位置づけた大林太良は、石合戦の農耕儀礼と軍事性という二つの要素について、「新春の石合戦」（『正月の来た道』）のなかで次のように結論づけている[22]。すなわち、

「朝鮮と日本における農耕儀礼としての石合戦は基本的には水稲耕作複合の一部の豊穣儀礼として江南から広がり、また東南アジアの一部にみられる農耕儀礼としての石合戦のうちのあるものは、華南からの波及したものではなかったろうか？」「軍事性の強い石合戦は北方民族の間の一習俗だったのではないだろうか？」

として、印東道子説を受け、「農耕儀礼としての石合戦が稲作とともに日本に入ってきたという考えは、基本的には正しい方向を指していると思う。」とのべている。

むろん、一部のキツネガリにみられる石合戦は、小正月における予祝性の強い歳時儀礼の一属性にすぎない。ここでは、白杉のキツネガリの由来譚の背後にひそむ印地打ち（石合戦）の概観に言及するにとどめておくこととする。

7　追うものと追われるもの

再々のべているように、小正月の民俗行事としてのキツネガリは、さまざまな災厄の元凶とされた悪獣の狐を村外へと追放する儀礼である。それゆえ、いずれにしても霊狐には相違ないが、稲荷大明神の使令としての神獣と追放すべき悪獣という二律背反性の相剋が、さまざまな局面にあらわれている。そのもっとも典型的な事例が、稲荷を村内社として祀っている集落に顕著なのは当然であろう。たとえば、「野間谷の東北方の村である、同郡中町間子《まこ》では、やはり、正月十四日晩になると、子供たちが集って、幣を切ってこれを持って、『ゴカレ、ゴカレ』と唱えながら、村の境まで狐を追って、そこに幣を立てる。この地方では、稲荷講をしているところは、狐を追うといけないといって、この行事をしない。稲荷講のないところだけがこれをしているのである。」と、西谷勝也は「狐狩り」のなかでのべている。[23]

キツネガリの行事名をあらわす呼称としては、もっともオーソドックスな「キツネガリ」のほかに「キツネガエリ」（各地、「キチガエリ」「キツネガエリ」と言うところもある）、「ガリアイ」（福井県三方郡美浜町坂尻)、「カイロ講」(同新庄・佐野・中寺)「オロロオイ」(加古川市平荘町小畑)、「カリオイ(カリカイ)」(兵庫県宍粟郡一宮町染河内字福田・繁盛字横山)、「キンダンドン」(京都府中郡大宮町森本)、「キツネギャール」(伯耆)などが知られているが、方言による差異を別にすれば、「狐狩り」と「狐帰り」の二つの呼称に分けられよう。そこでたとえば次のような言説が提起される。大森恵子の「狐狩り・狐ガエリ行事の諸形態と民間信仰——特に、但馬地方を中心にして」から引用しよう。[24]

「狐狩り・狐ガエリの宗教的要因の一つとして、悪霊(御霊)の象徴である狐を村外へ追放する行為に主点があるといえよう。この観念が強く意識された呼称が、『狐狩り』であると推定できる。ところが、この宗教観念に反して同種の行事を、『神(祖霊神)の象徴である狐』を村外、すなわち常世へ鎮送する行事と信じている所も存在する。この観念が現われた呼名が『狐ガエリ』といえる。」

しかし、このような明快な論断は、事の真相を誤らせうる危惧をはらんでいると私は考える。いちいち論証はできないが、「キツネガリ」と「キツネガエリ」の差異は、同一集落だけではなく同一人物のインフォーマントにおいてすら時にはおこりうるからである。先程「キツネガリ」と発音していたのに、たった今「キツネガエリ」と聞こえることとぐらい、民俗調査の現場では応々にしてありえよう。「神(祖霊神)の象徴である狐」という断定は強引すぎるものの、民俗行事としてのキツネガリの宗教的要因は、おおむね大森の論旨に反対ではない。とはいえ、「キツネガリ」「キツネガエリ」のいずれであれ、呼称の差異にかかわらず、民俗行事の変容の過程で善悪の両義性を抱含したと考えた方が妥当であろう。それは一月十四日夜という小正月の豊穣儀礼における予祝性や、道祖神祭の御霊防寒性に深く関わって習合化した結果にほかならない。

「キツネガエリ」という呼称からは、稲荷の指令としてのキツネへの常民の深謀遠慮が痛いほど伝わってくるが、たとえば大阪府豊能郡能勢町天王では次のような唱言をのべ、藁で作ったキツネと幣を竹の先につけて小谷橋から川へ流す。

ワレは何をするぞいやい
キツネガエリをするぞいやい
キツネのすしをいく桶つけて
七桶半ら　エイエイバッサリコ
貧乏キツネぼいだせ
福ギツネほりこめ

ここには現世利益をひたすら願う常民の快活な心意が、ありていに表現されていよう。

8　キツネガリと狐施行

そこで、キツネをめぐっての民俗行事における二律背反性をみごとに表わしているキツネガリと狐施行の相関関係について、少しふれておこう。

キツネガリと狐施行とは、その行事を挙行する常民の心意において、まったく正反対の民俗行事である。寒施行・稲荷のセンギョウ・野施行・野撒き・野施餓鬼・寒ブレマイ・穴施行などとも称し、寒中、夜半に狐の好物の赤飯や油揚げを「寒センギョウ・寒センギョウ」と唱えながら、野山や辻・稲荷社に供えて狐に与え、ところによっては民間祈禱者によって、「狐寄せ」と呼ぶ託宣も行われた。

井之口章次は、狐施行は主に奈良・大阪・兵庫に顕著に見られ、和歌山・三重・鳥取・山口に点在するとし、「狐狩りをおこなっている地域は、兵庫、鳥取、京都、福井などの府県で、寒施行をしている地域と完全に一致するわけではないが、かなりの地方で重複している。」と、「狐施行のこと」のなかでのべている。[25] 異をとなえるほどではないが、私のキツネガリの調査では、狐施行と混在している地域はそれほど多くはない。稲荷社に初午祭りの際、赤飯や油揚げを供えるのを別にすれば、若狭から丹後・但馬にかけての日本海側の地域に、狐施行の事例は見当たらないようである。これまでの調査の経験上、キツネガリと狐施行という相反する民俗は、少くとも近畿圏においては大雑把にいって丹波・但馬と摂津・播磨をボーダー・ラインに、みごとな棲み分けをしていると思われる。ただ、その境界域においては、キツネガリと狐施行が混在している事例もないわけではない。

たとえば、かつて佐治河原で石合戦が行われた兵庫県氷上郡青垣町佐治字森では、戦前、いわや山のサガリの山中の岩陰に、餅二個ほどを紙に包んで岩に置き、キツネやタヌキに与えたという（足立完一談）。また、三田市にはキツネガリの事例はないが、初午に峠へ行って油揚げを狐に与えたという話を、下相野町久郷の花振行事の調査の折に聞いたことがある。川上廸彦は「狐狩り考」のなかで、「岡山市真屋の長沢では、（十四日夜）おろしたお飾りに小豆粥を供える。茅の箸で粥を食べるのは他の地方と変わらないが、食べる前に外に出て『山の狐ははよう出てこい。茅の汁なめさしょう』」と言う『岡山県史』16巻、民俗Ⅱの事例をあげ、「狐狩りというより、狐施行の遺習と思われる。」として、「狐狩りと狐施行は同一視されやすいが、前者はその獣性に、後者はその霊性に働きかける行事で、異なる行事と思う。」と結論づけている。(26) 一方は村境へ追い、または送り帰し、片方は野山や峠の境界や辻々で稲荷の使令としてのキツネを迎えいれるという判然とした性格づけが認められる。そしてこの差異は大きいといわざるをえない。「寒施行は、稲荷信仰を通って俗信行事になったもの」として、井之口章次も前掲論文のなかで、「稲荷信仰の発展途上に、いわばヒズミのようなものがあって、稲荷さげとか稲荷下しといわれる、職業的または半職業的な人たちができる。それを中心として寒寄せという託宣がおこなわれる。そうしてその結果、ありがたいお狐様と同じものが、野山に餌もなく困っているだろうというので、寒施行を始めたのだと考えられる。」とのべている。(27)

9　若宮の祭りとして

とはいえ、さまざまな災厄をもたらす悪獣として村落共同体から追放されるキツネと、託宣をもとめて招き寄せられる稲荷の使令としてのキツネとの間には、関係性がまったく途絶しているわけではない。たとえば、その手がかりはキツネガリの唱言に認められる。「若狭における小正月の予祝儀礼

――キツネガエリ・ホトホト・戸祝い・嫁の尻祝いをめぐって」と題して、一九八一年度の北陸三県民俗の会の年会発表において、私は「戸祝い系・混合系・稲作祈願系・数え唄系・若宮問答系」に唱言を分類し、簡略な分布図を提示した。当然のことながら、とりわけ若宮問答系の唱言には御霊的な要素が色濃く認められることを指摘した記憶がある。これまでも再々引用しているが、若宮問答系というのはたとえば次のような唱言を指す。

①「わりゃー何をする　キツネガエリするー　若宮をまつるとてキツネガエリするー」（福井県大飯郡高浜町中寄）

②「若宮の祭りとてわいらがなんじゃそうろう　ドンドやドンド　キツネガエリそーろー」（舞鶴市志高）

③「おい、おい、子供らはそれはそこで何をする。若宮に頼まれて、狐ガエリ、オーフリ」（兵庫県多可郡中町間子）

③の「若宮に頼まれて」というのは、おそらく「地頭殿のおおせで」とか「一ノ谷の庄屋どんにたのまれて」という唱言が入りまじって訛ったものと考えられるから、元型は「若宮の祭りとて」が正しいであろう。宝暦年間に著述された木崎惕窓の『拾椎雑話』には、すでに「狩《がん》やれ〳〵、狐の鮨は七桶ながら、八桶に足らぬとて狐狩や〳〵、若宮をまつるとて、狩やれ〳〵」の唱言が採集されている。(28) このように、福井・京都・兵庫三県のほぼ全域に、若宮祭としてのキツネガリが点在する。若宮祭とはいったい何であろうか。

『屋敷神の研究』のなかで、直江廣治は全国各地で祀られている若宮信仰の事例を検討して、「(一) 恨みを残して非業な最後を遂げた者の霊を祀る、(二) 種々の祟りをあらわす、(三) まだ和《なご》やかな神霊に昇華しきれぬ霊魂という性格をそなえている」とする。[29] また、若宮信仰が伝播する背景には、法印・行者・巫女・神職などの「民間宗教家の活躍・解説という事実を、大きく認めなければならない。」と指摘している。死者の口寄せをする巫女をワカ・ワカミコ・ワカサマなどと呼ぶ事例は、死者霊との密接な関連をうかがわせよう。『日本宗教事典』は、「死者の霊が激しい祟りをなすときがあるが、そのとき祟りを弱めるためにより強い神の下にまつったもの。ワカとは霊力が強いという意味である。巫女をワカサマと呼ぶ地方があるが、若宮の信仰に関与したためであろう。」とする。[30]『古今著聞集』には、「若宮俄にかんなぎに御託宣ありて」とある。

では、なぜ民俗行事としてのキツネガリにおいて若宮の祭りをするのであろうか。「狐狩りの唱言」のなかで小田和弘は、「『若宮の祭とて』、『サイノカミニヤトワレテ』、『一ノ谷の庄屋どんに頼まれて』のように、神あるいは村の権力者のための行事と宣言する。これは神・村の長の権威によって狐を追放しようとする意味がある。」とのべている[31]が、「ヤトワレテ」「頼まれて」と「祭りとて」とでは基本的に意味が異なろう。その点、大森恵子の前掲論文は更に一歩踏みこんで若宮祭を考察している。氏は次のように結論をくだすのである。[32]

「狐狩り・狐ガエリ行事における最大の宗教的本的《ママ》は、祟りやすい中間神霊である若宮(御霊)を祭祀して和霊となし、御霊神から恩寵神へ変質させることにある。狐狩り・狐ガエリ行事は若宮祭でもあり、御霊神でもあり、すさまじい祟りを顕す若宮（御霊）を丁重に祭祀し常世へ鎮送して、多大な恩寵を得ようとする御霊信仰を根底に発生した宗教行事と推察する。」

若宮に祀られた非業の死者の霊魂を斎《いわ》いこめ、慰撫し鎮魂するのは、荒魂を和霊に変容させてその恩恵に浴しようとする現世利益的な常民の信仰心の反映にほかならない。祟りをなす死霊が御霊神へとドラスティックに転換する契機がここにある。しかし、キツネガリにおける若宮祭の場合、時たま伝承地に祀られた個々の神々との固有の関連性が特に認められるわけではない。若宮問答系の集落に若宮社が祀られている事例は実際のところ数少ないし、たとえば殺生石の伝説をつたえる舞鶴市白杉の場合でも、氏神から出発した一行は必ず参道前の若宮社へ参拝するが、キツネガリの唱言との関連を示す明確な伝承は聞くことができない。兵庫県氷上郡氷上町香良には、加和良神社・皇太神宮・若宮大社があるが、「キツネガリそーろ　ワラよんべなに食た　若宮はんのお祭りとーて　ツツオダンゴ三つ食た　まんだうちに三つある　トトやカカの飯米や〳〵」というキツネガリの唱言とのつながりはいっさいない。大森恵子は同町新郷の事例をあげ、「若宮の祠に参詣したあとは宿で会食をしたとされ、新郷の狐ガエリも若宮を祭祀する祭りであることを明確に示している。」とのべているが[33]、若宮社の勧請とキツネガリの起源を示す明確な資料をなんら提示しているわけではない。これらの事例はたまたまその土地になにかの契機で若宮社が勧請されたのであり、キツネガリの伝播はまた別の機縁による若宮信仰の流行の結果にほかならないであろう。

その機縁とは何か。小田和弘は「狐の追放理由」として、狐による養鶏の被害、火事よけ、怪異現象などをあげ、「狐狩りのある村では、生業の損害や怪異を引き起こす狐は追放すべき災厄の象徴であった。」とのべている。(34) 敦賀市杉箸では一月十四日に「サルマキ」という猿追いの行事がかつて行われたように、生業にもとづく農耕儀礼の測面は小正月の行事ゆえたしかに認められる。十日夜のモグラウチや鳥追いも類似の習俗である。

聞書きをもとにしての考察であるから必ずしも間違いというわけではないし、キツネによる野荒しの体験談も数多く聞いたことがあるが、毎年小正月にキツネガリを挙行する常民の心意からすれば、所詮皮相な理由づけにすぎまい。キツネがもたらす災厄への、深層心理をおびやかすほどの契機とは、やはり先述したとおり、由来伝承にあげた「御悩ありト者之を判して狐の仕事なりと云へり」との記述に象徴される狐憑きの習俗をおいて何があろうか。

いわゆる狐憑きの民俗には、大きく分けて二種類の形態があるようである。ひとつは、キツネがとりついて精神異常になった人間をさす場合であり、もうひとつは、狐持ち・狐筋・クダ屋・イズナ使いなどと呼ばれて村落社会で特殊な家筋とされ畏怖・差別の対象ともなった部類である。後者の事例は、速水保孝の『つきもの持ち迷信の歴史的考察』にあきらかなように、事業に成功して急に中産階級となった後来の参入者への、先住者の嫉妬妄想に起因する社会現象であり、とりわけ中国地方に顕著に見られる。ここではこれ以上の論及はひかえるが、大雑把にいって、キツネガリの圏内には第一義の狐憑きの現象はときたま見られるものの、他人に狐をとりつかせたり財産をくすめ盗るなどといったいわゆる狐筋の風聞はあまり耳にしない。つまり若狭・丹波・丹後・但馬のキツネガリ信仰圏は、石見・出雲・伯耆の孤筋圏に隣接して、もっとも過敏に他国の狐憑きの風聞被害に反応し、毎年悪獣のキツネを村境に追放するために民俗行事のキツネガリを継承してきたといえるのではないか。川上迪彦は次のようにのべているが[35]、傾聴すべき所見である。

「伯耆の狐狩りでは、憑き物としての狐と無関係だったとは考えられない。年頭にあたって、年間の憑き物としての狐とのトラブルを除去しよう、との心意が働いていたものと思われる。伯耆の狐狩り伝承地での憑き物筋残存率は、他地域より一般に低率だったように思われる。公然にしろ、暗黙にしろ、憑き物筋といわれる家が多数を制する村では、狐狩りという行事は行われなかったではなかろうか。因伯にこの行事の痕跡のみとどめて消えている所は、その辺の事情も一因と思う。また逆に、憑き物が迷信として村民に完全に認められた村からも、この行事は消えていってもいよう。」

こうして厄病神や御霊神の役割を担って、悪獣のキツネは村外へ、異域へと追放されることになる。たとえば田遊びの鳥追いの詞章に「南海、補陀落や筑紫や鎮西、あるいは津軽や越後の外の浜へ追ふべし」とあり、また、初夏の虫送りの際に「ヌカ虫(稲の虫)、サシ虫、おくの島へ送れ」(福井県大飯郡高浜町小和田・関屋)「この虫は沖の島へ行くそうなゲナ、コンカさんになっしてかつぐ」(同町山中・宮尾)と唱言をとなえたように、災厄の元凶は「外の浜」や「おくの島」「沖の島」へと追いやられる。「おくの島」や「沖の島」は共同幻想の流刑地としての隠岐島に相違ない。兵庫県城崎郡竹野町田久日では「田久日谷の狐を隠岐の国にぼい出して」という文句をとなえる。大森論文には、兵庫県朝来郡生野町上生野ではキツネガエリのことを虫送りとも称したという事例が紹介され、唱言に

「六月の土用まで、この地に狐も病気もはいらせん」とあるから、今後はキツネガリと虫送りの類似性に注目しなければならないだろう。正月のドンドが盆の送り火に対応するように、この歳時儀礼の暗合には深い意味がある。

さて、具体的にはキツネガリの一団は村境で狩り納めることになるが、丹波・丹後・但馬では日頃境界と意識されている地境いに御幣を立てる。もっとも、キツネガリの境界性をみごとに示しているのは、兵庫県篠山町井串のキツネガエリであろう。脇田太助（大正二年生）によれば、一月十四日夕刻、小学生の男子（現在は女子も参加）が太鼓をたたき、「キツネガエリしようかいやい　キツネのスシをくわえてのまえて　エーン　エーン　ワイ」と大声でわめきながら、稲荷から出発して村中を回り、辻々に「ほうじ」と書いた紙をゆわえた笹竹をさす。途中、各家へ立ち寄り、白色の福幣のビレを配り、荒神さんに供える。翌朝、山の神でドンドを焚き、福幣と紅白まじりの貧乏幣を燃やすことになっている。『広辞苑』によれば、「ほうじ」とは「杙《くい》または石などによって領地・領田の境界の標示としたもの。牓示《ぼうじ》。」（牓示―牓爾）のことである。四至牓示ともいう。西岡虎之助の『荘園絵図の基礎的研究』によれば、牓示杭として自然の立木や石材を用いたり炭を埋める例もあるが、もっとも一般的には木の杭を立てた。井串のキツネガエリの「ほうじ」はその名残りに相違ない。小浜市阿納のキツネガエリの際、「みのくぼ　うまごえ　かったいわ　下おくぼ　上おくぼ　大へら　やりだおし　までやでや」と山中の小地名を読みあげるのは、隣村との境界を区切って「までやでや」と念を押すのである。実際、牓示が地名や集落名・山名・峠名として残存する例も見られる。また、山中の地境に植える境木・標木をホウキ、ホウジキとも呼んだ。

垂水稔は『結界の構造』の序章において、①律令制の境界祭祀と②御霊祭祀に大別して論を進めている。「人為的に画定された境界上でとり行われる祭祀や儀礼」とする前田晴人の説を引用して境界祭祀と位置づけ、さらに大祓祭祀と道饗祭・疫神祭系祭祀に細分し、虫送りや道切りなどの民俗行事を「原理的には、上記境界祭祀の系譜を継承していることは明らかである。」とする。[36] しかし、これまで見てきたように、虫送りと類似の民俗行事であるキツネガリにはこの分類はそのままあてはまりそうにない。なぜなら若宮祭としての御霊祭祀の要素がきわめて濃厚であるからにほかならない。

10 キツネガリを命じたのは誰か

「境界とは、内と外、明と暗、聖と俗、現世と境界といった空間や観念・時間を分節または結節する両義的な点や線ないしは領域のことと理解できる。空間における機能としては、内部の罪穢を追い出したり障碍となって侵入を防いだり、逆に迎え入れたりもする。」と、『周縁の古代史』のなかで小林茂文は説く。[37] では、常民に民俗行事としてのキツネガリを命じたものは、いったい誰であろうか。内と外、明と暗、聖と俗、現世と異界といった現世の境界を意のままに超えうると自認するものだけがなしうる権能、その保持者とは誰か。この命令権限は誰彼にもあるというような、なまやさしいものではない。いよいよ本稿の大団円である。

民俗の始源を問うことは、ほとんどの場合徒労にひとしい。固有の民俗文化というものは、グローバリズムのまえには成立しないからである。ひとがいるかぎり、さぐりあてた起源のその先に、蜃気楼のようにおぼろげな元型がまた浮かぶ。史料をつみあげても、文字以前のことはわからない。所詮、合鏡の仮説でしかない。

民俗学が本来もっている右のような矛盾と欠落をふまえたうえで、あえて一つの史料を提示してキツネガリの始源にせまることにする。蛮勇をふるっての仮説である。

そのキー・ワードは、唱言にひそんでいる。事例をあげよう。

①「ガリアイ〱　キツネガリのサー　あすはスットドンのキツネガリアイの」(敦賀市白木)

②「シトドンのおおせで　キツネガリやのー　ウサギ・タヌキ・シシガリやー」(敦賀市江良)

③「キツネのスシは七桶なから八桶にたらいで　ジトウドノのおおせで　キツネガリをするといのガリアイ〱」(美浜町坂尻)

④「あれは何をするやいや　若宮を祭りとって　キツネゲエリ　げげり　サー　リットンドンのおっしゃりとって　キツネゲエリ　げげり　ウー」(小浜市阿納)

⑤「キツネ鳴くテン鳴く　ワレは何をしょるぞ　地蔵の教えとて　キツネガエリヤーイ」(舞鶴市大波上)

⑥「狐狩り狐狩りや　地蔵殿に頼まれて　大阪狸や猪子狩り・狐狩りに出ぬものは　尻に寝太刀出るといや　何ぼ程出るいや　四十八出るといや」(兵庫県城崎郡香住町上計・浦上・沖浦・安木・訓

谷）

これらのほかに、「一ノ谷の庄屋どんにたのまれて」（京都府竹野郡弥栄町）、「山の神に雇われて」（兵庫県氷上郡柏原町大新屋新井・養父郡関宮町外野）、「みこどん（巫殿）に雇われて」（兵庫県城崎郡竹野町草飼）、「若宮に頼まれて」（兵庫県多可郡中町牧野）、「みこんどの、さこんどの」（米子市夜見）などが散見されるが、「若宮の祭りとて」の唱言の背景には、やはり「みこどん」「みこんどの」＝巫女、祈禱師の暗躍が垣間みえる。しかし、福井・京都・兵庫の三県を通して共通なのは、為政者としての地頭の影がちらついていることであろう。

③⑥はそのものズバリ「地頭殿」と表現しているから何ら問題はないが、①の「スットドン」（『日本の民俗・福井』には「しっとどん」とある）、気比神宮の執頭殿とする②の「シトドン」、あるいは③の「リットンドン」はまぎれもなく「地頭殿」の訛言であろう。⑤の「地蔵」は現行の発言をそのまま再現したが、『朝来村史』には「狐鳴く貂なくわれは何をしょるぞ　地頭どのの仰せで狐狩りやあー」とあることから、本来は「地頭殿」と発言したに相違ない。このような例は応々にしてあるものであり、二〇数年前に美浜町坂尻のガリアイを調査した時点では「ジトウドノのおおせで」と言っていたものが、現在は「ジゾウドノのおおせで」に変化している。現在の子供たちにとっては「地頭」より「地蔵」の方がわかりやすいのだろう。

地頭とは言うまでもなく、「荘園や郷・保など一定の領域に対し、土地管理・徴税・治安維持の権利・義務を行使し、同時にしかるべき収入を保障された」地頭職のことである（『日本史広辞典』）。キツネガリの唱言に出てくる「地頭殿」が、いったいどの時代の職名なのかは不明であるが、歴史上は平安末期から江戸末期まで、「地頭」の呼称は存在した。いかに「泣く子と地頭には」云々の地頭であれ、若狭の一隅だけにこの唱言が残存するのなら、それほど驚くべきことではないかもしれない。しかし、三県にまたがるとすれば、治安維持を負託された地頭に向かって同時に命令を下した人間がいるということである。「各区内に布令して狐狩をなさしめたり」(『内浦村誌』)というのは、そのような命令体制抜きにしてはありえない。しかも、強権によって小正月の行事のなかにキツネガリを組みこませるほどの専横ぶりは尋常ではない。

それは、いったい誰か。

ここに一通の古文書がある。昭和二十六年に、伏見稲荷大社から昭和度正遷宮記念出版として発刊された『稲荷の信仰』から引用しよう。[38]

(1)浮田ノ娘、口ばしり候、定めて狐の所為と存じ候、早くしりぞけらるべく候、さも無レ之候はば、日本国中狐狩りいたし申候べく候、なほ吉田神主可申候、秀吉花押

稲荷大明神

太閤秀吉が発したこの願文は、今も神主家秦氏直系の旧稲荷社社務総官大西家に襲蔵されているとのことである。「狐狩」の文言が見えることから気になって伏見稲荷大社に問合せたところ、左記のようなマイクロフィルムの写しをいただいた(その現物はある歴史学者が調査中火災で焼失した)。

(2)備前中納言殿
御簾中今般産
後御病中付物恠(怪)
相見候、兎角野狐
之所為与被思召候
付而以　御来印被
相宥候、於日域誰
耶軽　公儀乎
一天下之有情非情
何不重　上意況
於畜類其畏不可
遁之速可退去
如此候上猶付添
右恠々故、不慮於
出来者當社則時
被破却其上日本
国中狐猟毎年

堅被仰付断其類
悉可被殺果之旨
御意候条社人被
存其旨砕肝胆
可被抽懇祈義専
一候、恐々謹言
　石田治部少輔
拾月廿日　三成（花押）
　増田右衛門尉
　　長盛（花押）
稲荷
　社□
　　□

（この文書の判読は郷土史家・敦賀高校教諭岡田孝雄氏の協力による）

史料批判のため、煩瑣をいとわずに異文もあえて提出しておこう。次の文書は桑田忠親著『太閤書信』からの引用である。(39)

(3)備前中納言（宇喜多秀家）女とも付、障物之氣相見へ候。兎角狐の所為に候。何とて左様に見入候哉。曲事被二思召一候得共、今度者被レ成二御免一候。若此旨相背、むさとしたる儀於レ有レ之者、日本之内年々狐猟可レ被二仰付一候。一天下に有レ之有情無情之類迄、御意不レ重候哉。速に可二立除一候。委曲吉田之神主可二申渡一候也。

(慶長二年)卯月十三日　　朱印

稲荷大明神殿

ついでに長くなるが、桑田忠親の解説も全文を引く。(40)

「これは、稲荷大明神に奉って、日本中の狐を退治するといふことを申告したものである。秀吉の狐狩の文書は、有名なものであるが、従来偽物と見做されていた。然るに最近伏見稲荷の旧社家の大西家に狐狩に関する石田三成と増田長盛の連署状の疑ひもないものが発見せられた。それから推測すると、それと同文の秀吉の狐狩の朱印状も存在したといふことが分る。此處に揚げたのは、原物が既になくなって、写が前橋旧蔵聞書や山麓素行の武家事紀に収めてあるもので、宇喜多秀家の夫人、即ち秀吉の養女であった南の御方が病気になった。それが狐の祟りであるといふので、秀吉が大いに怒り、日本国中の狐を毎年退治しようとして、その事に対して伏見の稲荷大明神に諒解を求めたものである。吉田の神主とあるのは京都の吉田社の神主吉田兼見の事で、兼見は秀吉に近づき、豊臣家一族の祈禱の事などを掌ってゐた関係から、秀吉の命を受けて伏見稲荷に此の旨を伝えたものであらう。一体奇抜な事は誤伝として一概に採用しないのが史学の安全弁ではあるが、時には例外もあるといふことに注意せねばならぬと思ふ。」

「奇抜な事」とされた狐憑きの迷信にも、歴史家として注意を喚起したこの名解説によって、これらの古文書が発案された経緯がおおよそわかっていただけたであろう。石田三成と増田長盛の連署状というのは⑵の文書のことである。⑶の文書は『豊公遺文』（日下寛編・博文館・大正三年）にも再録されている。前後するが⑴の文書については、柏崎永以著『古老茶話』下には「宇喜多秀家の娘に狐つきたるを、太閤聞れて、京都の稲荷へ書状を以、使者立られ候。其文に、」とある。[41]

さて、桑田忠親によって史実とされた慶長二年卯月十三日の前後には、秀吉の身辺にいったいどのような事件があったのであろうか。『義演准后日記』より慶長二年十一月の条を見る。[42]

十五日、雨、同材木廿一本来、備前中納言女房衆《(宇喜多秀家室)》、毎月祈禱巻数幷タヒ十足、大蔵《(経紹)》卿法橋遺之、

とあり、また廿一日条には、

備前中納言息一歳不例トテ五大力井《(苔薩)》ノ札取ニ来、銀子十両送之、仍山中へ頓取ニ遣之、又於門中祈禱之儀申来、仍不動供戈」勤仕之、

とあり、中納言の生まれて間もない子供が不例、つまり病気のため五大力菩薩の祈禱札を与えたことがわかる。また、十二月十日条には、

備前《(宇喜多)》ヨリ銀子三枚進上、
中納言　申歳廿六、女房衆　戌歳廿四、
御八　酉歳一才

とあり、秀家の家族の年齢構成が把握できる。(1)の「浮田の娘」とあるのは御八のことか。

義演は安土桃山、江戸初期を生きた真言宗の僧で、醍醐寺大僧正、東寺長者。太閤の尊崇を受け、特に慶長三年の秀吉の醍醐寺の観桜は有名である。

これらの史料について、歴史学者で京大教授の藤井譲治氏は私信のなかで、「『義演准后日記』の記事には『備前中納言』の女房と子の病のことがみえ、石田・増田の連署状に『備前中納言殿御簾中今般産後』とあることと子の『御八』が酉年(慶長二)生まれであることから、この連署状は慶長二年のものであることが確定します。」とのべている。いわゆる産後の肥立ちが悪く、宇喜多秀家の妻、南の方が精神異常となり、「兎角狐の所為に候」とされたのであろう。「口ばしり候」とか「今般産後御病中付物恠相見候」「障物之氣相見へ候」とあるのは、その間の事情をよく伝えている。「物恠」はもののけ、「障物」は、私の居住地(福井県三方郡美浜町)では「ササナワリ」と言うように「神仏のサワリ」のこと、すなわちここでは野狐の祟りをさす。「野狐禅」という言葉があるように、邪悪なもののたとえに用いられる。

そこで所詮、神道家の方弁・詭弁にすぎないが、『稲荷の信仰』は「福狐の事」のなかで、古来狐には「騙《だま》す狐」「憑く狐」「福狐」の三種類があると説く。そして人間に福を領つ福狐とは身体のない霊体として存在する白狐で、末社命婦社(白狐社)に祀られて稲荷の眷族《けんぞく》とされている。むしろ伏見の稲荷大社は人を騙したり憑いたりする悪獣、邪狐の類いを抜却し懲罰する元締の役を担っているとするのである。各地のキツネガリのなかには、「貧乏狐はボイダセ、福狐はホリコメ」(能勢町天王)

というような狐の相対化が見られるところもあり、稲荷信仰の波及がうかがわれる。篠山町井串の「福幣」「貧乏幣」はそのシンボライズにほかならない。

では、秀吉の朱印状、および豊臣氏五奉行の石田・増田連署状と年中行事との関わりはどうか。その鍵は(2)の「日本国中狐猟毎年堅被仰付」と(3)の「日本之内年々狐猟可レ被二仰付一候」（傍点筆者）の文言から読みとれよう。単なる呪禱なら「毎年」とか「年々」の必要はない。野狐への強圧的な恫喝が為政者によって執行され、下層の地頭にまで指令がゆきわたったのであろう。とはいえ、朱印状・連署状と唱言との間には、今のところ『義演准后日記』以上の史実があるわけではない。従ってこれ以上の論及はひかえよう。事は今後の研究の進展にかかっている。

谷川健一は『魔の系譜』のなかで次のようにのべている。(43)

「こうした聖なる動物たちも、武士が実力をもって政権をにぎり、怪力乱神を語ることのない儒教の倫理で社会を支配するとなると、みるみる霊落していく。細川政元や武田信玄や上杉謙信がいずな(狐)使の術に凝ったという話はあるが、豊臣秀吉になると宇喜多秀家の娘に狐が憑いて困ったとき、伏見の稲荷に次のような手紙を送っている。（(1)に同じにつき略す）

つまり、奈良、平安をつうじて政治をうごかした呪術の力は衰弱し、巫女（シャーマン）の社会的地位は低下した。秀吉の手紙にみるように支配者の権力が万能であることを誇示してはばからないときがおとずれた。聖なる動物たちは、民間信仰の底に沈澱していくほか道はなかった。折口信夫流にいえば、これらの動物たちの『田舎わたらい』がはじまったのである。」

まさしく「田舎わたらい」の狐憑きの民俗の横行と、ときに秀吉の権勢を笠に着た地頭の支配権がはげしく拮抗した時代に、狩猟の狐狩りを模した民俗行事としてのキツネガリが誕生したと言えるのではないか。小正月の来訪神の行事として、呪力を秘めた祝棒や木刀が採物として見られるほかに、丹後から丹波にかけて一部実際に猟銃が用いられたことは、その間の経緯を伝えているに相違ない。

第二章　若狭の烏勧請

1　アケガラスの言い伝え

「アケガラスの渡らんさきに参らにゃならん」という口碑は、若狭一円のダイジョコや地の神の調査をしている際によく耳にした。ワタリガラスとも言い、夜明けの空に、どこからかまっさきに飛来してくるカラスを若狭ではこのように呼んでいる。

アケガラスが渡るまえに、先祖を祀るとされるダイジョコに参詣しなければならないという、家訓めいた旧家の伝承は、いわばカラスが鳴きさわぐまえに祭場に詣でて神饌を供えねばならない、という具体的な作業を意味していた。ダイジョコや地の神、地主荒神の祭りに、カラスに神饌を献ずる烏勧請をともなっているものはみられない。しかし、同系統のニソの杜《もり》のなかには「カラス口《ぐち》」という献饌の場が杜の一角にあるものもあり、この口碑の背景には、かつて烏勧請の習慣があったにちがいないと私は考えている。ダイジョコや地の神、ニソの杜などの杜神信仰に、烏勧請の伝承がともなっているということは、そこに日本古来の、原初的な神まつりの古層が認められるということにほかならない。

2　カラス鳴きの予兆

カラスというと、不吉な鳥というイメージが強い。死を予兆する鳥として、とりわけその鳴き声が忌まれた。カラス鳴きが悪いというが、必ずしもそうではない。私の父の里、美浜町菅浜ではカラス鳴きに、シニガラス（カワイガラス）、アレガラス（ヒジョウガラス）、コウミガラスの三種類があるといわれている。カワイガラスというシニガラスの異称は、「可愛い、可愛い」と鳴いてひとの死を告知するからであろう。その哀切な、ふりしぼるような鳴き声は、死の淵にたたずむものや、その家族には聞こえないといわれている。村の年寄りたちはその鳴き声を聞きわけて、「いやらしい鳴き声やのう。誰か死ぬんやないやろか」と噂をしあう。シニガラスの鳴き声が自分の耳に届いたことに、いくらか安堵の思いをいだいて、世間話にうち興じるのである。シニガラスは羽根をすぼめて鳴くが、コウミガラスは羽根を思いきりひろげて鳴くとされている。ところが、山里の新庄ではその区別がさだかではなく、シニガラスが鳴けば、どこかで子供がひとりうまれるであろうとて、コウミガラスともいうのであった。また、ひとが一人死ねば、同類のカラスも一羽死ぬので鳴くのだともいう。いずれにしてもひとの生き死や、輪廻転生にカラスの生態は深く関わっていた。

それればかりではない。「元旦烏の鳴声にて早稲中稲晩稲のその年秋の収穫を計る」と『内浦村誌』

(稿)の「新年雑事」の項にあるように、高浜町の内浦地方では、正月のアケガラスの鳴き声で稲作の豊凶を占った。たとえば、より具体的に「青葉山麓の民俗世界」(「民俗文化」第二号所収)[1]のなかで、かつて私は次のように書いたことがある。

「鎌倉の永野仁太郎氏(大正四年生)の話によれば、正月二日の朝まだき、烏の鳴き声をかぞえて『一升、二升、三升、今年は四升、豊作やぞ』とか、またいっこうに鳴かない場合は、『今年は枡はからなんだぞ。不作やぞ』と、アケガラスの鳴声にすら一喜一憂したものであったという。神野《こうの》の杉本東五郎氏(明治三十七年生)も、『正月の朝、カラスがようけ鳴くほど、ヨドシがよい。鳴けば今年は枡すると言った』と語っている。小黒飯《おぐるい》でも正月にカラスが鳴くと米をはかっとると言い、早稲・中稲・晩稲の順に鳴声で作りを占った」

このカラスの鳴き声による年占は、『大日本年中行事大全』(儀礼文化研究所編・桜楓社刊)の正月の項に掲載されている、森川保之筆の挿絵の説明文を想起させる。「北国にてハ元旦鴉《としのあしたからす》の声《こえ》をききて其の年の豊凶《ほうきょう》を判《はん》す、これを升次《ますつぎ》といへり、夫烏《それからす》ハその性尊重《せいそんぢう》にして陽鳥《やうてう》なり、よく時の吉凶を報《ほう》す、しかれども其の鳴こと群《むらが》りて子《こ》をよぶ事ありあるハ食《しょく》をむさぶり巣《す》を争《あらそ》ふものあり、一概に吉凶をいふべからず、

只其声常《つね》に異《こと》にして我に向って鳴くものハかならず神《しん》ありと云々、よき声を亥子より起せ初からす　月丸」とあり、初日の出とともに飛来する六羽のカラスがえがかれている。

むろん、言霊の幸はふ国の、なにごとにも縁起をかつぎたがる国民性ゆえ、年頭の不吉なカラス鳴

きさえ、よかれ、かくあれかしとの初春の祈念をこめて、そこに作占の予祝の心意がはたらいているといいえなくもない。にもかかわらず、狐や狼、蛇のように、カラスもまた神の使わしめとして、すなわちミサキガラスとして、善悪の両義性を秘めた動物であることにかわりはなかった。

かつて『フォークロア入門』のなかで谷川健一は、「民俗学は、神と人間と自然、この三者の交渉の学である。」と定義したことがある。「たがいに循環交流しつつ、しかも全体が生きているという自然の循環体系に相当するものを神と人間と自然の関係に置きかえたものが民俗学である」[2]とものべている。カラス鳴きによる年占や烏勧請の民俗は、まさしく神と人間と自然の三者の交渉を、もっともプリミティブなかたちでくりひろげる。

若狭湾に細長くつきでた常神半島の漁村には、センジキと呼ばれる烏勧請の神事を元日の未明に行う村がある。この神事のために、男たちはケガレを祓い、女を遠ざけて、ひたすら潔斎につとめる。古来、ひとは大自然のなかで、どのように動植物とかかわり、神の声を聞きとめてきたか、これは半島の浦々を歩いて、おごそかな神事を見、古老の伝承に耳をそばだててきた日々の記録である。

3　神子のセンジキ

常神半島には、東側の海岸部のつけ根に美浜町早瀬と日向《ひるが》、西浦と呼ばれる西側の海岸部に三方町塩坂越《しゃくし》・遊子《ゆうし》・小川・神子《みこ》・常神《つねがみ》の集落が点在し、いずれも漁村である。わずかな平地に、田畑を開いて農業をいとなむ家もあるが、むろん自給自足にはほど遠い。もっぱら漁業をいとなむかたわら、高度成長期以降に進んだ経済の活況と、景勝地の三方五湖を周遊するレインボー・ラインの開通により、京阪神、中京からの観光客を迎えて民宿業を生業とする家も多く見られる。

東海岸には早瀬・日向しかなく、昭和四十三年末に開通した半島を縦断する道路は西海岸に一本、きりたった断崖の中腹をぬうように、突端の常神集落へと通じている。元日の未明の刻に切り裂くように、崖上のまがりくねった細道を、ひとりハンドルをかたく握りしめてひたすら愛車を走らせていると、心細さで胸がしめつけられるような思いがする。坂子一枚の父祖のなりわいをひとすじに半島で生きるということは、この心細さをひとしく共有するということにほかならなかった。神仏への敬虔な祈りも、祭礼行事の厳格な伝承も、むきだしの不安をなだめるための営為であった。医師もおらず、時には崖くずれで道がとざされることもある。海が時化《しけ》ると、往時は陸の孤島と化した。かつては、常神社の背後のマイニヤマから、半島のセナ（尾根）をたどって梅丈岳にいたり、早瀬へとぬける山道があり、二、三時間かけて早瀬の市場まで荷持ちが魚をはこんだが、すでに雑木がしげり、獣道にもどった。コロビ（桐実）林のかげから野猿の一群が、威嚇するように牙をむいて道を横切り、崖をおりていく。

神子のセンジキを見るために、午前四時半に起床して五時前に家を出た。肩をよせあうように密集する半島の家々は、ようやくつごもりの深い眠りからさめて雑煮の準備にかかるころだろう。合図をするようにつぎつぎと灯りがともる。炊事場にたたずみ、若水をくむ、その新年の息づかいが聞こえるようだ。時おり、みぞれが窓ガラスにはじけた。波のしずかな湖岸から塩坂越のトンネルをぬけると、急に海風がつよくなる。絶壁の一本道を、塩坂越《しゃくし》・遊子《ゆうし》・小川と通りすぎて、六時前に神子《みこ》に着いた。

浜宮のまえの仮屋では、すでにセンジキの準備がはじまっていた。エビスを祀る小祠は、浜に面した家並みの、村の入口近くの空地にある。以前、二本の松の木が傍にはえていたが、一本は台風で倒れ、もう一本は枯死した。祠のなかには一体の神像と神札・御幣を納めてある。鎮座にまつわる伝承はとくにない。漁の神さんとして、古くから村びとの信仰を集めてきた。

浜宮の前に、急ごしらえの、だいだい色のシーツをかぶせた、一間に一間半の天地根元造の仮屋が建っている。戦前は二〇坪ほどの空地に、二間に三間のカヤでふいた小屋を建て、三六人の戸主全員が集ってお神酒を祝った。裸電球をつるした狭い仮屋のなかで、神事当番がセンジキの神饌をあつらえ、お供えのシラムシを浜宮の屋根にのせていく。

当番はセンジキの役を奉仕する麻当《あさとう》二人、二日に行われる薬師の当屋をつとめる堂《ど》の当《とう》二人がおり、三〇年前から四人が協力して正月神事にあたることになっている。三十日の夜、「キリモリ参らっしゃりませ」と村中にふれて回り、戸主全員が神子神社に集合すると、神主立合いのもとに講帳をひろげ、ワラスベのクジをひいて新しい神事当番を決めることになっている。キリモリとは神饌を切ったり盛ったりすることからこう呼ぶ。代々神主をつとめる大音正和家は、当家所蔵の「伊香氏系図」によると、近江国伊香大社神主伊香氏の神四郎安宗のときに、若狭国三方郡の御賀尾（神子の旧地名）・

常神両浦の開発領主として来住したとされる名家で、史料的初見である建武三年（一三三六）六月十三日の大音助俊軍忠状ほか慶長五年（一六〇〇）以前の中世文書が一八〇点、近世文書が約一五〇〇点残存し、大音文書とよばれている。しかし正月神事に関するものは、「此笈年号　明治十四年巳冬合之　作人　塩谷八兵衛殿」と箱書きのある黒くすすけた小箱に、「昭和五二年書キ改メル　御神事購元順序及記録帳」と「神事麻当　準備事項忘備録」（神子区）の二点の文書が所蔵されているだけで、それ以外に古い文献は残されていない。神事の由来や歴史的な経緯については記述されてはいないが、現行の神事を理解するうえで格好の史料であることから、原文のままほぼ全文を以下に引用する。この文書によって引きつぎを行い、準備万端整っているか確認することになっている。

(1)「昭和五十二年書キ改メル　御神事講元順序及記録帳」

天保十五年ノ帳ヲ明治四十年ニ書キ改メ更ニ大正十四年ニ書キ改メ尚昭和五十二年ニ書キ改メル

古来神酒トシテ濁酒ナリシモ明治参拾年正月朔ヨリ清酒参升ニ改メル

大正九年ヨリ更ニ清酒弐升に改メル

忌中其ノ他ノ事故ニヨリ其ノ当日出講難キ場合ハ（十月ノ神事ハ御飯ヲ除キ旧正月ノ神事ハハナビラ、六タン、鱰切リ目ヲ不出講ノ者ニ配付のコト

但シ忌中ヲ除ク不出講者ニアリテハ出米ノ事トス

近時鯖不漁ノ為、十月一日、二日ノ神事焼物鯖ハ一尾百匁程度ノイナダニ改ム
昭和三十四年度ヨリ改ム

昭和四十六年度ヨリ的杭ヲ竹杭ニ改ム

コノ帳破損ノタメ昭和二十六年ヨリ昭和五十一年マデノ当番順序帳ヲ書キ改メル（昭和五十一年十二月）

正月麻当

一、餅米　参升
一、白米　参升
一、筵（壱間）　弐枚
一、幣竹　四本
一、弓竹　弐本
一、矢竹　四本

一、竹杭　八本

一、こも　弐枚

弐後宮ニ提供ス

一、葉付竹　弐本

一、立松　四本

一、組かざり　壱組

一、幣紙　七五三　弐状

一、あさ　七十二本(6)

一、いわし　二十四尾

一、釣船　壱艘

右小使行

一、若葉　五十枚

一、箸　三十六膳

一、黒鳥　但しわらび

一、いかの手　むし用

一、しいら　酒の肴

一、いわし　二鉢

一、ひらき豆　壱合

一、白米六合　打ちまき

右神主行

一、花びら　百弐十

一、撒餅　六個

一、小いけ　六個

右庄屋行

一、からす餅　壱個

（方こしき）　予備壱個

一、さけのひれ

一、貝くろみ

一、笹の葉　せんじき用

一、一夜御神酒用

糀少々

一、土かわらけ　拾弐個
（花びら）

一、しょうじ　六膳
右神主行

一、なまくさ　六膳

一、清酒　弐升

正月堂当

一、餅米　参升

一、色餅用餅米　二升

一、くし柿　弐連

一、ごぼう　弐把

一、せり　少々
一、大根の一夜漬
一、ひらき豆　壱合
一、黒鳥　少々
（わらび）
一、六だ　六ツ宛　（216ケ）
一、色餅　二切宛
（赤色）
一、くし柿　五ツ宛
一、一夜御神酒　糀少々
一、土かわらけ　拾弐個
一、幣竹　弐本
一、幣紙　壱状
一、幣餅　六ツ
一、小いけ　六ツ

右庄屋行

一、清酒　弐升

此の中五合青年行

一、箸　三十六膳

一、若葉　三十六枚

一、白米　打撒六合

但シ神主行

十月一日　二日

麻当

堂当

一、（いも
かぶら　三斗

一、鯖焼物　一尾宛

一、汁実　半尾宛

一、鰡　弐尾
但シ壱メ五百目以上弐メ迄
改正弐尾ニテ壱メ目
一、味噌
一、烏賊　弐升
一、酢　弐升
一、ふり糀　壱合

昭和三十四年度焼物ノ鯖をイナダニ改メシモ昭和三十六年度元ノ鯖焼物ニ複ス
当区ハ古来十月二日神事終了後出漁ノ処　参拾参年出漁ニ際シ暴風激浪ノ為数隻ノ転覆ヲ出シ区内大混雑タリシニヨリ協議ノ結果　爾今漁止メニ決定ス
明治三十七年十月二日
本年度ヨリ協議ノ結果従前ノ蕪汁（汁ノ実山芋も共ニ）ヲ廃シ普通御講ノ如ク戸毎ニ白米五合宛集メ他ハ講元ノ仕出シトシ又卸シ膳ヲ廃ス忌中ヲ除クノ外ハ出し米ヲナシ差支ヘノ為出講難キモノニ対シテは卸シ膳（一椀ハ盛飯焼物ナマス）ヲナス　十月一、二日ノ神事ニハ清酒弐升宛ハ村ヨリ正月ノ分ハ講元ノ仕出シトス
昭和六年度ヨリ実施

協議ノ結果本年度ヨリ一日ノ大敷網朝網ハ休漁但シ夕網ハ状況ニヨリ出漁スルコトガ出来ル

個人漁ハ二日ノ神事終了後ハ出漁出来ル

昭和四十三年十一月一日改正

当番順序

大正元年（明治四十五年）

宮（世戸　市太夫

堂（久助　甚九郎

（筆者注――「宮」とは麻当のこと。以下略。平成七年まで当番の家号が記されている。）

(2)「神事麻当　準備事項忘備録（神子区）

麻当の心得

十二月三十一日　切盛の場所に於て麻当が当った時より　有難く心に思い身をひきしめ　その任務に務めなければならない。

一、餅米　参升
区より参升分その年の金額で支払われる。
一、白米　参升
当家二軒で一升五合づつもちよる。ムシ用。
一、筵（壱間）二枚
社務所に神事用有　それを使用。
一、幣竹　四本
十二月十三日迄に取り十二月三十日に神主に。
一、弓竹　二本
十二月十三日に用意して甚九郎前の電柱に仮置す。
一、矢竹　四本
右同じ。神主二本、組合長一本、当家一本打。
一、竹杭　八本
右同じ。的筵《ごも》用
一、こも　二枚
当家にて一枚づつ十二月十三日頃迄に用意。縄はむほ。

一、葉付竹　二本
十二月十三日に用意して甚九郎前の電柱に仮置す。的こもに使用。
一、立杭　四本
十二月十三日に用意して甚九郎前の電柱に仮置す。浜宮の両方に二本、仮家に二本。
一、組かざり一組（〆縄）
三ツ編にして七・五・三と出す。浜宮用。
一、幣紙　二状
市太夫に買入し十二月三十日に神主へ。
一、あさ　七十二本―廃止
十二月十三日に用意して甚九郎前の電柱に仮置す。尚十二月三十日に二本一組にして三十六組作り社務所へ。
一、いわし　二十四尾
十二尾づつわらに通し釣船の両方にかける。
一、釣舟　一艘
十二月十三日頃迄に用意しておき、市三郎（故人）父に聞け。
一、若葉　五十枚
なるべく遅く取り冷蔵庫にて保管す。膳用

一、箸　三十六膳
市太夫より祝箸を買入す。
一、黒鳥（わらび）八十四本
四月旬に取り乾燥させておく。使用時は水でもどす。
一、いかの手　十二本（むし用）
その時期に取り冷凍して保管。
一、しいら　二本（酒の肴）
その時期に取り背割して塩をし、冷凍室に保管。尚十二月二十九日に出して乾燥十二月三十一日に長床へ。
一、いわし　二鉢（れんぼ）
いわしを用意し一月一日の酒の肴としてお膳に。
一、ひらき豆　壱合
十二月三十日に水につけて置き三十一日に社務所へ。
一、白米　六合
白米三升より六合とり重箱へ二ツに分ける。これは撒餅用と小いけ用。終れば神主行。
一、花びら　百二十枚
十二月二十八日に用意。お膳に三枚づつ。むしに十二枚。

一、撤餅　六個
右同じ。せんじき用。
一、小いけ　六個
十二月二十八日に用意。終り次第区長へ。
一、からす餅　一個　形
右同じ。せんじき用。予備一個作る。
一、さけのひれ　二枚
ある時に用意　冷凍室に保管。
一、貝くろみ（あわびのわた）
右同じ。
一、笹の葉（せんじき用）
十二月三十一日に取っておく。
一、一夜御神酒
糀少々　市太夫に注文　神主へ
一、土かわらけ　十二個
社務所に有。十二月三十日に仮屋に置く。
一、しょじ　六膳（花びら十二枚）

一月一日朝五時に盛る。作り方は図参照。神主行
一、なまくさ　六膳
右同じ。
一、清酒　二升
十二月三十日朝買って一本は開封し宮へ。一本は長床に。一升は区より出る。
一、餅ぎね（しいの木）四本
十二月十三日に用意し甚九郎前の電柱に仮置す。十二月二十七日によく洗って当家に。
一、仮家建　十二月二十六日に建てる。
すのこ三本用意　天幕は社務所に有。杭等は社務所に有。
〔九四頁図1―①〕
十二月三十日にあさの用意する。二本一組とし三十六組作り社務所玄関横に置く。
一、的ごもの作り方
〔同・図1―②〕
一、むしの作り方
十二月三十一日に二升四合をむし出来れば、ジャーに入れて一月一日に朝五時盛る（仮家に於て）
一、なまくさ用　六膳

〔九五頁図1―③〕
むしを板の上に置き、いかの手上より二本のせ、その上に若葉にておさえ中心でわらにて結ぶ。
一、しょじ用　六膳
〔同・図1―④〕
むしを板の上に置き、その上にわらび二本のせ両方から花びら二枚合せ又その上に若葉をのせてわらにて結ぶ。神主行
一、むしの置き方
むしが出来次第浜宮の屋根の上に十二膳のせてまつる。屋根の上より横ならびに「なまくさ六膳」置き　その下に「しょじ六膳」ならべ配置す。
一、せんじき用むしの作り方
むしを板の上に置き　その上に若葉をのせて中心でわらで結ぶ　その前にカラス餅・さけのひれ・貝くろみをのせて子供にもたし　笹の葉にて塩水打せんじき岩に置く。
〔同・図1―⑤〕
一、つり舟　一艘
〔九六頁図1―⑥〕
仮家の前につって置く。尚神事が終り次第歩きに持って行く。

一、むしの作り方
一升マスの角を使って作る。
〔同・図1—⑦〕
以上

堂の当村案内
一、一月一日薬師の御案内す　案内時間九時半〜十時の間に
薬師の言葉「薬師参らっしゃりませ」
麻当村案内
一、十二月三十日切守の御案内す　案内時間九時半より十時の間に
切守の言葉「切守上らっしゃりませ」
一、十二月三十一日　宮参りの案内す　案内の時間九時半より十時の間に
宮参りの言葉「宮へ参らっしゃりませ」
この忘備録は
平成二年一月吉日作成
神子社会教育委員
寺下　潔

前述の二点の文書のうち、「御神事講元順序及記録帳」は、正月麻当と正月堂当と呼ばれる重要な正月行事に、欠かしてはならない供物と用具類の品々、および御神事の講元と称する当屋四名の名前（家号）が記されている。冒頭の書きだしにあるように、この帳簿は、天保十五年（弘化元年、一八四四）と年号を記した講帳を、明治四十年、大正十四年、昭和五十二年に書きあらためたものである。時代の変遷に即応するように、一部供物や用具類に異動がみられるが、行事そのものは厳格にとりおこなわれてきた様子が、簡潔に筆書された文言の行間にうかがわれる。また「神事麻当準備事項忘備録」は、行事に当る麻当と堂当の、心がまえや準備の具体的なマニュアルが記されている。

神仏につかえるために用意される、それぞれの品々には、もともと意味や由来があったであろう。しかし、いまはその伝承を知るものは数少ない。まず、麻当という呼称について、隣村の常神でも正月神事の当番を「朝とう」と呼んでいるが、早朝の神事ゆえアサトウなのではない。寺下哲（大正三年生）によると、以前は常神半島でも谷間の狭い畑に、漁業のかたわら麻を栽培していたことがあり、その豊作を祈ってあさ（榊を麻に見なして用いる）が七十二本用意される。二本一組にして戸主の分三十六組を神前に供え、祈禱後配分し一月十一日のツクリゾメに畑にさした。麻糸のウミゾメも当日行った。いわば畑作儀礼としても、麻当の神事は意義づけられていたことがわかる。

次に、「黒鳥（わらび）八十四本」を用意する理由は、干しわらびを水でもどすと、水鳥の足の形になることから、コナゴ（イカナゴ）のタカリ（魚群）をあげるアブ（アビ）やスズメドリ（ウミスズ

①

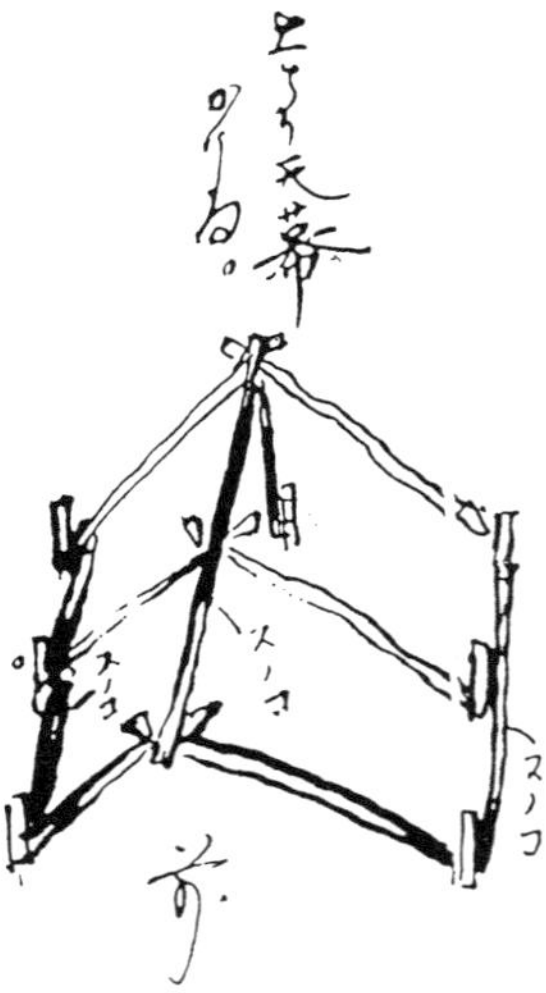

②

図1―①②　前掲文書中の図

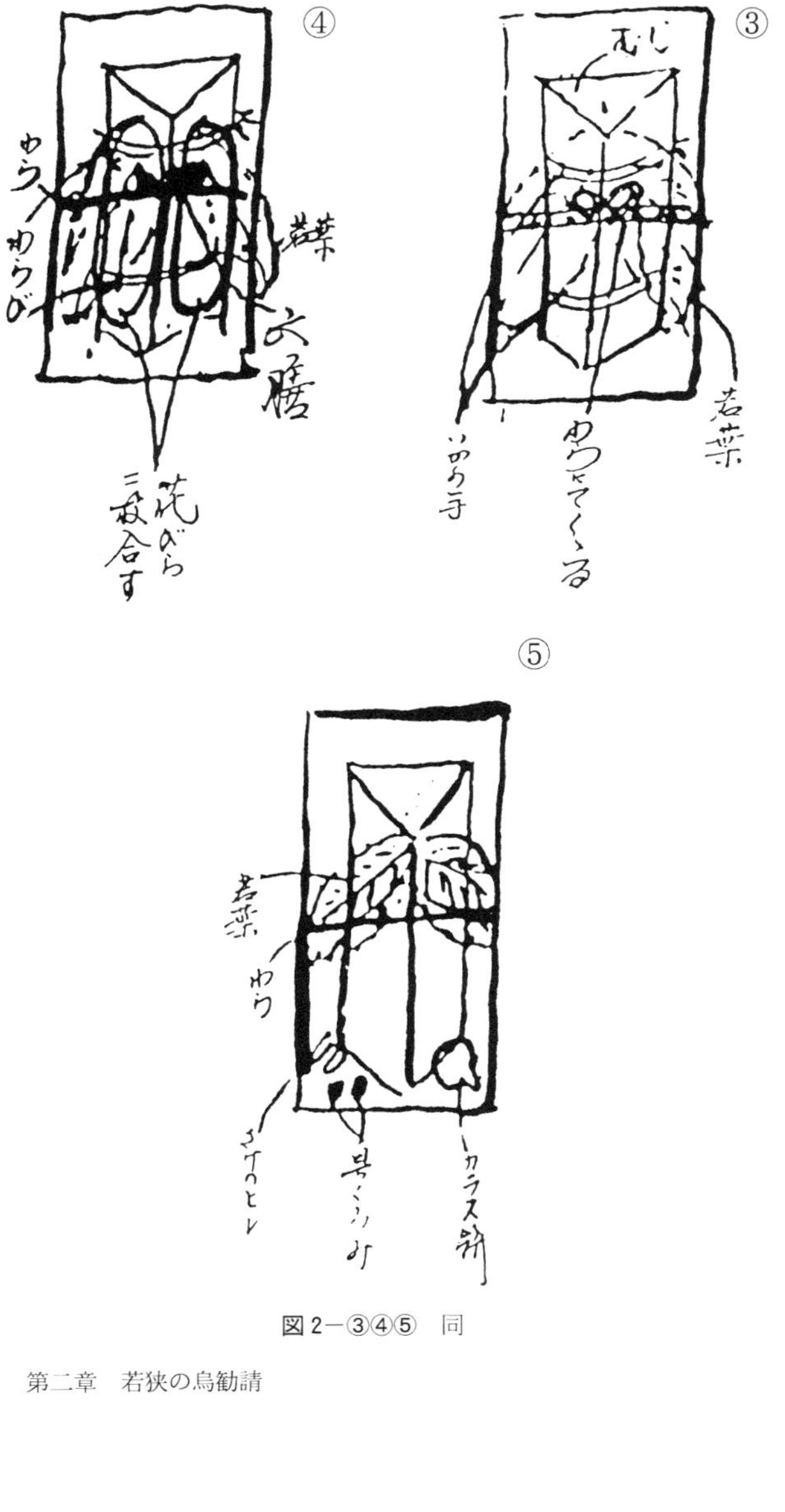

図2―③④⑤　同

⑥

⑦

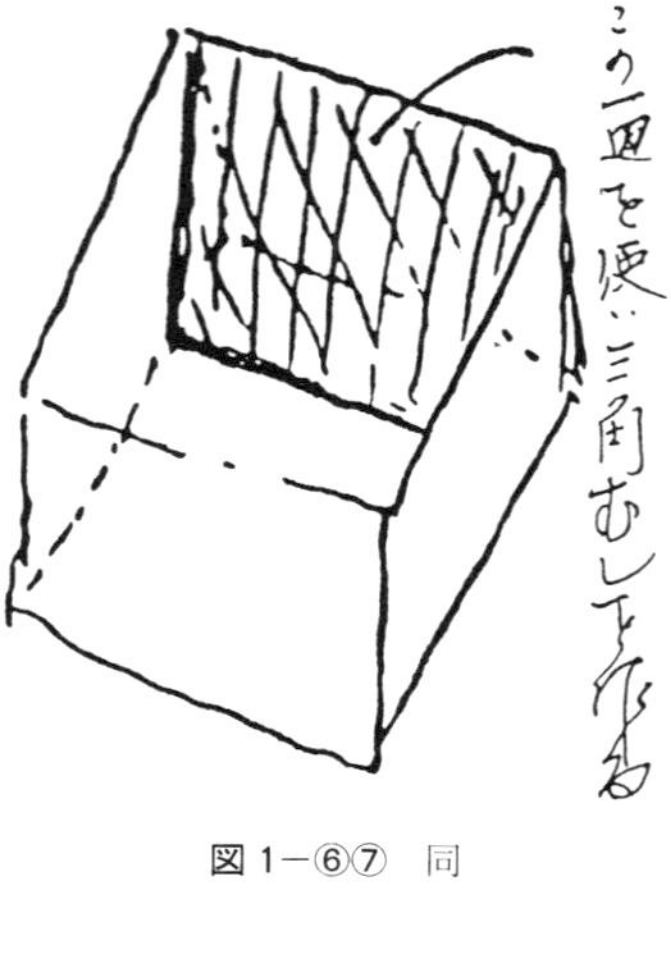

図 1―⑥⑦　同

メ)、ハナドリ(ウトウ)にあやかって、わらびを黒鳥と呼び、その名をめでて用いられるのである。「さけのひれ　二枚」も、かってサケ網が行われていたことから、重要な神饌とされている。「ひらき豆　壱合」は大豆のこと。マメで達者にくらせるように、運がひらけるようにとの意味がこめられている。「撒餅　六個」はセンジキに用いるカラス呼び餅のこと。「からす餅一個」は、カラスがくわえやすいように、餅をまるめる際、ツマミをつけておく。「しょじ　六膳」とは精進料理のこと。「なまくさ　六膳」と対にして供える。そのちがいは、黒鳥と呼ばれるわらびと、イカの長手が入っていることによる。「いわし　二鉢(れんぼ)」とは、醬油であめだき状に煮つめたもの。「小いけ　六個」は小餅のこと。「つり船　一艘」は大漁祈願のために現在仮屋のまえにつって置くが、以前はセンジキ場へカラス餅とともに置いたともいう。「箸　三十六膳」は既製品の祝箸を購入するが、以前は正月早々折れたら不吉なため、ハシギか柳で中太の箸を作った。

ここで、神子における神事組織について概説しておこう。元日の神事を麻当(神事帳には宮と記載)、二日の薬師の当と呼ばれる正月行事(総称して御神事と呼ぶ)を堂当(堂の当とも)が当屋をつとめることは先にのべた。それぞれ二人、計四人の当屋が、宮守をつとめる神主大音次郎左衛門家の采配のもとに、麻当は元日と十一月一日、堂当は正月二日と十一月二日の御神事の役をつとめることになっている。任期は一年、十二月三十一日のキリモリ行事のときにクジによって選ばれ、それぞれの分担を決める。戸数は三六戸あり、当屋は九年ごとに一巡、十年目になるとふたたびその任に当る。大音家は嘉応二年(一一七〇年)以降神子(御賀尾)、常神の開発領主として刀禰職をつとめ、かつては大音家を中心に八軒衆と呼ばれる大網の株を所有する村の有力者とともに、神事と村落共同体の運営にあたってきた。しかし「神子の八軒衆、小川の長百姓の存在から推測されることは、中世の大網の株は一部の特権層の所有するものであったこと、それが近世にくだって浦惣中に開放されていったこと、もちろん地域による差異はあるだろうけれども、だいたいそう言う過程を経て今日に至っていること、そして神事組織も中世の（中世的）一部有力者層の専掌形態から地縁的普遍的形態に変遷解消して今日みるが如きものになったのではないかと言うことである。」として、「若狭常神半島の正月行事」のなかで朝比奈威夫は、かつて半島の集落にも宮座組織が存在したであろうとのべている。(3) かつて八軒衆だけのお講（お日侍）があり、漁場の上帳場を八軒衆が、下帳場をそれ以外の漁師が分担した。一般の家には前裁をもつことは許されず、正月に赤ソデを着ると「税金を増やす」とおどされたという。この悪弊を六十年以前に改革したのは、寺下哲ら血気にはやる青年層であった。宮座が解体したのもそのころであろう。しかし、大音家にたてついたとして明全弥兵衛家は村八分になり、小浜へ移住した。明全田という田地の字が今も残っているという。永代神主をつとめる大音家は、神社庁に所属する神職ではなく、諏訪大明神・日吉十禅寺・胡子をまつる神子神社の祭礼（旧暦七月二十七日、現在は五月二十七日）には、闇見神社の神主が管掌して祭典を行う。『若狭郡県志』に「諏訪明神社　在神子浦為産神十一月三日有祭」とあるように、神社合祀以前は諏訪神社と称し、かつては毎年七月二十五日頃に鮭と塩づけの鯛を持参して本社へ参詣した。なお、当屋のほかに十四、五年前から神社総代という宮守りがおり、二年間奉仕作業を行う。

十二月十三日はいわゆるコトハジメの日にあたり、神子では松はやしと呼び、近くの山から松（三階松）を迎えてくる。東または南むきの山を吉兆とし、決して北むきの山へは行かない。神事用の松とハシギ（神事用の箸をつくる）と榊は、麻当が伐りにいくことになっている。極端に不浄をきらうため、一ケ月前から忌中の家には近よらない。むろん、肉類はもとより、ニラ、ネギ類はたべず、妻とは同衾せず、ひたすら潔斎する。十二月二十六日は仮屋建て、二十八日の祝い日には麻当の家で愛宕参りの祝い唄をうたいながら餅をつき、カラス餅・カラス呼び餅（撒餅）、ハナビラ・ロクダをつくる。

十二月三十日の夜九時すぎ、紋付羽織の正装で裾をからげ、はだしのまま、各戸に「キリモリ参らっしゃりませ」と大声でふれて歩く。三十一日にも同様に「宮へ参らっしゃりませ」と元日の御神事の案内をしてまわる。大歳には、松かざりをし、浜宮の入口にマトイゴモを二枚あわせてつるす。めいめいが氏神の長床に集合し、大音神主の立合いのもとに「御神事購元順序及記録帳」をひらいて、翌朝の神事の準備を一つひとつ確認する。そのあと先にのべたキリモリ行事において翌年の当屋が選出される訳である。大歳の夜は、若い衆も長床（バンガラ）にこもり、十二時すぎに「めでためでたの若松様よ　ホーイや枝も栄えて　イヤー葉もしげる　おめでたや」「親は百まで子は九十九までともに白髪のはえるまで」と餅つき唄の伊勢音頭をうたって村へとおりてくる。いわばこの祝い唄によって新年があけ、言霊の呪力によって初春が予祝されるのであろう。

4　センジキがあがる

午前六時半、冬の未明の空から時おりあられがはげしく打ちつける。まさしく「アケガラスの渡らん先に」神饌がととのえられ、浜宮の神事であるセンジキがいよいよはじまろうとする。浜宮前の広場では、戸主たちがめいめい新年のあいさつをかわし、今朝の空模様をしきりと気にかけている。港の空にまっさきにカモメが鳴きさわぎはじめた。ついでトンビが二、三羽飛来し、空高く舞う。あとはカラスの来臨をひたすら待つばかりだ。

かつては、神主は広場の一角の、マトイゴモの前にアラムシロをしいて着座した。しかし七年前に先代が亡くなり現当主にかわってからは、センジキがあがるのがよく見えるように海岸道路の傍らに祭場を移した。発泡スチロールの板を台座にしてすわり、おもむろに、一夜お神酒を二膳にわけた十二個の盃（カワラケ）にそそいで礼拝する。天候が悪いため例年より三〇分ばかり遅らせて、麻当が十三才までの男子をつれ、五〇メートルばかりはなれた千敷場へと向った。千敷場は村の入口のジビトの地蔵が祀られている崖下にあり、神饌が安置できるよう台状に岩石をくりぬいてある。以前は磯に千敷岩と呼ばれる岩があり、時化《しけ》ると波をかぶるため、昭和四十年代に地蔵の傍にセメントで献饌の台座を設けたが、カラスは警戒して飛来しないため、崖下に移した。裸足に着物の裾を尻からげにした麻当が、手桶の潮水を時おり笹の葉にひたして、子供がもつカラス餅にふりかけながら、道路下の波打ち際を歩く。テトラポットを築いたために砂浜が消え、直接海水をふりかけて清めることができなくなったからである。

　しだいに空があけてきた。しかし、あいかわらず風がつよい。千鳥沖の空から、白い雪煙状の雲が波をまきあげてせまってくる。「カラスよォ　カラスよォ　餅くえよォ」道路のなかほどに進みでて、『忘備録』をまとめた寺下潔が何回もカラス呼び餅をうすぐらい冬空にほうりなげる。このカラス呼びの役は上手下手があり、長く塩谷家がつとめていた。「現在の烏祭では、投げやらずにただぶら下げておいて、自由にくわえて行かせる例の方が多いが、以前は烏の挙動を見るために、空中に向ってほうり投げるのが普通であったのではないかと思う。」と柳田国男は「烏勧請の事」(4)のなかでのべ、雲仙のゴルフ場のカラスが球を空中でくわえる習性について傍証しているが、神子ではカラスの関心をひきつけ、飛来をうながすために行うのである。むかしはその撒き餅を子供たちがひろった。

写真5　カラスヨビモチを投げる

　例年、かならず雌雄二羽のカラスが、愛宕さんを祀る村の背後の山から舞いおりてきて、ジビトの地蔵さんの欅の木にとまり、千敷場のカラス餅をついばみ、白石という防波堤の沖の岩へととび去るといわれている。この二羽のカラスは、日天子と熊野権現のお使いとされ、かならず東の方角から飛来するともいう。二羽のカラスは

写真6　大音神主と麻当

子から子へとセンジキの風習を伝授する。たまにジガラスがくわえると「クソガラスがあがりよった。こりゃあかへんぞ」となじった。カラスが神饌をくわえることを「センジキがあがった」と言い、その年は大豊作・大豊漁とされた。以前は、もし半日待っても去来しない場合、当屋にケガレがないか逐一詮議し、ふたたび水垢離をとって餅をつきなおした。センジキがあがらないと不漁とされ、漁師にとっては新年早々縁起が悪いばかりではなく、なによりも死活問題だったからである。

「センジキがあがった年はええねェ。あがらん年は、大漁になったことはない。雪がよく降り、海が荒れ、気候のきびしい時ほどセンジキがよくあがる。ええ天気回りはよくあがらへん。漁は風がよくふいて荒れたとき、沖が時化たときは大漁になる。」と寺下哲と潮谷一男（大正十一年生）が往時を回想しながら、こぞって言う。荒天になれば鳥も飢えるので、お供えをよくたべるし、時化ると潮流が変わり魚もいさむのである。定置漁には南ウケの魚が入るようになっている。

さて、今年はどうか。一同かたずをのんでセンジキのあがるのを一時間ばかり待ったが、空に舞うのはトンビばかり。あせるが、いっこうにカラスがとんでこない。今年は姿すら見せない。「験《げん》くそわるい」と思いつつ、「こういう年は何事にも気ィつけということや」と思いなおすのだという。「お前ら、いつもは魚をつまむと言って追っ払っといて、カラスさまさまやナァ」と寺下の爺さんは笑った。そのあと、神主が一番矢をつがえ「天下泰平　海上安全」、ついで「大漁満足　五穀豊穣」ととなえて二番矢をひきしぼり、海上にむけて初弓を射る。三番矢は漁協長、四番矢は麻当が打つ。朝比奈威夫は前掲書のなかで「神子の歩射の矢は、常神と異なり、すべて海（沖）に向けて射放される。烏勧請のとき着座する神主の背後のマトイゴモは常神のマトイゴモによく似ているが、マトイとマトは違うものであり、もとマトイであったのか、マトとしての用途が忘れられてマトイになったのか、

写真７　センジキがあがるのを，かたずをのんで待つ

その辺の事情はまったく不明である。」とのべているが、古老の寺下哲によると、かってはこのマトイに向けて矢を射たという。「マトイ」は「的射」であろう。あるいは、センジキと歩射がセットになって継承されてきたとすれば、萩原法子が「弓神事の原初的意味をさぐる――三本足の烏の的を中心に」で論及したカラスオビシャとはなにか関連はないのか、今後の課題である。烏が二本足になったのは、熊野権現が三本足の犬に一本、烏の足を授けたからだという（関敬吾『日本昔話集成』）。

弓打ちがおわると、戸主全員が長床に集まり、本殿で神主立会いのもとに、新旧の麻当と堂当が一夜御神酒の盃をかわして当渡しの神事を行う。そのあと、長床で一同参席して板の魚の儀をとり行い、

シイラ二匹をさばき、ハナビラ・ロクダなどの神饌とともに切り身を配分し、直会となる。本席においてようやく当屋の役目をおえる。センジキがあがることを、大飯町大島では「オトがあがる」といい、高浜町下や上瀬では鳥勧請を「カラスのオトボンサン」と呼んでいるが、むろん「オト」は「お当」、「オトボン」は「お当番」であろう。このように当屋制度のなかで、鳥勧請がしめる儀礼上の意義はきわめて大きいといわざるを得ない。

5 若狭の鳥勧請

神子のセンジキのほかに、若狭にはどのような鳥勧請が行われているのか、ちなみにここで各地の事例をあげよう。

①まず、神子の隣の小川では、早朝五時ごろ小川神社へ戸主が集合して元日の御神事をとり行なうが、二献目に半紙をしいてシロムシを三宝にのせ、当番が境内横の畑に置く。この献饌を「カラスに祝わす」と言い、何であれ鳥がとべばカラスが食べたものとして「いま祝いました」と大声で小使いが報告し、三献目をいただく。カラスが祝うと大漁・豊作といわれている。

②名田庄村井上《いがみ》では、四月三日と十月六日の伊津岐神社の大祭のとき、境内に接した田の一角に「オタガサン」と呼ばれる二尺四面の台石があり、そのうえにオミゴクを二重ね供える。必ず白いカラスがどこからともなく飛来し、オミゴクをくわえて杉の木の方へとんでいく。カラスがまかって

（食べる）くれると吉兆とされ、あがらないともう一度供えなおす。あがれば祭り講がはじまる。

白いカラスというのは餅をくわえた烏の形容なのか、あるいは共同幻想というべきか。大林太良が「烏勧請」のなかで論じた資料のなかに、「翼の下に白い紋のある烏」（山口県大島郡屋代村志度石神社のお烏喰の神事）と、「翅下に一円白あり」とされる双鴉（『甲子夜話』）の例が出ている。[5]

③高浜町小和田の七森のひとつ、「馬場のモリさんにシロガラスがとまらんと、薬師のトウのしなおしをせにゃならん」という伝承がある。

④小浜市平野では、三月十日に桜神社で弓打ちの神事を行ない、そのあと社殿横の田の神社・山神社・天照皇太神社の屋根に赤飯を供える。烏に赤飯をほどこすこの献饌のことを「カラス」と呼んでいる。ビシャがすむと当屋のひきつぎを行なう。

⑤小浜市西小川は、犬熊・志積とともに、いまなお女性が村の神事の司会役をつとめる漁村として、特異な習俗を伝えている。一月一日、九月九日、十一月九日（ヤマノクチ）のゴジンジの際、シラムシ・柿・お洗米・お神酒・白豆・ジャコなどの神饌を、ミコサンが斎神社に供えたあと、神事の宿主をつとめる禰宜がトモスエと呼ぶ子供をつれ、境内横の畑に出て久須夜岳（大山さん）を遥拝し、シラムシを入れたツトを持ち、カラスが通りすぎるまで待つ。カラス、あるいは烏の影がよぎれば「トリコム」といって縁起がよいとされている。以前は五才のヒモナオシのとき、二人の子供がトモスエをつとめた。カラスがわたるまで、ミコサンが拝殿で鈴と太鼓を打ちならす。烏勧請の名称はない。

⑥大飯町大島の二四名の開拓先祖を祀るニソの杜の一角に、カラス口《ぐち》、またはカラスガイと呼ばれ

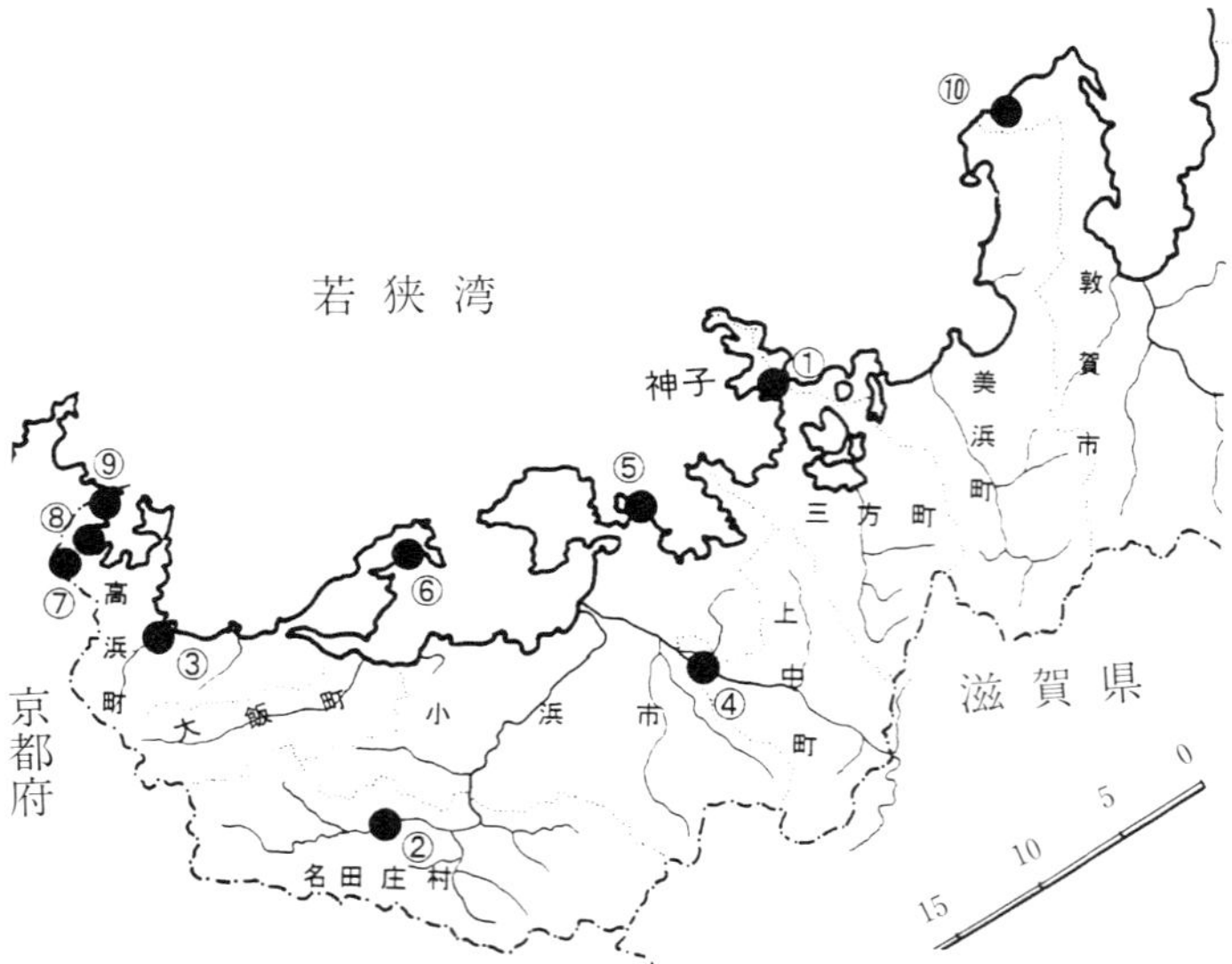

地図2　若狭全図（神子以外の若狭の鳥勧請分布地）
①三方町小川　②名田庄村井上　③高浜町小和田　④小浜市平野　⑤小浜市西小川　⑥大飯町大島　⑦高浜町鎌倉　⑧高浜町下　⑨高浜町上瀬　⑩敦賀市白木（越前地方）

る鳥勧請の献饌の場があることは先に少しふれた。カラス口は杜の一角に設けられ、砂をしき、ホンダワラを置いて清め、ゴヘイをさす。神さんがそこから入ってこられるといい、ニソ講（モリ講）の時、ワラヅトに赤飯とシトギを供える。カラスが神饌をついばむと「オトがあがった」といってよろこぶ。カラスガイは鳥喰いの転訛であろう。カラス口は献饌の場所をさすが、あるいは茨城や埼玉、北三河の事例のように「鳥の口」「鳥の口」、すなわち苗代の水口に焼米を供え、早稲・中稲・晩稲の作柄を占う行事を連想させる。三十二ケ所のニソの杜のうち、カラス口を有するのは、浜祢《はまね》の杜《もり》、上野の杜・はぜの杜・オンジョウの杜・一の谷の杜・清水の前の杜大坪の小杜の七ケ所しかないが、かつてはすべての杜の一角に、カラスへの献饌の場が設けられていたにちがいない。「オトがあがる」、すなわち当屋のつとめを無事おえたという安堵の思いを伝える言葉は、かつてニソの社が大谷一族の清水の前の杜のように、同族によるニソ講が毎年輪番制で運営されていたことを物語っている。なお、島山神社の例祭（一月一日の新年祈願祭・九月二十日の秋祭り・十一月十日の霜月祭り）にも、鳥喰いの神事といって、三ケ所の鳥居の根元にミテグラを十二本立てて神饌を供え、鳥や犬、野獣がまかると「オトがあがる」と言い、縁起がよいしるしとされている。小浜市矢代の手杵祭りでも、鳥居の根元に献饌を行ない、これを「おトリイ祭り」と呼ぶ。名田庄村納田終の賀茂神社の秋祭りの際、煮豆とトコロをやはり鳥居に供える。これらの事例は、すでに何の伝承も失われてしまったが、鳥勧請と鳥竿《ソツテ》、鳥居の起源について想像力をかきたてよう。

写真8　カラスグイに神饌を供える

　当屋祭りと呼ばれる宮座組織において、鳥勧請が重要なセレモニーとして位置づけられていることは先に指摘した。青葉山の西側に位置する高浜町内浦地方で、今も続けられている「カラスのオトボンサン」は、まさしく鳥への献饌を役目とする名称である。すなわち「オトボンサン」は「お当番さん」の転訛にほかならない。

⑦鎌倉では一月七日と三・五・九月の節供に、氏神の椙森神社を

はじめ荒神・金毘羅・愛宕・山の神・稲荷などの神木の枝に、早朝「カラスにやろかいやァ」と言ってウシノシタモチ（現在は小餅）をかける。カラスは氏神さんの使わしめで、食べると神さんがごきげんがよいという。椙森神社の祭神は熊野権現を勧請したと伝えられている。前日の朝、宮尾の浜で小石をひろい、ツトにつつんでもち帰り、家と心身を清めた二人の当人が、ゴクを作り氏神に供えたあと、各家に配る。

⑧隣の下は鎌倉の分かれとの伝承があり、氏神の産霊神社も椙森神社の分霊とされ、その由来により例祭には鎌倉からのぼりがあがる。十月十七日の宮祭り（神嘗祭）には、前夜からホウリとアイヤク、二人の当番が長床にこもり、未明にゴクウサンを社殿前の石の上に供える。神さんのお使いしめだというカラスがゴクウサンをまかることを「オトボンサンがあがる」と言い、当番は胸をなでおろす。谷をへだてた村にむかって、「オトボンサンがあがったゾォ」と大声で知らせると、宮守りのホウリの家でようやくお講がはじまる。もし、あがらないと、ゴクウをすててもう一度お供えする。かならず東の空から舞いおりてくるカラスがゴクウをまかるとも、精進しとらんとオトボンサンがあがらんともいわれた。かつて、ホウリの家の者が生理になると村境の宮尾坂の岩の上で食事をした。

⑨上瀬でも、一月三日・九月九日・十一月九日の年三回、宮祭りと山の口祭りにカラスのオトボンサンを行う。夜明け前、浜の共岩と宮の崎の共岩に当人が餅を供え、神饌をカラスがついばむと「オトボンサンがあがらっしゃった。参らっしゃれョー」と村中にふれてまわる。もし、あがらないと「ゲンが悪い」とされ、当人の家になにか不浄があるのではないかと疑われた。ことに経血が忌まれ、

当人自身も一年間身をつつしみ、「何ごとにもキントにせんならん」と先輩からさとされた。古老の話では、オトボンサンは太陽だと言い、オトボンサンがあがると、日の出に向って合掌する。

若狭におけるこれらの事例は、いずれも村落共同体の年中行事として行われており、個別に烏勧請が行われる東北・関東・中部型に比して、いわば西日本型の典型をしめしている。しかし例外がないわけではない。

⑩若狭に隣接した敦賀市白木では、月の一日、十五日、および仏さんの命日に、「サンバの飯」とか「カラスの飯」といって、茶わんに盛飯をし箸をさして軒下に置き、カラスに食べさせる。「サンバ」はむろん「生飯」「散飯」「祭飯」であろう。「さわかしきもの　走り火。板屋の上にてたつる烏。時のさば食ふ。」(『枕草子』二三一段)の「さば」である。したがってこの場合は、仏教の施餓鬼の習俗と言ってもよいが、日本古来の烏勧請の民俗がとりいれられていることは相違ない。墓地の供え物も、「カラスがまかってくれると気持がいい」という話は、若狭のどこでもよく聞く。すなわち、ふだんから烏への献饌という習俗になれ親しんでおり、サバも、生死・吉凶の両義性を秘めた烏がよりふさわしいと考えられたのであろう。ちなみに「センジキ」という言葉は、「千敷」「洗食」「饌食」「先食」などの漢字が当てられるが、「多賀神社年中行事」には「御施食」と表記されていることからすれば、仏教との習合も考えられない訳ではない。すなわち「センジキ」という言葉の定義からすれば、「餓鬼ほどこし」の様相も色濃くのこっており、近江の多賀大社における神仏習合の歴史もその背景としてある。

6　多賀大社のセンジキ

さて、名田庄村井上の烏勧請がお多賀さんと呼ばれる境内脇の一角で行われること、三方町神子のセンジキが伊香大社出身の神主、大音氏によって管掌されてきたこと、また内浦地方のカラスのオトボンサンが、氏神の勧請関係から熊野信仰と何らかの因果関係を有すると考えられることなどを考慮すると、やはり若狭の背後に位置する江州の習俗、とりわけその民俗信仰の一光源としての多賀大社におけるセンジキについて、ここでふれない訳にはいくまい。

北は北海道から、南は鹿児島まで、全国に分祀された多賀大社の勧請社は、「多賀信仰」（多賀大社社務所刊）の「多賀大神全国分祀表」によれば二三三社をかぞえる。その布教活動の中心になったのが、別当と呼ばれる不動院、観音院、般若院、成就院に所属して、全国を回って勧進活動を活発に展開した坊人たちであった。多賀大社の霊験を、大衆にわかりやすく絵説きするために用いられたのが「多賀社参詣曼荼羅」である。現在、当社には二幅、サントリー美術館に二曲、屏風が所蔵されている。当社所蔵の一幅は桃山時代、もう一幅は江戸時代の作とされ、いずれも紙本著色のすぐれた作品で、当時の多賀信仰の様相が生き生きとえがかれている。つぶさに図像を見つめると、本殿と日向神社の向かって左側の斎垣の内側に、高盛飯をのせた先食台と呼ばれる、カラスへの献饌の場がえがかれており、桃山時代の作には本殿の屋根に一羽、江戸時代の作には先食台の上に舞いおりようとする一羽のカラスが確認できる。サントリー美術館所蔵の参詣曼荼羅には、先食台にとまり、神饌をついばむ様子が、たなびく瑞雲の下にえがかれている。このほか、当社所蔵の「多賀神社社頭古絵図」（桃山時代）にも、本殿左横の境内社、熊野本宮・熊野新宮と記された小祠前の神木に、カラスと思われる一羽の黒い鳥がとまっているのに気づく。

これらの図像は、いずれも烏勧請をえがいたものであり、いまも本殿の左側の斎垣の傍には先食台が設けられている。先食棚とも呼ばれ、「多賀大社本社並ニ末社建物化法帳」(6)（元禄十年五月十五日）によれば、その寸法は「四方壹尺貳寸板ふち有。角はしら高サ五尺八寸」である。センジキは毎朝七時に、日供として洗米、十一月十五日の例大祭（大嘗祭）には粟と白米のゴク、その他の例祭と一日、十五日の月並祭にはモッソウが供えられる。

多賀大社所蔵の古文書には、「御先食之御飯一膳同調進之　御供所而調之献之、備物三ヶ日之祝同之　拝殿にて奉幣、神道之祓、祝詞、神楽所にて御神楽を奏し天地四方の善神請祭也」「御先食之飯　一膳　右之通毎月一日二日五日十一日十三日廿一日廿三日廿八日八ケ度式日同し、大祢宜両沙汰於御供処調之事」（『多賀大社儀軌抄』）「御せんしきの餅一枚」（『多賀大社一年中御神事』）「御施飯」「せん食餅壱枚」（『多賀神社年中行事』）「尤外ニ中神ニ而も先食用四切入用」（『多賀大祢宜日記并行事帳』）などとセンジキの記事がある。さらにくわしく『多賀大社儀軌』の『御使者の事』を次にひく。

「烏なり。からすハ陽之方の生類にして、ことに長命なるもの成り。またよく吉凶を知って告知らす鳥なり。常に社頭をはなれす居る鳥存。おゝ《ほ》くからすある中に数とりこれを恐る也。別る之御しし《使者》ゃとみえたり。社法にて神前に御供を備るときに、せ《先》ん食の料とて御供棚に一飯を置く。使之鳥此飯を食すれハ、備る御供を神慮にうけ給ふと知て、御膳をとりおろすなり。自然ハ火之けがれ又は凶事あらんとては、必備る飯を烏くわ《は》す。然る時には是をここ（ろ）むるに、洗米を使の飯にならへておくに、洗米を食すれハ火之あしきと知て火を清む。洗米飯共にくわ《は》さる時には、御供をこと／＼く森の中にこれをすつる也。捨たる御供は禽獣もくわ《は》さるなり。是又神慮之不思議なるへし。かかる砌には神之御告とて、別而神を祭安全を祈者也。」

　また同じく『年中行事之巻』の四月二日の項に「御先食之料」として、

「右之御供を備へわたし頭人拝殿にて奉幣再拝祝詞を申す也、さて先飯を備れハ御使者烏来て喰之時、人々一同に手をたたき発声する其音は社頭もとよみわたる計なり、其粧さなから万歳よはふ声まことハ神もうれしく思しめすらんとおしはかりありかたくおほゆるもの也、其後社人役人以下の人々迄も庁之屋にて饗膳を給ふ」とあり、センジキがあがったときの頭人や社人たちの興奮が、いきいきと記されている。四月二日の神事は二十二日の古例祭に先立って行われるため、頭人の緊張がよくうかがわれる。そのあとの直会の歓喜の状況が目にうかぶ。

　もし本殿においてセンジキがあがらないと、「古は先食台に於て食せざる時は本殿の西方一町余の末社日向神社に於て奉り、尚食せざる時は当神社より東一里余の処に調宮神社あり、其の境内に於て奉り、尚食せざる時は同所より二十町余東なる杉坂山の御神木の元にて奉る例とせり。若し尚食せざる時は再度の調理をなせしと云ふ。」(『多賀』第三号「御先食の事」)とされていた。この先食の場所の移転は、多賀神の影向の道すじを暗示しているとも言われている。また同書によれば、「此の鳥一双常に森の中に在り、年々子烏四五羽を生育するが其の内一双の子烏を択び、稍飛ぶべきに至れば親烏卒ゐ来りて彼の先食を喙む事を教ふ。此の時他の子烏食せんとすれば其の頭を嘴撃して食せしめず、択びたる子烏拍手の音を聞自から出で来りて喙むに至れば、親烏は他の子烏を卒ゐ何れにか往きて復返らず、年々之を例とせり。」とあり、宮島のいわゆるお烏喰式における烏の子別れの話と同じ伝承が当社にも伝えられている。親烏は「先食カラス」と呼ばれる二双の子烏を残して、「何れにか往きて復返らず」とあるが、宮島では親烏が御烏喰いのしかたを教え、十月には熊野へ帰るといわれている。「み熊野の山より来てや先食の烏は多賀の森にすむらむ」という古歌は、多賀信仰と熊野信仰の深い由縁を証明していよう。たとえば五来重は「多賀大社と烏」のなかで、「多賀大社は淡路の伊那岐神社とおなじように、伊邪那岐大神の幽宮であり、そのたたりやすい荒魂をまつったことが、鎮魂の芸能奉納と『みさき喰い』すなわち先食台と先食行事であきらかになる。これは熊野もおなじことで、伊邪那美大神の幽宮であり、その荒魂をまつったことからはじまる。多賀も熊野も伊勢神宮の天照大神の親神であるということから、三社に詣ることが伊勢信仰の庶民化とともに一般化した。」「多賀大社の先食行事は神社がつたえるように、神より先に烏にたべさせて、神がその神饌を納受するかどうかを占うということではすまされなくなる。すなわち『先食』は『みさきぐい』といふことで『みさき』は烏のことなのである。熊野でも宮嶋でも烏を『みさき烏』とよぶのは、烏が神の荒魂

写真9　多賀大社のセンジキ台

の出現を意味するからである。すなわち御先だから神の露払いという意味ではなくて、神や霊の出現（たたり）が『みさき』という意味である。これは死者の荒魂にもいわれて、たたりやすい水死者の霊を『みさき荒神』としてまつったり、『墓みさき』を墓地にまつったりするので一そうあきらかになる。」とのべている。なお当社の牛玉宝印も、熊野牛玉と同じく烏文字を図案化したものである。

荒魂といえば、『熱田神宮年中行事』にも次の記事がある。「未尅御田神社烏祭、祝荒魂御烏以㆓歓喜之音㆒呼㆑之、宮社来㆑烏喰有、神社之供御、祝詞有㆑之、烏其節ル事、奇瑞之沙汰アリ」ミサキ烏が荒魂の顕現であるということは、心意としては理解できる。先食という言葉に「ミサキ」の集合的無意識が反映していることも首肯できない訳ではない。しかしセンジキという民俗語彙は、柳田国男監修のいずれの語彙集（国書刊行会刊）にも、『広辞苑』『日本国語大辞典』（小学館刊）にも立項されてはおらず、わずかに『綜合日本民俗語彙』第二巻（平凡社刊）に「センジキ 葬 祖先忌か。和歌山県伊都郡で、先祖の年忌のことをいう。」とあるのみである。したがってセンジキという言葉は、多賀大社、あるいはその影響圏でのみ用いられていることからして、やはり先述したように私には仏教臭が感じられる。『枕草子』の時代から、「カラスの飯」は「ときのさば」、すなわち施食であった。その意味において、狐施行や盆の精霊棚に似た心意がはたらいていない訳ではない。田中宣一は「祀りを乞う神々——雑神への供饌・供養と祭りの成立」(7)のなかで、「全国に烏を神使とみなす例は少なくなく烏という鳥の持つ意味は疎かにできないとはいえ、やはり主神ならざる雑神の具象化であることは恐らく間違いないと思われる。多賀神社のにしろ厳島神社のにしろ、烏への供饌は、主神を祀るにあたってまず雑神の祀りが必須であったことを物語る例と言えよう。」とのべている。この論旨は大きな問題提起である。主神の使わしめとする伝承と、雑神への供饌とでは、天地のへだたりがあるではないか。

7　烏勧請の変遷

厳島神社の御島廻式の研究を中心にすえ、先学の問題提起をふまえて日本における烏勧請の習俗を手際よく総括した新谷尚紀は、『人と烏のフォークロア』のなかで次のような重要な指摘をしている。(8)「コトの神送りと葬送の魂送りに登場する烏が、必ずしも神の使いとはみなされていないということの事実は意外と重要である。」として、東北の例をあげ、「そこでは烏はやはり烏であり、とくに何の神の使いであるとか、これが、何のための行事かとか、何という名前の行事かというようなことは、人々にとってほとんど意識されていないという実感を得た。奇声を発して呼び集め、餅を投げ上げては烏が直接それをくわえる方式には、この習俗がまだ神という観念と御鳥喰《おとぐ》いという儀礼とによって様式化され体系化される以前の、人と烏の直接的なふれあいの熱気と混沌がある。烏は烏のままで人々にとって神秘をまとった鳥でありえたのであり、何かの神の使いとなったのは一つの立身出世でもあったといえるであろう。」

田中と新谷の両者の論理をふまえ、鳥勧請を単純に図式化すると、神秘をまとった鳥との交歓（新谷）→雑神への供養（田中）→ミサキ、主神の使わしめ、神の影向となり、民俗変化の跡がたどれよう。この図式は大雑把な分類であるが、祭祀組織に限っていえば、東日本系・西日本系・南西諸島系と鳥勧請を系統づけるなら、この民俗変化には周圏論的な構造が認められる。すなわち、村落共同体における神社や小祠を主体とした宮座組織の当屋行事以前に、家ごとにカラスに焼米や餅を与えて豊作を祈る予祝行事が行われていた。

8　鳥勧請の系譜

問題は大きく飛躍してしまったようである。日本の鳥勧請については、もっと日本全体を眺めたうえで、稿をあらため、私なりの研究を展開したい。ふたたび、神子を中心に若狭の鳥勧請について、本稿のまとめに入ろう。

『鳥勧請の座標』のなかで橋本鉄男は、多賀大社をはじめとする江州の鳥勧請について詳しく論じ、「鳥を山ノ神の使いとして、その眼前の飛来によって神の示現を信じようとした、村々に今もなお微かながら伝えられた原始的思惟の深層が、痛ましい程に理解できる」とのべている。[9]さらに氏は、

「烏勧請が他の歳時習俗的諸要素と同様に、セットされたジャのセレモニーとしての藁綱のオコナイに占める座標も明らかに了解され」るとする。つまり江州に多い勧請吊しの行事のなかに位置づけて、烏勧請を年頭の予祝儀礼としてとらえようという意図と解したい。個々の儀礼に限定せず、年中行事のサイクルのなかで、その本質をとらえようとする方法論には共感する。江州に隣接した若狭の民俗は、その影響も強くうけているから、若狭の烏勧請にも同じ要素が認められよう。

また、大著『稲作の神話』のなかで、日本における烏勧請を東アジア、東南アジアの穂落神話に対応する農耕儀礼と位置づけた大林太良は、次のように日本の烏勧請について総括している。すなわち、烏勧請は全国に分布しており、勧請する対象は神鴉より一般の烏の方が古い形式であること。水稲耕作文化に属する習俗であること。時期は主に年頭、播種、収穫期に多く、田植時にはないこと。その神観念は、山の神としての烏であり、女性の天神に遡る可能性がある。また、日本の穂落神伝承と著しい一致を示していること。以上の四点である。

そこで、あらためて若狭における烏勧請が、どのような要素をふくんでいるのか、表にして整理してみよう（一一八〜一一九頁参照）。項目の欄が空白になっているのは、不明な部分である。

表に簡記したとおり、若狭の烏勧請もまた村落共同体の行事に当って、宮座組織の重要なセレモニーとして位置づけられてきた。むろん異例はある。敦賀市白木の「サンバのメシ」は、いわば施食であり仏教の儀礼といってよい。ニソの杜のカラスロ（カラスガイ）は、ニソ講という当屋輪番制が発達しなかった杜（過去の転変は必ずしも明らかではない）では、当然個人が献饌を行う。例外以外のこれ

地名	名称	時期	神事担当者	方法（供物・場所）	神観念	目的
三方町神子（神子神社）	センジキ	一月一日 午前六時半ごろ	神主・麻当	カラス呼び餅をなげて「カラスよォ／＼餅くえよォ」と声をあげ、麻当と子どもがセンジキバに板の上にのせたムシ・カラスモチ・アワビのワタ・サケのヒレを供える。浜宮（エビス）へ、ショウジ・ナマグサを献饌、センジキがあがらないと再度つき直す。ケガレを忌む。	日天子と熊野権現のお使いで必ず雌雄二羽のカラスが東の愛宕山の方からとんでくるという。ケガレを排除。	五穀豊穣と大漁祈願
三方町小川（小川神社）	御神事	一月一日 午前五時ごろ	宮守・当番	小川神社横の畑へシロムシを三宝にのせ「カラスに祝わす」		大漁・豊作
名田庄村井上（伊津岐神社）		四月三日、十月六日の伊津岐神社の大祭	神事当番	境内横のオタガサンと呼ぶ台石に、オミゴクを二重ね供える。	白いカラスが飛来	吉兆
小浜市平野（桜神社）	カラス	三月十日の弓打ち神事	当番	社殿横の小祠に赤飯を供える		カラスへのほどこし
小浜市西小川（斎神社）	御神事	一月一日 九月九日 十一月九日（ヤマノクチ）	祢宜・トモスエ・ミコサン	斎神社横の畑に出て、祢宜がトモスエをしたがえ、シラムシをいれたツトを奉持。	カラスが通りすぎると「トリコム」といって縁起がよいという。	吉兆

大飯町大島（ニソの杜）	カラス口・カラスガイ（場所の名）	十一月二十三日	ニソ講の当番、または杜の所有者	杜の一角にカラス口、カラスガイという献饌の場を設け、ゴヘイをさし、赤飯、シトギを供える		吉兆「オトがあがる」という
大飯町大島（島山神社）	烏喰の神事	一月一日（新年祈願祭）九月二〇日（秋祭り）十一月十日（霜月祭）	祢宜（重百姓二十四家）	鳥居の根元に神饌を供える（ミテグラ十二本・シメナワ四筋・ヘギ板六枚に盛る）		〃
高浜町鎌倉（椙森神社）	カラスのオトボンサン	一月七日 三・五・九月の節供	当人	椙森神社・荒神・金毘羅・愛宕・山の神・稲荷の神木にウシノシタモチをかける。	氏神の使わしめ	吉兆
高浜町下（産霊神社）	〃	十月十七日の宮祭り	当番（二人）	産霊神社の社殿まえの石に、ゴクウサンを供える。オトボンサンがあがらないとすてて再度供える。あがると講がはじまる。	神さんの使わしめ 東の空から飛来 ケガレを忌む	〃
高浜町上瀬（山神神社）	〃	一月三日 九月九日 十一月九日（山の口）	当人	浜と宮の崎の共岩に餅を供える。オトボンがあがると、氏神への参拝をふれる。	太陽 ケガレを忌む	〃（ゲンが良い）
敦賀市白木	サンバのメシ カラスのメシ	月の一日、十五日 仏さんの命日	各家	茶碗に盛めしをし、箸をさして軒下におく。	施食の心意あり	〃

らの傾向からすれば、若狭もまた西日本型と位置づけられる。

しかし、時期については、年頭・節供・例祭・山の口となっており、必ずしも大林の指摘した時期とは重ならない。また橋本の説くように年頭の予祝儀礼のなかでのみ位置づけはできない。藁綱よりもむしろ歩射とセットされている。生業からすれば、三方町神子・小川、小浜市西小川、大飯町大島・高浜町上瀬、敦賀市白木は純漁村に近い。したがって、この点も農耕文化ばかりとは断定できず、一般的な吉凶占いと大漁祈願の年占として行われてきた。(神子の場合、田地一町歩を耕作していたのは大音家のみであり、センジキは大漁祈願を主目的とし、ほかに麻や稲・畑作の五穀豊穣を祈った。)

では、神観念はどうか。神子や井上は、先述したように多賀大社の影響を強く受けているように思われる。神子をはじめ、熊野権現のお使いというのは、勧請関係を含めれば氏神の使わしめとする鎌倉も該当する。多賀信仰の先にあるのは、むろん熊野信仰であろう。このほかに、「日天子」または太陽のシンボルとする伝承は、さらにプリミティブな神観念を内抱していよう。八咫烏もまた天照大神の神鳥であった。東北型に多い山の神、田の神の使いという伝承は、上瀬の氏神が山の神神社にもかかわらず、一件もなかった。しかし、西小川や上瀬では、漁村でありながら、十一月九日の山の口祭りにも烏勧請が行われていることは、漁撈と山の神の関係を考えるうえで注目される事例である。

神饌は、シラムシ(ゴク)・餅・シトギ・赤飯であり、いずれも、稲作文化の所産である。そのなかで神子の場合は、アワビのワタ(クロミ)・サケのヒレを供え、大漁を予祝する。神子のセンジキは、古来エビスを祀る浜宮の神事であった。平野の「カラス」同様、浜宮の屋根の上に、ショウジ

（精進）六膳、ナマグサ六膳を供えるのは、本来浜宮でセンジキが行われたのではないか、と私は考えている。十二膳は月の数であり、十二ケ月の神事を省略した形である。南インドのタミル州では、屋根にあがって「カウカウ」とカラスを呼び、小正月の小豆粥を供えるという（大野晋著「日本語以前」岩波新書）。三方町向笠の国津神社の春祭りにも、王の舞いと田楽を舞い納める際、カワラケを天満社の屋根にほうりあげる。また、美浜町丹生の丹生神社の秋祭りにトワタシが行われたあと、ゴク（赤飯）を本殿の屋根にむかって後向きに投げあげる。これらの習俗は伝承もすたれ、すでにその意味がわからなくなっているが、私は烏勧請の形骸化と見ている。屋根の上に舞いおりるカラスがトワタシにのぞむ村びとの心に想定されていたはずである。

新谷は前掲書の「黒の象徴性」のなかで、烏の神秘性を「空を飛ぶ・野性・賢い」の三点とともに「黒い」羽根の色に認めている。「死を黒のイメージで表現している一方では、暗黒の暗闇の中で神が降臨し神威を顕現させるという神事の例は数多い」という。「アケガラスが渡らん先に」という献饌をうながす言い伝えは、死の暗黒の世界から生の暁方へと、未明のしののめの空高く飛来する、太陽のシンボルとしてのカラスに聖性を認めたからである。両義性を秘めたその聖なるカラスは、井上や小和田の七森の伝承では、ゴクをくわえ、白い翼をひろげてあけぼのの天空をあまがける、太陽神アポロンの鳥のように、神々しい「白いカラス」にほかならなかった。

第二部　森の神と異類伝承

第一章　無言交易と異類伝承

1　無言交易というターム

『日本民俗事典』(弘文堂刊)の北見俊夫の解説によれば、「無言交易」とは「売買する相手が相互に姿を隠して行なう古い交易の形態」をいい、「形のうえでは、ただ単に便宜上、人手を省くためのものとは性格を異にする。すなわち、ふだん接触のない異人種間の交易にみられ」ると述べている。「沈黙交易」ともいい、『文化人類学事典』(ぎょうせい)には「言葉を用いることなく行われる交易。異種族間の交易手段として広く行われる。定められた場所に品物を置き、合図して姿を消すと、相手が等価と思われる品物をそのそばに置いて下がる。等価物に満足すれば、相手の品物を持ち帰り、交易が成立する。(渡辺欣雄)」とある。同様の言葉に無言貿易、黙市《だんまりいち》、鬼市という言葉がある。

しかし「わが国の場合にこの種の例は稀であり」(北見俊夫)とあるように、民俗学のタームとしては、どちらかといえば「無言交易」という用語はこれまであまりなじみ深いものではなかった。「隠れ里」や「山の人生」「行商と農村」などの論考において、日本民俗学のカリスマ、柳田国男が日本における無言交易について懐疑的であったために、その後の研究の進展を阻んだと、今なら言えなくもない。

2　学説史の流れ

さて、そこで日本における無言交易の研究史について、少しふりかえってみたい。紙幅が限られているため、あくまで概説にとどめておくことにする。

まず最初に、鳥居龍蔵が「東北亜細亜における無言交易について」(『人類学誌』32巻8号)と題して問題提起を試みたのは大正六年のことであった(1)。そのなかでコロボックルとチュクチの伝説を無言交易の事例としてあげ、実際に行われていたことを新井白石の『蝦夷志』の記事を引いて実証している。また同様の事例を『日本書紀』の斉明天皇六年三月の条から、阿倍比羅夫と粛慎《みしはせ》の船団との物々交換を無言交易の一つの例として認め、「斬の如く千二百五十年程前のドキュメントを通じて見ますと、無言交易がウラルアルタイ民族とアイヌとの間に行われて居ったということが分ります。此話が後に吾々には椀貸伝説の話になってしまった」と述べている。国内の人なし商いの習俗もまた無言交易の見地から、松浦静山の『甲子夜話』にある肥前国の例を「エスノグラフィーの事実」として評価するのである。

この問題提起にいちはやく反応したのは南方熊楠で『人類学雑誌』32巻10号に「無言貿易」を発表、

中国の古典上の事例をあげて、「未開民が他方の民と直接に近づき触るるを忌むゆえ、かかることが起った」とし「売手と買手相近づかざる貿易を鬼市と概称するがよかろう」と述べている。(2)

これらの人類学系の学者からの提言に対し、民俗学の立場から柳田国男は翌年「隠れ里」を「東京日々新聞」に連載し、椀貸し伝説や中宿、人なし商いを無言交易とする説に次のように鋭く反論する。「鳥居氏がこんなあやふやな二つの素材を以て、日本にもかつて無言貿易の行はれた論拠とせられ、二つも材料があるからは殊に確かだといふ感じを、与へんとせられたのは宜しくないと思ふ」(『山の人生』定本第4巻)。(3)また「行商と農村」(定本第16巻)でもほぼ同じ趣旨を述べている。

その後昭和三年に、岡正雄は「異人その他」を『民族』3巻6号に発表、「原始交易」のなかで椀貸伝説やコロボックルとアイヌの交渉伝説をとりあげて、再び人類学の立場から無言交易を「原始交易制度の起源若しくは経済史的地位」として位置づけたのであった。(4)

以後、最上孝敬「交易の話」、北見俊夫「日本人の異郷観念の一断面――椀貸伝説をめぐって」(「市と行商の民俗」)などの論考が発表されてきたが、無言交易については概ね柳田説をふまえており、人類学と民俗学の立場の違いを明確にした。

近年になって経済人類学者の栗本慎一郎が「沈黙交易」(『経済人類学』昭和五十四年)、「習俗としての沈黙交易」(『法・社会・習俗』昭和五十六年)、「経済人類学の視点」(『国文学』第27巻1号、昭和五十七年)などの大変刺激的な論考をあいついで発表し、あらためて経済人類学の見地から椀貸伝説や河童のわび証文の伝説を無言交易として位置づけた。「柳田が私たちの経済人類学の学説として、文化の高低などは関係なく、『異』文化間に生じるものだという説を知ったならむしろ椀貸伝説イコール沈黙交易説を積極的に支持したであろう」と「経済人類学の視点」で述べているが、民俗学サイドからのさしたる反応はなかったようである。あったとしても、残念ながら「あれは民俗学では木地師と農民の交易だということに決まっています」(前掲論文)といった程度のものだったにちがいない。

3 椀貸し伝説

さて本稿は無言交易をめぐるこれまでの論考をふまえながら、福井県における異類伝承のなかで、椀貸伝説と河童のわび証文の伝説を無言交易として位置づけうるかどうか考えてみたい。資料は杉原丈夫編『越前若狭の伝説』を用いた(表1・表2参照)。

表1のとおり、県内には椀貸伝説は十二ケ所分布している。まず代表的な伝説を引用してみよう。

①押谷のほら穴 (芦原町北潟)

このほら穴は福良が池に連結しているという。いつのころからかここに十数人の者が住んでいた。村の人が法事をするとき、このほら穴の人におわんを貸してもらった。あるとき、おわんを一つこわしてしまい、一個不足のまま返したので、それからは、何度借りにいっても貸してくれなかった。

(資料1)

表1　椀貸伝説（杉原丈夫編「越前若狭の伝説」による）

資料コード	題　名	所在地	場　所	借用物	中断理由	そ　の　他
1 P207	押谷のほら穴	芦原町北潟	ほら穴	おわん	1個不足のまま返す	福良池に連結、10数人居住
2 P253	わんかし山	丸岡町下久米田	丸山（きび塚・わんかし山）	おわん	人心悪化	江川からしろ水が流れる、玄女渕の娘がわんを貸す
3 P255	わんかし山	丸岡町坪江	わんかし山	食器	不心得者がおわんを返さず	
4 P284	どうだが渕	勝山市堂島	坂の下地籍・どうだが渕	家財道具類	ツボワン1個忘却	80文のツボを返さず、坪内姓となる。乙姫が貸す
5 P294	岩穴	大野市上打波	出良の穴	なんでも借用	1個破損返さず	龍宮に通じる
6 P297	宝器の渕	大野市東勝原	大洞地籍・宝器の渕	諸器具		龍宮城に通じ雨乞いに霊験あり、底なしの渕
7 P300	かまが渕	大野市仏原	桧倉谷釜が渕	おぜん・おわん		「おわん10人前」などと紙に書く
8 P300	わんかし岩	大野市土布子	勇吉家近くの大岩	ぜんわん	12個のぜんのうち1個返さず	美しいお姫さま
9 P345	箱が渕	和泉村箱が瀬	箱が瀬橋の下	おぜん	七左衛門がわんを欠きかけらを返さず	村中からいじめられ村八分になる。近くに穴馬あり
10 P346	穴馬	和泉村箱が瀬	白馬洞	ほしい品物	おぜんを返さず	鍾乳洞、乙姫石を投げると降雨
11 P444	塚の越	鯖江市水落	つばきが原	おぜん・おわん		
12 P820	わん貸し	大飯町山田	宮の脇の古墳	おぜん・おわん		岡田村から古墳の中に明り火がみえる

表2　河童のわび証文（右掲書）

資料コード	題　名	所在地	場　所	河童の行為	お礼・わび証文	そ　の　他
1 P40	斉藤家の目薬	福井市西方	足羽河原	人にいたずら	目薬の製法	夢の中に現れる、家伝のクスリ
2 P228	かめの証文	金津町清間	畑	龍田又右衛門の草取りの手伝い	「清間の者かほうちんか、かめひいてくれるな」	川中へひかない、アカベ（肛門）をぬかぬ、証文は水中で読む
3 P356	かっぱの皿	和泉村後野	川	馬のしっぽにつかまる	皿でろくべえ軟膏をぬるとよくきく	
4 P358	かっぱ	和泉村下山	川	エバ（わな）にかかる	七里四方の人は食べず、玄関にマスをつるす	
5 P757	かっぱの証文	美浜町佐田	海	牛をひきずりこむ	人畜に害を加えず、ブリをつるす	証文は水にうつせば判読、河童相撲の話あり

②わんかし山（丸岡町下久米田）

下久米田の丸山をむかしはきび塚といい、またわんかし山ともいった。延宝の初めごろ（一六七三頃）までは、この丘の江川から毎朝しろ水が流れ出た。慶長のころ（一六〇〇頃）にはこの辺に行って、明日何人前のおわんを貸してほしいと三度いうと、翌日には頼んだとおり借りることができた。用がすむともとの所へもどした。しかし年がたつにつれ、人の心も悪くなったので、わんを貸すことはやんでしまった。

丸山は、弁慶のきびす（かかと）の跡だというので、きびす塚といったが、後にきび塚となった。少し離れた所に玄女が渕があり、この渕ときび塚の間に穴道が通じていた。渕の中にひとりの娘がいて、これがおわんを貸したのだという。（資料2）

①の押谷のほら穴は現在土砂崩れのため入り口がふさがれ、往時のおもかげはなく、地元の伝承も希薄になっている。②のわんかし山も、かつて下久米田の村はずれの田のなかに墳丘があったが、圃場整備により消滅した。このきび塚については『越前国名蹟考』に次のような記事があり、四〇〇年前の記録として注目される。(5)

「隠里　影響録云、久米田山の辺に黍塚とて岡あり、古より誰れ住ともなく延宝の始頃まで此岡の江川より朝毎に泔《しろみづ》なかれ出けるとそ、又慶長の頃は此辺に行て、明日何人前の椀家具かし候得と三度いへは翌日詞のごとく出しあるを借受け、遺ひ事済てもとの所へ返しけれ、年を経て人の心直ならさるにや出る事やみしといへり」

個々の事例の分析から、椀貸伝説に特有の要素が指摘できる。すなわち、

(1)　場　所――ほら穴、塚、渕、岩
(2)　借用物――おぜん、おわん、その他家財道具類
(3)　貸借関係がこわれた理由――不足したまま返品、破損、わすれて返さず
(4)　龍宮城、龍神（水神）との関係――雨乞い
(5)　異界、異人との関係――木地師、サンカ
(6)　伝説の分布――海岸付近には少なく、山間部に多い

ほら穴とか塚、渕、岩はいわば異界との境界に位置している。無言交易が行われるトポスとして、イマジネーションを喚起する場所といえよう。そこは龍宮城に通じており、石を投げると雨が降ると

の雨乞いの習俗を思わせる伝説もある。

きび塚の伝説に泔水《しろみず》とあるのは米のとぎ汁のこと。武生市白崎の隠れ谷の伝説には、むかし落人が谷にかくれていて、米のとぎ汁が下流へ流れたため発見されて殺されたという同様のシチュエーションを語るものがある。長八という男がそこから茶釜をひろってきたとか、マンガが渕に沈んでいた、鉄の鉢が流れてきた、岩から米が出た、釜が流れてきたなどなど。あるいは、美浜町新庄の横谷川の上流から杓が流れてきて、ある家の者がひろいあげ口外したために祟りがあったなどという、異界、異人との接触、交渉を物語る伝説が多い。福井県の場合、これらの椀貸伝説のほとんどが内陸部の山と里の接点に広く分布するところから、やはり木地師やサンカ、山人との交渉が、伝説の背景に認められる。

4　河童のわび証文

表2の通り、河童のわび証文は五件掲載されている。そのなかから和泉村下山に伝わる伝説を引く。

かっぱ

東という人が、川にしかけたエバ（わな）を見に行ったところ、かっぱがかかっていた。かっぱは命ごいをして、助けてくれたら、そのお礼に七里四方の人はとって食べないと言ったので、逃してやった。それから東の家の玄関にマスがつるしてあった。誰が置いていったか気がかりになって、ある

日マスかぎをかけておいたところ、翌日からは、もうマスがつってなかった。（資料4）

河童のわび証文と称される伝説は、いわゆる河童駒引譚のバリエーションであり、時に美浜町佐田の吉岡家の事例のように河童相撲の伝説を伴っている場合も見られる。いずれも河童の悪戯であり、つかまえてわび証文を書かす、助命の謝礼に魚を届ける、欲を出してカギをつるすと、とたんに止んでしまう、というパターンが認められる。伝説の舞台は、河原や海岸、畑といった異類としての河童が横行する場所が当然多い。悪戯の代償として、秘薬（目薬、軟こう）の製法や水難よけのぞうり（河童ゾーリ）の作り方を教わったというもの、或いは魚が届けられたというものが一般的である。

異類としての河童とは何か、これまでの研究では水神や山の神、田の神の零落した表徴であるとか、カメ（ガメ）、カワウソなどの水辺の動物の妖怪化したもの、或いは沖縄のキジムンや奄美のキジムナーとの近似も指摘されている。しかしこれらの妖怪が、異人との交渉を背景に生みだされた想像力の所産と考えれば、事態は大きく展開する。

栗本慎一郎は「沈黙交易」（『経済人類学』東洋経済新聞社刊）のなかで、河童駒引伝説について「椀貸伝説にひじょうに良く似ているが、ここにはそれよりも説明しがたいモチーフが多い。したがって、これらの伝承は、今のところ沈黙交易に係わるなんらかの交渉をめぐるものから出たという可能性が高い」とのべている。(6) また岡正雄も、陸前賀美郡下新田鳴瀬川岸に祀られている水虎明神（磯良明神）にまつわる河童駒引伝説に注目して、「椀貸伝説からアイヌの口碑へと比較想倒せしめる」（『異人その他』言叢社刊）と述べ、コロボックルとの交易へと論を進めている。両者とも「返済側のミスがあって途絶してしまう」（前掲栗本論文）「一器を失ひ其まま返せしより永く其事絶ゆといふ」（前掲岡論文）という、人間側の違背に関心を向けているのが注目される。「沈黙交易に共通する要素とは何か。まず、我々の目をひくのは、交易が絶対的に平和裡に執り行われるという特徴である。交易中に絶対に信義を守ることは当然のことである」（栗本）からである。交易にはルール違反は許されない。

河童の腕は抜けやすいという。この伝説と、コロボックルの姿をひと目見たさに腕を引っぱったがために以後交易が断絶したというアイヌの口碑は、まったく無縁のものとは思われない。いずれも交易における約束違背を象徴的に物語っている。

5　無言交易のシンボリズム

椀貸伝説や河童のわび証文の伝説が、単に山人と常民との交渉にすぎないとすれば、なぜ乙姫や龍神・河童などという異類・妖怪の形象を借りねばならないのか、という問題は重要である。柳田国男が否定的要素としてあげるように、たとえ一方的な貸与であるにせよ、そこには言葉の交換は行われない。意思は通じるのに、言葉が通じないというところに、異族間の接触忌避という無言交易の形態が伝承に反映しているのである。わび証文を水にひたすと文字が浮びあがるというのは決して偶然なのではない。無言交易が象徴化されていると私は考える。

単に異類伝承として伝説を分類してしまえば、それはヒトと動物、妖怪とのファンタジックな交流でしかない。しかし伝承もまた経済なしには成立しえない。経済学的な視点に立てば、異類との物の貸借は、かつて世界中で広く行われていた無言交易の歴史的事実が、異類伝承に色濃く反映していることは否めないのである。

「後世我々のあひだに行はれた人なし商ひも、最初は接触を憎んだ異民族間の貿易方法を、学んだものだらうといふ仮定はたち得るかも知らぬ」と、柳田国男は「隠れ里」のなかで述べている。その「仮定」に立ち帰って、あらためて研究を展開する時が来ているといえるだろう。

第二章　龍蛇と宇宙樹の神話

1　物語の発端

「行くが行くが行くと」という簡潔な言いまわしが、昔話のなかによくでてくる。いわゆる再話であるが、たとえば松谷みよ子著『日本の昔ばなし』から「なら梨とり」(1)を読むと、

「太郎が山の中さいくがいくがいくと大きな岩があって、その上にばあさまがすわっていた。太郎は見て見んふりをして通り過ぎようとすると、ばあさまが、

『どこさいく』

と、声かけた。」

というふうな用例に出合う。「いくがいくがいくと」――、なるほどうまい言い方である。ただひたすら、ズンズンと行くが行くがという軽快な足どりの調子をあらわす言い回しと、目的地までの途中の路程のみごとな省略話法に感嘆を禁じえない。

本章の物語もまた、ある山里の開拓伝承に登場する、ひとりの樵の「行くが行くが行くと」にはじ

まる話である。

むかしむかし、青葉山麓の内浦湾に面した田の浦村（福井県大飯郡高浜町田の浦、現在、関電高浜原子力発電所の所在地となっている）に田中某という樵が住んでいた。

あるとき、東の空にむかって朝日を拝んでいると、峠の上にくろぐろと巨木の影がさしてきた。不思議に思い、その木の影をたどって行くが行くが行くと、越前の池河内（敦賀市）の阿原池にたどりついた。池のほとりには三本の白蓮（白木蓮）の木がおいしげっており、朝日夕日に照らされてその巨大な影を投げかけていた。

樵は小天地のような盆地の景観がすっかり気にいり、居をさだめて村を拓くことにした。まず白蓮の木から伐ることにして、いざ斧をふりおろそうとすると、岸辺の三本の白蓮の木に囲まれた池のなかから忽然と白髪の老人があらわれ、「自分は阿原池の主の龍神である」とのべた。そのハクレンの木は龍神の魂の木である。

三国岳の山の上にある夜叉池へ十二頭の眷族《けんぞく》が移り住むまで待ってほしい。そのあと、この地をひらいて住みつき、われらを神として祀ってほしいと告げてかき消えた。その言葉にしたがって、田中某は田の浦から一族をひきつれて移住したのが池の河内のおこりである。氏神の諏訪神社は夜叉池に移りすんだ龍を祀ったと語り伝えられている。

写真10　池河内のハクレンの木

この池河内の開拓伝承は、文化庁の昭和五十四年度福井県緊急民俗資料分布調査の際に、二ツ矢三郎（明治二十五年生）と田中ことゑ（明治三十九年生）から教わった話である。その後、五年前に当地を再調査した折、竹田正直（昭和三年生）からさらに次のような龍神伝説を聞き、断片的な伝承を補うことができた。

二ツ矢・田中両氏はコブシと伝えるが、実際はハクレン（植物学上はキタコブシ）の木で四月末ごろに花が咲く。コブシもタムシバもハクレン（ハクモクレン）もモクレン科の落葉樹で、素人目には区別はつかないが、コブシはハクレンほど高木にはならないという。ハクレンは阿原池の岸辺の三ケ所に生えており、その三点を結んだ三角形の池のなかに龍神の一族が住んでいた。あるとき、龍神が女姿で御堂《おんどう》の大岩に腰かけて髪をくしけずっているのを、村びとに盗み見られてしまった。姿を見られてはもはやこれまでと、白装束の遍路姿になって、ラフ竹（キセルのラフに用いるもようのある竹）を杖にして、夜叉池へ移った。夜叉池にはラフ竹の逆さ竹が生えているという。ハクレンの木を伐って池河内をきりひらいた斧は今も諏訪神社に奉納してある。

日照りがつづいて、いよいよ雨乞いをしなければならなくなると、大岩の岸辺で水をくんで神社に供えた。水ごりをとり、三日三晩神社にこもって「雨たもれ」と祈り、雨が降りだすとそのお礼に踊りを奉納した。福井県無形民俗文化財に指定されている「池河内の雨乞い踊り」の由来である。

かつては他所の女の人が、安産祈願のためによく諏訪神社へ参拝に来た。昔は阿原池が村の入口まで水をたたえていたので「池の端」と呼ばれるところに、藤づるが巻きつくチサの古木がある。そこは深くよどんだ渕になっており、逆さに流れをくみ、神社でゴクをいただいて帰ると安産するといわれた。古木には龍神の子供という白蛇が巣くっていた。

小さな集落でも、村びとのなかには異伝の持主がいるものである。森中清（大正十一年生）はこう語る。

あるとき、龍神があらわれ一夜にして大沼になったが、夜叉池へ移ったために海が引いた。移るときに、冷い清水が湧くハクレンの木の根元に、三枚のウロコを埋めていった。沼の底から、今も巨木の切株と木っ端が出ることがある。龍神以前にこの地に人が住んでいた証であろう。もともと藤の森（池の端）まで、深い沼がひろがっていたといわれている。

ある時、隣家の爺さんが西谷から谷口へと山越えをするために池の渕を歩いていると、御堂の大岩の上で、若い娘が長い髪をすいているのを見かけた。他言すれば即座に殺すと言われた爺さんは、死ぬ間際に龍神とのその秘密の約束を言いのこして息絶えたという。

伝説の舞台である敦賀市池河内は、市を縦断して流れる笙の川の水源地の山村である。以前は戸数も三〇余戸あったが、当地もご多分にもれず過疎化が進み、現在は八戸に激減した。わずかな田畑と集落をとりかこむ山林があり、市内で職を得て生計をたてている。

集落のそばを流れる笙の川の水源をたどっていくと、榛の木の林がしげる広大な湿原に出る。そこが阿原池、鴨池とも呼ばれる池河内湿原で、昭和五十二年に自然環境保全地域に指定された。水辺にはコウホネやヤナギトラノオ、ヤチスギラン、ミツガシワ、オオミズゴケ、カキツバタが生え、木道を歩いて自然のいぶきを存分に味あうことができる。

開拓伝承の発端ともなったハクレン（キタコブシ）の木は、今も阿原池の三ケ所の岸に生えており、五月には純白の高貴な花が満開となる。御堂の大岩のハクレンの木は、枯死するたびに根元からひこばえが生えるのか、株手から枝分れして水辺に影をおとしている。ハクレンにしては巨木かもしれないが、いずれの木も巨木伝承のイメージにはそぐわない。まして、越前の敦賀と若狭の高浜では直線でも五〇キロメートル以上は離れている。朝日をうけて、その影が高浜の田の浦にまで届いたなどとはとうてい思えない。しかし、現実味のないところが伝説の伝説たる由縁である。あくまでも心意伝承のイマジネーションの世界とすれば、何ら異をとなえることもない。もしかすると、この池河内の開拓伝承には、『古事記』や『日本書紀』『風土記』における古代の巨樹伝承、あるいは世界各地の宇宙樹の神話に通底するものがありはしないか、というのが本稿の眼目である。

2　古代の巨樹伝承

日本の古代における巨樹伝承としては、まっさきに『古事記』仁徳天皇の条をあげねばなるまい。(2)

「此の御世に、免寸河《とのきかわ》の西に一つの高樹有りき。其の樹の影、旦日《あさひ》に当れば、淡道島《あはぢ》に逮《およ》び、夕日に当れば、高安山《たかやす》を越えき。故《かれ》、是の樹を切りて船を作りしに、甚捷《いとはや》く行く船なりき。時に其の船を号《なづ》けて枯野《からの》と謂ひき。故、是の船を以ちて旦夕《あさゆふ》淡道島の寒泉《しみづ》を酌《く》みて、大御水《おほみもひ》献りき。茲《こ》の船、破《や》れ

壊《こほ》れて塩を焼き、其の焼け遺《のこ》りし木を取りて琴に作りしに、其の音七里《ななさと》に響《とよ》みき。爾《ここ》に歌《うた》ひて曰く、

枯野《からの》を　塩に焼き　其《し》が余り　琴に作り　かき弾《ひ》くや　由良の門《と》の　門中《となか》の海石《いくり》に　触れ立つ
浸漬《なづ》の木のさやさや

とうたひき。此《こ》は志都《しつ》歌の歌返《うたかへ》しなり。」

巨樹を伐り倒して船を作ったという『古事記』の類話は、よく知られているように『播磨国風土記』逸文にある。「難波《なには》の高津《たかつ》の宮《みや》の天皇《すめらみこと》の御世《みよ》」すなわち仁徳天皇の時代に、明石の駅家《うまや》の駒手の御井の上に楠の大木が生いしげり、朝日には淡路島を、夕日には大倭嶋根《やまとしまね》をかくした。その楠を伐って舟を作ると、飛ぶようにはやく走るので「速鳥」となづけた。朝夕、この舟にのり、天皇の御食事に用立てるため御井の水を運んだが、あるとき、御食事に間にあわなかったので、

住古《すみよし》の　大倉《おほくら》向きて
飛ばばこそ　速鳥《はやとり》と云はめ
何か速鳥《はやとり》。

とうたわれた、とある。(3)『古事記』の枯野の故事は仁徳天皇の治世の話であるから、細部のちがいはあるとはいえ、たぶん『風土記』逸文の方はそのバリエーションなのであろう。

また『日本書紀』巻七景行天皇の条にも、「朝日《あさひ》の暉《ひかり》に当《あた》りて、則《すなは》ち杵嶋山《きしまのやま》を隠《かく》しき。夕日《ゆふひ》の暉《ひかり》に当りては、亦、阿蘇山《あそのやま》を覆《かく》しき」という、歴木《くぬぎ》の巨樹の話が出ている。(4)

このほかにも、『筑後国風土記』逸文をはじめ『肥前国風土記』『常陸国風土記』『今昔物語』にも

巨樹伝説が登場する。いずれも朝日夕日に光り輝き、その影は山をおおいかくすほどの巨木である。高木敏雄編『日本伝説集』には、現代の各地の事例が採録されている。

福井県の巨樹伝承としては杉原丈夫編『越前若狭の伝説』(5)のなかに、高浜町若宮の「神代木」の伝説がある。

「むかし若宮の海岸に一本の巨大なえのき（榎）があった。その木の影は、朝は太陽光を受けて、青葉山のふもとの中山の里にその影を映し、夕暮れには犬見山をその木の影がおおった。ある時地震にあい、海中へ倒れてしまった。今なお天気のよい波静かな日には、海中に木の幹をみることができる。

明治二十三年に郡長が、この木を海中から引きあげようとして、村中の者が綱で引いたが、どうしても引きあげることができなかった」。

こうなると、にわかに巨樹伝承も現実味をおびてくるとともに、雲井にそびえ立つ巨木の話もスケールがやや小さくならざるを得ない。

私が住む集落の八幡神社の境内にも、三十年以前に千年松と呼ばれる巨木が生えていた。国道の新道工事で根が痛んで枯死したが、少年時の想い出にのこる大木で、村びとの畏敬心の対象でもあったから、千年松を語る場合、朝日夕日に光り輝くイメージを語りがちになる。所詮、巨樹伝承も共同幻想の所産なのであろう。

3　宇宙樹論の幕開け

このように、古くは『古事記』『日本書紀』『風土記』に巨樹伝承が採録されている。しかし、「高木は神の依代《よりしろ》と信じられ、神木・霊木としてあがめられた。高御産巣日神《たかみむすひのかみ》の別名の高木神《たかぎのかみ》はこの信仰を反映している。霊木であればこそ、聖水を運ぶ高速船、妙音を奏でる琴を作ることができたのである。この種の高木にちなむ話を大樹説話・霊木説話などという。」と『古事記・上代歌謡』（日本古典文学全集Ⅰ　小学館）の頭注にあるように、[6]巨樹伝承を宇宙樹・世界柱・宇宙軸として世界の神話伝説のなかに位置づける視点はあまり見られない。むろんこのような解説がまったく誤りだというのではない。この辺が現代の日本の国文学の水準としては妥当なのだろう。まして、日本民俗学の主要なテーマとしてとりあげられたことはなかったようである。ちなみに手元の『日本民俗事典』をひもといても、〈巨人伝説〉の項はあるが〈巨木伝説〉は立項されていない。また、『日本伝説名彙』の「木の部」には記紀・風土記にあるような巨木伝説は皆無である。なお、『日本昔話事典』には〈大木の秘密〉の立項があり、「樹霊信仰に由来する伝説的昔話の一話型」とする三原幸久の詳細な解説があるが、むろん宇宙樹としてのコンセプトはみられない。

ならば、池河内の開拓伝承にみられるような巨樹伝承は、いったいどのように位置づけられるべきなのか、というのが私の素朴な疑問であった。もちろん、巨樹伝説がこれまでまったく採録されなかったということではない。たとえば高木敏雄『日本伝説集』には、「巨木伝説」として次のような「船木」の伝説が掲載されている。(7)

「長門国に船木と云ふ所がある。其昔神功皇后三韓征伐の折、此海岸で船の用意をするために、材木を伐出したところから、是まで山田と呼んでゐたのを、船木に改めたのださうな。四十幾艘の船が、唯一本の大木で出来たと云ふのが、面白いではないか。

大昔、此地方は一面の沼地で、其中央に樟の大木が一本有った。高さは雲を貫いて、枝は二里四方に拡がり、其下に当るところは昼さへ暗く、北の村は一年中日の光を見ないので、真闇と呼ばれ、西の村は一年中朝日を拝まないので、朝蔭と呼ばれてゐた。今の万倉は、真闇を改めたのである。今も其大木の芽生だと云ふ樟が二本残ってゐて、一本は神功皇后を祀る八幡宮に、今一本は武内宿祢を祀る住吉神社にある。軍船の帆を造った跡だとか云って、船木の南に、有帆と云ふ所もある。

住吉神社の樟には、河ニラが沢山寄生してゐて、潮が満れば高く、退けば低く、幹を上り下りするので、潮の満干を知ることができる。此ニラを持ってゐると、船に酔ふことがない。また、此村の者に限って、昔から曽て溺れた例がない。

今では、船木の村は、海岸から二里余も深く離れてゐる。(東京府西久保今橋香園君)」

この他に肥後国阿蘇郡高森村の「大木」、丹波国何鹿郡志賀郷村の「滴松」の巨樹伝説が採録されており、全国各地にはまだまだ多くの類話が伝承されているにちがいない。要するに研究者の多くは、これまで巨樹伝承にあまり注意をはらわず、ましてや世界的な類型をもちだして比較を試みようとはしなかっただけなのだろう。

さすがに南方熊楠は世界神話の視座に立脚して、博覧強記に東西の事例をひき、本邦の巨樹伝承を「巨樹の翁の話」のなかで論及しており、「外国にも滅法界な大木譚が少なくない。古カルジア人は宇宙に大樹あって天を頂とし地を足とすと信じ、インドのカーシア人はむかし人が高樹を攀じ昇天して星となったと言い、パラガイ国のムボカビ人は死んだ人は木を攀じて登天すと言い、ニュージーランド人は太古天地連接せしを神木生えて推し開いたと伝う（一八九九年パリ板、コンスタンタン『熱帯景物篇』二八五頁）。」とのべ、「古スカンジナヴィアの宗教に著われたイグラッドシル」についても言及している[8]ことから、すでに日本の巨樹伝承も宇宙樹の類型で把握しようとしていることがわかる。（現代の文学作品のなかには巨木を扱った小説・エッセーも多い。たとえば大江健三郎の「『雨の木《レイン・ツリー》』を聞く女」をはじめとする一連の宇宙樹の現代神話は「滴松」の巨木伝説に通じよう。先年私は、主に水上勉の作品のなかの巨木のイマジネーションを論じた文学評論「マンドラゴラの嘆き、または樹下の死——宇宙樹を求めて(1)」を発表した。）

南方熊楠の遺志は神話学者大林太良によってうけつがれ、近年、氏は積極的に宇宙樹論を展開している。たとえば、「巨樹と王権——神話から伝説へ」のなかで、「このような巨木は垂直的には、いわば天と地を結合する宇宙樹であったが、そればかりでなく、水平的には、その影によって一つの世界を画定していた」とし、「これらの巨樹は王権の栄光と結びついている」とのべ、王権論のコンテキストのなかに位置づけをはかっている。[9]

また、現代万葉学の第一人者である中西進は「世界樹のコスモロジー」のなかで次のようにのべている。[10] すなわち、「『エッダ』のいう世界樹―天地の中央にあり、巨大な枝を傘状に広げることによって円球状の天を作り（また地下にも根を張って地下の世界をも作っている）と信じられた巨木は全世界的にあったのではないか。枝がなまじ低くなると日月を隠すが、本来はさらに高くそびえていたであろう。

現在、日本人や中国人が持つ神話ではほとんど姿を消しているが、宇宙構造の謎《なぞ》を巨木の存在によって理解しようとする、古代ゲルマン人やフィン人と同じコスモロジーが、アジアにもあったにちがいない。」とし、「世界樹は以上のように知の根源の木としてもユーラシア大陸全体にわたって共通性を見せており、世界樹が宇宙を形成するあり方や生命の根源と見なされる考え方と等しかった。現代人にとってアジアとヨーロッパはあまりにも違っているが、そしてとかく日本は特殊だと語られがちだが、古代にさかのぼるとそのような相違をいうことは空《むな》しい。

人類基本の、人間のレベルにおいてユーラシアの認識は一つであることを十分知っておくべきであろう。しかも片々たる風俗・習慣においてではない。世界樹をその一例として示したのは、宇宙論という重大な認識にかかわるものだからである。」との内省を呼びかけてもいる。まさしく共感と快哉を禁じえない。

さらに現代日本民俗学のパイオニア、谷川健一は、潜伏キリシタンの著作『御パシヨンの観念』に登場する「ダニエル書」の神話をひき、「風土記や『古事記』に見られる大樹伝説を宇宙樹神話の残欠とするとき、それがかすかな尾をひいて、九州島の西北部に残りつづけ、やがてキリシタン信仰の渡来と共に――ダニエル書の話を介してではあるが――、『天地始之事』に取り入れられたとするのは、強弁にすぎるであろうか。」とのべている。[11]『わたしの「天地始之事」』の著者にしてはじめて発見された視点であろう。キリシタン土着の面からも新しいテーマが提言された。

ここ最近、柱信仰と宇宙樹を関連づけた論考が提起されているのが注目される。まず萩原秀三郎が『稲と鳥と太陽の道』のなかで、苗族はじめとする中国の少数民族の柱信仰について日本の習俗との関連で比較を試みたり、保立道久「巨柱神話と天道花」、桜井龍彦「境界に立つ柱」、飯島吉晴「日本の柱信仰――世界樹としての柱」、北村皆雄「アジアの御柱」、吉田敏浩『宇宙樹の森』など、日本民俗学の枠組にとらわれない斬新な著作が、少壮の研究者によってつぎつぎと発表されており、ようやく新しい傾向が生れつつある。私は森神信仰の調査研究の過程で、巨樹伝承や神樹崇拝に出合い、それらの習俗の基層に世界に共通する宇宙樹の元型《アーキ・タイプ》がひそんでいることをこれまで予想してきた。本稿においては、若狭から丹後地方にかけて多くみられる龍蛇伝承と森神信仰の関わりを、宇宙樹の神話のなかに位置づけてみよう。

4　龍蛇と神社の起源伝承

池河内の開拓伝承が記紀や風土記の〈宇宙樹〉のコンテキストのなかに位置づけられるとすれば、

田中某という樵の開拓先祖にすみかをゆずって夜叉池へと居を移した龍神の伝承にも注目しなければなるまい。夜叉池へ移るかわりに、諏訪神社の祭神として祀れとの約束を村びととかわして立去ったことは先述したが、各地の社寺縁起のなかに龍蛇を祭神とするものも多い。いくつか事例をあげよう。

①池姫神社（舞鶴市布敷）

池内川の左岸、布敷と池ノ内下をつなぐ橋のたもとに、池内八ケ村の氏神として池姫神社がまつられている。ふるくは千瀧雨引社と号し、社伝では市杵島比売命を祭神とするというが、地元の伝承では大蛇（龍神）を祀る古社である。

今から六年前の秋に、岸谷と白滝の株講（地主講）を調査中、岸谷の大江明（昭和七年生）から次のような蛇池の伝説を聞いた。

山の尾根に鬼住池という池跡がある。いつのころの話かわからないが、その池に大蛇が住みつき、人びとに害をおよぼすことがあった。岸谷の五右ヱ門がショウブの葉を矢羽にして弓をつくり、大蛇の目玉を射ぬいた。大蛇は谷をのたうちまわり池下へ逃げたが、ついに息絶えた。大蛇の祟りか、五右ヱ門の家では七代片目の子供が生まれたという。射止めた大蛇の頭を祀り池姫神社の祭神とした。

また、享保二十年の『丹後国加佐郡旧語集』には「昔この池の湖に住んでいた大蛇の遺骸を祀る」とあり、天保十二年の『丹哥府志』にも次の記事がある。[12]

「五老の瀧は、池姫大明神と相隔つ僅に三、四丁、凡歳旱する時は、即ち、池の内八ケ村相い集りて五老の瀧より大いなる岩を引て宮の傍に至る。如斬する時は雨降るといふ。蓋瀧の上は川なり。其川岩にせかれて流るる事能はず、よって、昔は沼なりといふ。その沼に大蛇すみて人を害す。於是磐別命其の岩を開きて流を通し、其の大蛇を捕へ是を斬る。後に其蛇祟りをなす。よって是を祭り池姫大明神といふ。於今、其の岩を取る時必ず雨降る。蓋其亡魂なりと伝ふ。」

雨乞い祈願に行う石引きは、布敷と別所の村境い近くにある五老の瀧の大石を、村中総出で干上った池内川の川底を引きずって池姫神社の境内まで運ぶ神事である。昭和十四年九月十日に池内九ケ字によって行われたのを最後に、この珍しい雨乞い行事は現在は中断されたままになっている。当地の川崎与三郎の記録によれば(13)、昭和十四年の六月より九月まで日照が続き、氏神に万灯籠や振物を奉納して雨乞いを祈願したが、いっこうに霊験があらわれなかった。そこでいよいよ最後の頼みの石引きが行われることとなった。

九月九日、災天のなかを各字より十名の役員が集まり、五老の瀧の重さ数十トンの大石を御神籤によってえらび、太さ四〜五センチ、長さ数百メートルの藁綱をなう。樫木の修羅、テコ、コロも用意する。翌日、子供も大人も男は鉢巻・フンドシ姿で河原に集合し、注連縄を巻いた大石の上で二人の音頭取が扇子を振りかざし、威勢よく掛声をかける。

「ヤーレ綱の衆、テコの衆も」

「ハー　ヨイトセ」

「ヤーレ　気合いを揃えて頼むぞよ」

五老の瀧から六、七百メートル川下にある池姫神社まで川底を引きずり、ようやく境内へたどりつくと、天狗の面を高だかとかかげ、法螺貝を吹きならして大石を迎え、宮の池に安置、社前に参拝し雨乞いの祈禱をして石引き神事を終えた。三日後、村びとの祈願が天に通じたのか大雨になったと記録にある（安田重晴『まいづる田辺道しるべ』参照）。

石引の大石はほとんどが河川工事で埋没したが、社殿の横に二、三個、なかば埋もれてコケむしている。往時の気合のこもった炎天下のどよめきが、岩石のなかから聞こえてくるようだ。

②蛇切り岩（舞鶴市与保呂）

むかし、多門院の黒部におまつ、おしもという、黒部小町と呼ばれるほどの美しい姉妹がいた。与保呂の奥山に毎日姉妹で草刈りに出かけると、ある日池の渕で美しい若者に出合った。おまつは一目で池の主の大蛇の化身である若者に見染められ、池の底へ沈んでいった。妹のおしもが一部始終を父に告げると、村に娘の救出を願い出た。モグサで大きな牛の形をつくり、火を放って池の中へ投げると、大蛇はひとくちでそのモグサの牛をのみこんだ。大蛇はのたうちまわり、池の水は洪水となってあふれ出た。川上から流れてきた大蛇の死体は、与保呂川の大岩にあたり、三つに切断された。その岩は谷川の岸にいまも現存し蛇切岩《じゃきりば》と呼ばれている。大蛇の祟りをおそれた村びとたちは、大蛇の頭を日尾池姫神社に、胴は行永の橋のたもとにあるどう田の宮に、尻尾は大森神社に祀った。

以上の伝説は『京都丹波丹後の伝説』(14)から要約して引用したが、地元の土佐とし子(明治四十三年生)によれば、大蛇の頭は池姫神社に、胴体は森の大森神社に、尾は川下の白糸浜神社に祀ったという。蛇切岩の岸には小祠があり、戦前は海軍の関係者がよく参拝に来た。

③蛇神と揚松明《あげたいまつ》(舞鶴市城屋)

後奈良天皇の弘治二年(一五五六)陰暦七月十三日のこと、一色氏の遺臣で女布の郷士、森脇宗坡の娘が嫁入り先の何鹿(綾部市)の赤井家から久しぶりに里帰りをすることになった。供の佐七と登尾峠をこえ、ようやく城屋の日浦が谷にさしかかった。谷には大蛇がすむという蛇が池(池が谷)があり、静かな水面には霊気がたちこめていた。にわかに木々がざわめき、池の面が波立つと、水中から大蛇が鎌首をもたげ、一気に宗坡の娘を丸呑みにして、ふたたび池の底へ姿を消した。腰をぬかしながら、供の佐七は森脇家へ逃げ帰って事の仔細を告げた。宗坡は娘の仇をうとうと弓を小脇にし、日浦が谷へ馬を駆った。みごとに左眼を射抜いたが、大蛇は池の底へ身を隠した。宗坡はいったん隠迫へもどり、翌朝、ふたたび大蛇に立ちむかって右眼を射止め、たけりくるう池の主を退治して、その胴体を三つに切断した。その頭を城屋の雨引神社に、腹を野村寺の中森神社に、尻尾を由里の下森神社(尾の森神社)に祀った。大蛇の鱗は森脇宗坡の末裔が今も所蔵している。雨引神社は雨乞いの神として広く信仰され、大蛇を退治した日にちなみ、旧暦七月十四日(現在は八月十四日)の夜に揚松明の行事が行われる。これは若狭の南川流域から丹波にかけて点在する、松上げと呼ばれる盆の柱松の行事である。

以上の伝説も『京都丹波丹後の伝説』と『ふるさと女布[15]』から要約した。おそらく供の佐吉の名は再話上の脚色と思われるが、『御料所旧記』に「熊野郡　古城跡　壱ケ所　女布村　域主森脇宗坡居住之由申伝候」、また『丹後国加佐郡旧語集』愛宕山権現社に「昔女布村ニ山脇宗坡ト云武士住居此節本堂モ塔モ建之由伝説不慥」とあり、宗坡は実在の人物に相違ない。

写真11　大蛇の腹を祀る中森神社

六年前に城屋の政木利喜蔵（明治三十七年生）から聞いた伝説は、大筋では合っているが少しニュアンスがちがうように思われた。それは次のような話である。
四百年前、京極氏の家臣である女布の森脇宗坡の娘が、志賀里の嫁ぎ先から山の屋根道をたどって里へ帰る途中、日浦谷の池ケ谷（蛇池）にすむオロチに見いられて気がふれた。あらんことを口ばしるので、怒った宗坡は大蛇をうちとり、頭は城屋の雨引神社に、胴は野村寺の中森神社に、尾は高野由里の下森神社（尾の森《オノボリ》）に祀った。女布には上森・日原神社がある。（傍点はその違いを示す）
森脇宗坡の末裔とされる女布の森脇清水家（本家）をその折訪れて、いろいろと話をうかがったことがあった。森脇家の裏山には森脇カブでまつる荒神さんの祠がある。カブ（同族）の先祖で守り神とされ、二月十日にカブ講を行う。小祠のなかにはお札が安置してある。

また、庭の築山に龍神さんの祠があり、ジャガミサンのツレアイを祀っている。大蛇の頭を切りおとした跡にあった石が入っているが、小さい割には重い。祭日は特にない。大蛇のウロコは親指大で跡取りにしか見せないことにしていたが、あるときカブ講ではかって披露をするようになった。専門家に検定してもらったところ、は虫類のものであることが確認された。由来記が伝わっていたが、『女布誌』を作る際に貸出したままになって家にはない。各カブごとに荒神を祀っている。森脇家の血の者という村尾ハツ（大正三年生）によると、下森付近から土器片が出土することがある。また、先年亡くなったオバサンが実家へ帰るたびに龍神さんからよく蛇が顔を出した。けがれた者はジャガミサン（雨引神社）には参拝できない。荒神さんはカブの先祖を祀ると聞いている。

舞鶴市に残るこれらの龍蛇退治の伝承を検討すると、共通する次の四点が指摘できる。

(1)退治された大蛇は、頭・胴体・尾に分断され、雨乞いに霊験のある神社の祭神（水神）として祀られることになる。ここには邪悪な神から御霊神への発展が認められる。異類婚の形式を踏まえて、若い女性が池の主にみいられて犠牲になるのは、神の嫁としての入巫儀礼の痕跡とも考えられよう。

(2)これらの伝説は、池内川・与保呂川・高野川という、舞鶴市内を流れる主要な河川の流域に伝承されており、水流と龍蛇の関連がきわめて強い。時に凶暴性を発揮する河川の形象が、龍蛇伝説の起源ともなったことは十分考えられよう。

(3)神社の起源の多くは、巨樹や森、磐座とされる巨岩にはじまる。大蛇の頭・胴体・尾を祭神とする古社が、大森・中森・下森・尾の森などと呼ばれ、古い森神信仰の形態を伝えていることは注目される。特に舞鶴市森に鎮座する大森神社は、大蛇伝説を伝える一方で、湧水の水源を祭神としてその上に社殿が建立された神社として知られている。大森神社に頭を、また京都府と福井県境の高浜町青の青海神社に胴体を、同じく高浜町難波江の小字大森に鎮座する大森さんに尾を埋め、祭神とする伝承もあり、二府県にまたがって大蛇退治の伝承が派及していることがわかる。

(4)大蛇の頭を祀るという舞鶴市城屋の雨引神社では、大蛇の祟りを鎮めるために毎年旧盆の七月十四日（現在は八月十四日）に揚松明を行うが、この柱松の行事は神話の宇宙樹につながる柱信仰の民俗と考えられる。

5　エイトン引きの民俗

これらの龍蛇伝承地には、年中行事として藁製の大蛇を村中ひきまわす、エイトンビキ・エントンビキ・エトンビキ・アクマバライと呼ばれる子供組の民俗行事が、毎年九月一日（八朔）に行われている。ここでは別所・上根・大波上の事例を紹介しよう。

①エントンビキ（舞鶴市別所）

むかし、大蛇が里に現われて娘に巻きつき、さらって行くことがあった。その際、逃げまどう娘たちを土蔵や便所に隠した故事により、毎年九月一日にこの行事を行っている。

大蛇は八月三十一日夜に準備をする。体育振興会とPTAの役員たちが公民館に集まり、持ち寄った七、八束のモチ米の藁を綯《な》って、約十二、三メートルの蛇体（ジャ）を作る。頭部はサンダワラを二個あわせ、ナスビ・ホオズキ・ミニトマトで目玉を、ハランで舌をトンガラシで牙を作り、ミノグサの髪をたらして、榊と御幣を頭にさす。完成した蛇体は床の間の三宝の上に祀っておく。

写真12　エントンビキのジャを荒神の椎にまく

翌日午後、学校から帰宅した子供たちが公民館に集合し、「エントンビキじゃ、ワッショイ・ワッショイ」と掛声をあげながら村通りをひきまわし、各家を訪れてお駄賃をもらう。大蛇にかまれると幸運にめぐまれると言われており、子供や老人の頭を「健康で長生きしてください」と言ってかむ。以前は腰にトンガラシをさし、女の子を見つけると追いかけまわし、無理やりトンガラシをねぶらせた（なめさせた）。古老によれば、これは女性を男性（ジャ）に従属させるウラの意味があるという。エントンビキの表向きの理由としては、稲作に甚大な被害を与える風の神の退散と五穀豊穣、村びとの無病息災を祈る八朔の行事であると伝えられている。現在は子供の数が減ったため、女子も参加するようになった。

村中をひとまわりすると、仲井・谷家の荒神がある裏山へ藁蛇をかつぎあげ、椎の巨木の根元にまきつけ、行事は終了する。荒神はカブの先祖を祀るとする伝承があり、土地の売買によっても祭祀がひきつがれる。たとえば城代茂樹家の前庭の垣根には荒神を祀る小祠があり、南無妙法蓮華経の札と自然石を安置する。もともと谷九左ヱ門家の屋敷地であったが、購入後も屋敷の先祖さん、土地の守り神として手厚く祀っているという。

写真13　上根のエトンビキ

②エトンビキ（舞鶴市上根）

池内川上流にある上根では、毎年九月一日の八朔の日に少年団によってエトンビキが行われる。以前は男子の行事であったが、近年子供の数が減少しているため、女子も参加する。

その由来譚としては、むかし、疫病がはやり村中が困窮することがあった。魔除けと五穀豊穣を祈って、藁蛇を毎年かついでまわると伝えられている。

大蛇の胴体は稲藁とススキ（サバイ）とキビを三つ編みにして、約三メートルの縄を綯《な》い、頭はサンダワラ二個を重ね、バランで舌をつくる。牙はトウガラシ、目玉はナスビとホウズキ、耳はビワの葉を用い、藁製の刀を口にくわえさせる。尻尾には必ず青い稲穂をまぜて綯いあげることとされている。別所とちがい、藁製の刀とフサを二本の笹竹につるし、それをかついだ子供が大蛇を先導する。下地から上地まで、約三十戸の家々を「ヨイーサ、ヨイーサ」と掛声をかけあってまわり、頭《かしら》を持った上級生が戸口に立って「ヨイヤカノウ」と祝言をのべる。お駄賃をもらい、時には「かましたげる」と言って、長命を祈り老人の頭をかむ。昔はタカノツメ（トウガラシ）を竹の先につけて振りまわし、女性を追いかけてなめさせた。全戸をまわりおえると、池内川の左岸にある山の神に参拝し、小祠の左横に藁蛇を奉納する。腐ったままの藁塚がうず高くとぐろ状に積みあげてある。二本の笹竹は山の神の両脇に立て、行事を終了する。

③アクマバライ（舞鶴市大波上）

青葉山麓の旧朝来村の大波上でも、エントンビキに類似する「アクマバライ」を、毎年九月一日に行う。当日午後、舞鶴市東公民館大波上集合所に子供たちが集合し、子供会の責任者が行列に随伴して行事を指導することになっている。

ヘビ、ジャ、リュージャと呼ぶ藁蛇を、昨年の稲藁を用いて前日までに作りあげる。全長二・三メートル（頭部三〇センチ、胴回り三五センチ、尾回り二〇センチ）の蛇体に、ビワの葉の耳、ナスビの目、アカトウガラシの牙、バランの舌、稲穂のヒゲを飾りつけてある。「フンドシ」と呼ぶシメナワ（七七センチ）を二本持って藁蛇の行列を先導し、「アークマバライヤーイ」と威勢よく掛声をあげ、下の集落から順次各戸を回る。戸口でジャに頭をかんでもらうことを「オハライ」と言い、シメナワを下半身にぶつける。シメナワにはシイラギ（ヒイラギ）の枝がさしてあり、当るとチクチクと痛いことから、子供たちはこのシメナワを「チクチクボンバ」と名づけている。「ボンバ」とは爆弾のこと。お駄賃として各家から千円とお菓子をもらい、後で配分する。以前は娘を見つけると追いかけまわし、トウガラシをなめさせた。「狐狩り候」でふれたように、その報復としてキツネガエリの際に、娘たちは若衆に向けて雪玉を投げつけるのである。「アクマ」をいっぱい付着したジャは、全戸をまわりおえると青蓮寺（禅宗）の参道口にある「大乗妙典一石一字塔」（寛政十戌年）に奉納、シメナワ二本も六台地蔵に供えることになっている。

写真14　大波上のアクマバライ

このほかに、今田・布敷は現在もこの行事を伝承しているが、岸谷は三十数年前にエントンビキを中止した。エントンビキ・エトンビキ・エイトンビキの語源は古老に訪ねても不明であるが、あるいは「干支《えと》引き」の意か。大波上の「アクマバライ」はエトンビキと内容がほぼ同じとはいえ、龍蛇退治の伝承地とは離れている。別所・今田・布敷・上根・岸谷はいずれも旧池内村に属し、池内川の流域に点在する集落である。しかし、エトンビキの民俗は池姫神社の龍蛇伝承とは直接関係があるわけではない。むしろ、八朔のタノミの節供の行事であり、全国各地にみられる藁綱の民俗である。大波上と山一つへだてた大浦半島の東海岸に位置する、福井県大飯郡高浜町日引では、毎年九月一日に気比神社の境内で八朔綱引きを行う。尾には青い稲穂を綯いこむこととされており、稲作の収穫祭の要素が認められる。エトンビキやアクマバライの藁蛇には、まるでジュゼッペ・アルチンボルドの二重映像のように野菜を用いて目や牙を形象することから、これらは稲作ばかりではなく畑作の収穫儀礼としても位置づけられよう。

藁蛇が各家を訪れて災厄を払ってくれるとする民俗は、小正月の来訪神行事に対応しており、いずれも子供組の行事となっていることから、通過儀礼の側面を有している。

エトンビキが池姫神社の龍蛇伝承とは直接関係がないとはいえ、大波上のアクマバライにしても、岡安の池ケ首や上佐波賀の蛇島の伝説が身近にあり、古来龍蛇と人間の神話的な関係が集合的無意識下に埋めこまれて、今日まで伝承行事が継承されてきたと私は考えている。藁蛇が最後には荒神や山の神の森へ奉納されるのも、龍蛇と森神の相関関係を象徴していよう。

大波上のアクマバライを先導する二本のシメナワは、注連縄の起源が雌雄の蛇の交合の形象化にあることを指摘した吉野裕子の説を補強する事例であろう。環境考古学の安田喜憲は『蛇と十字架』のなかで「私はそのお話を聞いて脳天を打ち割られる気がした。そして長い間抱いていた謎が一気に解けたのである。『しめ縄は交合している雄と雌の蛇』という、この吉野先生の教えが、私に創造への情念の炎をはげしく燃え上がらせたのである」とのべている。(16)

以前、山里の田んぼで蛇の交尾する様子を、たまたま垣間見たことがあった。蛇をクチナワとも言うが、まさしく雌雄の蛇がひとすじの縄を綯うように、植えたばかりの早苗の間を、しなやかに水面をすべるようにネッキングしながら交尾をする様は、しばらく見とれるほど美しい情景であった。もっともその代償として、「蛇の交尾を盗み見た者は三年以内に死ぬ」という、タブーを侵したものへの天罰が用意されているのだが。

もう一点、舞鶴市における藁蛇の民俗について指摘しておこう。池内水系のエントンビキであれ大波上のアクマバライであれ、八朔という本来は農耕儀礼を主とした行事でありながら、厄払いの要素も加味されており、とりわけ女性（性）への可虐的な行為が注目される。トウガラシを無理やりなめさせて男性に服従させるという男性原理の儀礼は、たぶんに性的な遊戯性もあって行事を熱狂させたと考えられるが、根底にはやはり女性をけがれた存在とする習俗の負性がひそんでいよう。大波上のアクマバライでは、ヒイラギをさしたシメナワを女性の下半身に当てて「アクマ」を払う所作にゲカレ観がよくあらわれている。

6　龍蛇退治の神話

龍蛇の退治伝承において、切断された蛇体がのちに神社の祭神として祀られるようになったという神話が、地名の由来をまじえて語られ、神社の神事芸能のなかにとりいれられている事例がある。福井県と滋賀県の県境に位置する三十三間山（八四二メートル）の周辺に点在する神社と地名の由来について、「闇見村立始並に闇見神社の発端の事」（三方町井崎井上安清家蔵）は次のように記している。少し長いが全文を引用しよう。

抑《そもそも》川上の庄上下大明神は素戔嗚尊奇稲田姫の示現也　当国の戌亥に高き峰あり　近江若州越前三ケ国にそびえて日没《ひぐ》れが嶺と名付此山の東半腹に大なる池あり（大蛇）住て年古る　在時は砂を降《ふらし》メ悪風を散ず　或時は大水山を穿ち常に黒雲峰に覆ひ　夜は波水に入りて東に渡り美濃の国の民家を悩し又は越前の海辺にや若狭の国に下り万民之災をなす　干時天皇十一代垂仁天皇の御宇午の年彼の大蛇㒾《ちまた》に於て人を悩し既に蛇国となさんとす　万民の哀み休む事なし　或時は奄然《えんぜん》として山鳴り雷の声甚し　七口の川より流るる水赤くして血と変じ常に覆所の黒雲青雲となる　尋登《のぼりたずね》て見るに老翁二人を在して曰く　汝等が恐るる処の大蛇を平げせしなり　吾等は是素戔嗚尊稲田の神なり　此の蛇は出雲の国簸の山八岐か霊魂雷気成て年降るとは雖《いえど》も　蛇気又此所に生まれ国の煩ひをなす故に二度たおして退治せしめ給ふ　然るに此剱を投げ玉ふに八尾の谷を越えて里の近き山の辺《ほと》り也岩の上に留る光る事日光の如し故に此所を岩剱の神と祭る　又一人の老婆角を取りて投げ玉ふて後に二人老人失せ給ふ　然るに震動雷電して大水山谷を崩す　彼角流走て止る処を角山と号《なず》けて角神と祭る也　大蛇退治の時に二人の老翁立給ひて私語在所を明語と号く　腹の赤い大蛇故に蛇腹の赤坂と号け　八丈幅の大蛇二段になる故に二段が原とも云ふ　蛇の頭の至る所を頭上が谷と号け　蛇の尾の尽る処を

尋ねて見給ふが故に尾見坂と号す　二人の老人失せ給ふて後見えず也故に水別れの神と祭る也　彼剱の岩の上に止る故に岩剱の神と号す　剱降りて此岩の上に留りて神となり故に降りの宮とも名付け角を投げ入給ふ川を觥《つの》下り川と号け觥落の谷と云ふ　此所より流るる故に角川と名付け　角流れ出るときに大小石を流し田野を埋む故に石田川とも号く也　退治給ふ大蛇二段に成て空へ飛上る其声雷の如し　一段は美濃の国へ落る　一段は若狭の山辺に落て闇見の神となる　是は大蛇落し時クラヤミ成し故闇見《あんけん》の神社と祭る義也　此居を勧請せし故に闇見と名付　惣而《そうじて》川の流れ七口の上故に川上と号る也　則ち出雲の国簸の川上の因縁也

江州高島郡川上庄

永代酒波社へ寄進申大般若経の事

合壱部也

右の件大船若経六百巻倉見村より永代寄進申所実正明白也　然る上は毎月十一日に倉見御祈禱可有之也　又其為御礼に川上庄の後山へ可立入申者也　然る上は此山に於て万難公事不可有候者也　此山に入候に於ては酒波大菩薩の御雑用可有時は御奉賀可有仰候者也　此上違乱の儀申輩是在者は時の公方可有御罪科者也　依而後日の為寄進状如件

康和三年八月二十三日

倉見之左近

河上庄酒波岩剱大菩薩へ参る

日本神名帳之下巻

北陸道三百五十二座之神社の内

覚

正保二年の五月三日御公儀より諸国在々へ村山国境山中の難所相改絵図認差上候様被仰付候節川上庄山内若州と山境の儀双方立合絵図面相改指上申候時の役人付

江州高島郡川上庄酒波村川上庄惣社

岩剱大明神詞宮降宮雅楽佐

酒波村庄屋　木下孫右ヱ門

深清水村庄屋　藤原市右ヱ門

梅原村庄屋　桜田三郎右ヱ門

中庄村庄屋　北河弥二右ヱ門

若州三方郡役人　増井政右ヱ門

井上吉太郎

青池清兵衛

田村五郎太夫

酒井讃岐守様

沢田八兵ヱ殿

右之通り御公儀へ差上申候に付此書に付け絵図壱通相認め郷土史家沢田八兵ヱ様へ指出し申度又若州様より川上庄の五組の地頭へも如斯別紙取送候　以上右は石書文也（大野斂の読みくだしによる）

若州の闇見神社（福井県三方郡三方町成願寺）と江州の川上庄上下大明神、すなわち上社の日置神社（滋賀県高島郡今津町酒波《さなみ》）と下社の津野神社（同北仰《きとうげ》）は、県境にそびえる三十三間山と武奈ケ嶽・荒谷山・滝谷山・箱館山山系によって相へだてられていながら、古来切っても切れない相関関係を有しており、かつては若狭の倉見から馬を引き具して川上庄上下大明神の祭礼に参加をした経緯がある。

「倉見からの祭礼参加はいつしか途絶えたが、その因縁譚として倉見側に次のような口碑がある。険しい山坂を越えての参加が難儀だったため、これを辞退することになったが、その代償として、倉見村伝来という古筆の大般若経を川上荘内へ贈り届けた。しかしそのとき一巻だけを残したので、全六百巻のうちの九九巻だけが川上荘に伝えられた。それが川上山下の古刹酒波寺（日置神社の北方約二〇〇メートル）に所蔵されている経巻だという。」と『日本の神々――神社と聖地――5　山城・近江』のなかで橋本鉄男は、「闇見村立始並闇見神社の発端の事」の歴史的な背景について言及している。(17)

その文書の前段は、すさまじい大自然の猛威を悪蛇の仕業として描写しており、神社の創建と地名の発祥の由来を説く。日置神社の祭神、素盞鳴尊と奇稲田姫にちなむ、いわゆる出雲神話の八岐の大蛇退治の異伝にほかならないが、ほぼ同じ神話が上の宮の社家布留宮家所蔵の『淡海国高島郡大江保幷河上荘旧事伝説』の冒頭に上下両社の祭神について記した「両社御縁起」にも見ることができる。それによれば、スサノヲが退治した大蛇は二つに切断され、半分は若狭へ落ちて闇見神となり、片方は美濃の不破神となったという。その由緒によって美濃国多芸郡宿村（岐阜県安八郡墨俣町）より両社の例祭には御供を献饌するのである。

7　龍蛇退治の祭り

さて、闇見神社と川上庄上下大明神に伝わる龍蛇退治の神話は、大御幣搗きと呼ばれる神事芸能として象徴化され、毎年五月五日の闇見神社の春祭りに奉納される。

「一段は若狭の山辺に落ちて闇見の神となる」と「闇見村立始並に闇見神社の発端の事」に神社の由来を記していることは先に引用した。ところが『神社明細帳』は弘化三年の大火により「書類悉ク一朝ノ煙トナシ依テ由緒未詳ト雖モ老伝言」として沙本之大闇見戸売命《さほのおおくらみとめのみこと》を主神としている。これは伴信友の『神社私考』の説をそのまま引用したものにほかならないが、邪悪な大蛇を祭神とすることを認めたくない心意が反映していよう。それはともあれ、同社は相殿に天満大神と十二座の合祀の神々を祀る古社と知られ、春の例祭を「闇見の大まつり」「天神さんの春まつり」と呼んでいる。

当屋は一区一交替制で、倉見と白屋は三年ごと、岩屋・成願寺・上野は六年ごとに奉仕をすることになっており、当日は当屋に王の舞の舞児・鉾持・神輿警護・神輿舁きが全員そろったところで当立ち（村立ち）となる。神社に着くと、参道入口の「大槻《おんげやき》」という広場で御当渡しの儀を行い、王の舞・獅子舞が奉納される。そのあと大御幣が来年の当屋番にひきつがれ、いよいよ大御幣搗きの神事が始まることになる。

この神事は、道中、「サイヤリヤー」の掛声とともに祭りの行列を先導した采配幣の根元に大御幣を納めるまで、荒縄を大御幣の四方にくくりつけ、大槻の広場から長い桜並木の参道をひきまわして過酷に何度も激しく地に打ちつけ、木端微塵に破砕するという、大変荒々しい所作が伴う。祭りには熱狂がつきものとはいえ、本来なら神がのりうつった大御幣を、このように手荒くあつかい虐待するなどということは考えられないはずである。このような民衆のオルギーをどう解釈したらいいのであろうか。少くとも近在には、このような神事は見当らない。故・渡辺正三宮司は「闇見神社例祭神事」のなかで、この神事について八岐大蛇退治の様子を再現したとする説と、氏子が一体となって氏神が領知する土地を搗き固めるという二つの説を紹介している[18]。伝承通り大蛇が祭神なら、邪悪な意志との争闘を象徴的に演出したものと考えられよう。災厄をもたらす大蛇は退治され、御霊神となって、崇敬する人民に幸福をもたらすのである。

写真15　闇見祭りの大御幣搗き

8　龍蛇と宇宙樹の構造

厳密に言えば、大蛇と龍は別の動物である。ヨーロッパとアジアでも龍蛇の概念はいささか異なる。しかし、これまで私はあえて区別せず、時には恣意的にこの言葉を用いてきた。

東西の龍蛇について書かれた著作の多くは、龍蛇の起源について必ず一章を設けて論及することを忘れない。たとえば、安田喜憲著『蛇と十字架』は「蛇から龍へ」、アジア民族造形文化研究所編『アジアの龍蛇』は「蛇と龍」、森豊著『シルクロード史考祭11・龍』は「龍の起源」、荒川紘著『龍の起源』は「日本の蛇と龍」のなかで、蛇から龍蛇へのエポックメーキングな変身について熱意をこめて解説している。ここではいちいち紹介するいとまはないが、安田喜憲はさすがに考古学者らしく、土器にえがかれた龍の図像を通して蛇から龍への転換について、「同時に弥生時代の大阪府舟橋遺跡や池上・曽根遺跡の土器には、明らかに龍と見なされる絵が描かれるようになる。銅鐸に描かれた蛇を殺す図像と、土器に新たに登場してくる龍の絵の出現は、新たな世界観の転換が語られているように思われる。」とのべている。[19] 元来、縄文以前には龍は存在しなかったが、稲作を伴って大陸から渡来してきた弥生文化とともに日本にもたらされたのであろう。とすれば、龍の伝来は文明史的なシンボルといえなくもない。

「海中または池沼中にすみ、神怪力を有するという想像上の動物。姿は巨大な爬虫類で、胴は蛇に似て剛鱗をもち、四足、角は鹿に、目は鬼に、耳は牛に似、池上では深渕・海中に潜み、時に自由に空中を飛翔して雲を起し雨を呼ぶという」(『広辞苑』)龍の姿は、荒神神楽の八岐の大蛇やエトンビキの大蛇の図像にも反映している。闇見神社の大蛇退治譚も、大蛇とはいえ角があることから、龍に相違ない。

しかし、一方こういう伝承もある。すなわち、美浜町新庄在住の民俗研究者、小林一男の亡父が語ったところによると、大蛇は一千年を経ると龍となって飛天するという。

また、先年、敦賀市長谷でダイジョコ信仰の調査中、小祠の傍の松の古木から、ある荒天の日に龍が天にのぼっていくのを見たことがある、と近くに住む寺の奄主が話してくれたこともあった。民間伝承のなかには、今も龍蛇の信仰が脈々と生き続けているのである。

さて、話題を「行くが行くが行くと」の樵の巨樹伝承と龍神の神話にもどして、この小文を閉じることにしよう。

なにはともあれ、巨木の根元に龍神の一族が住んでいたということは、いったい何を意味するのだろうか。私がはげしくこの開拓伝承にひかれるのは、この一点をおいてほかにはない。舞鶴市の神社縁起やエトンビキの民俗をはじめ、八岐の大蛇退治の神話や一奄主の飛龍の話にも、巨樹や森がつきまとう。龍蛇と巨樹は密接不可分と言ってよい。巳《み》ーさんが巣くうダイジョコ(大将軍神)のタモの木の伝承なら、あまたある。それはなぜか。敦賀市御名と美浜町山上で、ダイジョコさんと呼ばれる祖霊神が斎《いつ》くタモの木の森影から、雨の日に耳のある蛇が出てくるのを実際に見たという老人の話を聞いたこともある。このダイジョコの蛇もまた龍への変容を具現化しつつあるかのようだ。

なぜ、龍蛇と巨樹はこのようにアナロジーの親和力を発揮するのであろうか。決定的な解答を、必ずしも私はまだ見出してはいないのだが、次のような論考は想像力を大いに刺激するだろう。

たとえば、山本ひろ子は「心の御柱考——その宗教的位相をめぐって」(20)と題するすぐれた論文の末尾に、心の御柱の守護神として龍神が登場することに注目している。『御鎮座伝記』には「龍蛇・十一神各一座。為守護之神坐。」とあり、また『御鎮座本紀』に「三十六禽、十二神王、八大龍神、常《ツネ》ニ守護坐。」とされた、「心の御柱の不動性は、そのマトリックスたる磐石のみならず、八大龍王と十二神王の常住・守護という働きによって約束されていることになる。」とするのである。一方、中世には八大龍王とは別の龍神守護神があり、「磐石＝地輪説とも関わる、須弥山と結びつけた龍神説で、心の御柱＝須弥山をめぐる中心のシンボリズムが展開され」ることになる。須弥山《しゅみせん》とは「仏教の世界説で、世界の中心にそびえ立つという高山」(『広辞苑』)であり、まさしく宇宙軸にほかならない。ともあれ、世界の中心にそびえる心の御柱という宇宙軸を龍神が守護するという図像学的な構造が認められよう。

「世界樹は旧大陸と新大陸との人間の共同体が抱いた世界なるもののモデルを長期間にわたって規定してきたある普遍的な概念の具体的なイメージである。」とイワーノフ、トポローフは『宇宙樹・神話・歴史記述』のなかでのべている。(21)私たちはその宇宙樹の根元の地下世界に、邪悪な龍蛇を配した世界各地の神話を知っている。なかでも古代ゲルマン系の神話『エッダ』に登場する巨大なトネリコの木、イグドラシルとニフルヘイムの泉にすむ年へた龍蛇ニーズヘグの物語を、時には池河内の開拓伝承と重ねあわせ、ゆたかに想像力をはばたかせることもできるのである。こうして、龍蛇と宇宙樹の神話は、ウロボロスの蛇のようにめでたく終局をむかえる次第。

第三部　森の神の祭り

第一章　トビ・飛の木・富の木渡し——桂祭りと予祝儀礼

1　柳田説を問う

トビという民俗語彙は、主に年中行事と贈答行為のなかで用いられてきた。「トビの餅・トビの米」のなかで、柳田国男は贈り物の返礼の品を指す「メー」「オメ」「トシノメ」「オタメ」「オトミ」等の各地の事例をあげ、年玉を意味する「トビ」について次のように述べている(1)。

「九州では今一つ、もっと変ったものにトビといふ名がある。たとへば筑前早良郡の城原村などは、正月鋤鍬等のあらゆる農具に、この米包みを結び付ける風があって、是を年玉と謂って居る。同郡姫島などはオヒネリともトビとも謂ふのに、此村では肥前の小川島、豊後の日田などと同じに、専らトシタマと呼んで他の名は無く、一方トビと謂ふと藁こづみ、即ち東日本でいうニホ・稲村の上に、笠の様に被せてある藁製の飾り物の名だといふ。」

続けて柳田国男は同じ文章のなかで、ワラトビと「今まで述べて来たトビとが、同じ系統に属するか否かは実はやや疑わしい」としながら、ニホが今でこそ単なる藁の堆積でしかないが、古くは苅稲の貯蔵法であり、従ってワラトビも与那国のシラ同様に何か呪術上の意義があったとする。

「トビ」という民俗語彙をめぐっての柳田国男の考察は、例によって民俗事象が客観的に充分整理されておらず、記述もきわめて晦渋でまわりくどい。悪く言えば豊富な資料に足をとられて、ああでもないこうでもないと拘泥している様子がよくわかる文章であり、その分早急な結論をいそがなかったともいえるだろう。もって銘記すべきというべきかもしれない。それ故この文章から結論を引きだすのは容易ではないが、「トビ」の語源は「賜び」であり、歳神から賜わる年玉を意味する儀礼用語であるということにつきよう。「年玉といふ言語は後は分化したが、土地によってはその何れの場合にも付与せられて居る。タマは霊魂をも意味すれば又分配をも意味する。タマシヒの語義は既に不明になって居るが、タマシ又はタマスは各人の分け前を意味して居る。トビは要するに個性の承認であり、現代の語でいへば目的物の人格化であった。トビのタベル・タマハルと関係があるだけは、もう大抵まちがいは無いように思ふ。」との柳田国男の問題提起は、その後確実に継承されているとは言いがたい。筆者は若狭の予祝儀礼の調査の際に「トビツキ」という民俗語彙に出会い、それ以降関心をもってトビの調査を進めてきた。「トビツキ」とは福井県高浜町下・音海では、牛王紙につける赤土の泥のことを言い、正月十一日のツクリゾメにユルダの木（ヌルデ）で作った牛王木の割目にはさみ、早朝田畑にさす。一方、坂井郡内では半夏生や盆に作る、ササゲの豆を団子につけたものを「トビツキダンゴ」と呼ぶ事例がある。鹿児島で田植え始めの日に作る赤飯の握り飯の「トビノコ」と同じく儀礼食であるが、いずれも伝承上語源は明確ではない。

本章では滋賀県におけるトビの民俗について、多賀大社の春祭りに行われる「富の木渡し」の神事と、朽木谷の予祝儀礼を中心に考察を進めることとする。

2　トビノキの神話

『延喜式』神名帳の犬上郡七座のなかに、「多何神社二座」とある多賀大社は多賀町多賀に鎮座し、伊邪那岐命・伊邪那美命の夫婦神二神を祭神とする。（二座の祭神については異説はあるがここでは論及しない。）「岩はしる近江国犬上郡に鎮り給ひて多賀大社と奉ㇾ称は、かけ巻もかしこき伊弉諾尊にましまして、夫婦の交合を始め給ひて、国土山川を生成したまひ、恐多も、天照皇大御神の御父神㆓而、万物万民を生成し給ひ、天の下に大功徳を成し給ふ御神なり。」と「多賀大社観音院造営勧進帳」（慶応二年）にあるように、[2]伊勢皇大神宮の父母神をまつる社としてよく知られている。「お伊勢参らばお多賀に参れ、お伊勢お多賀の子でござる」と俗謡にうたわれ、近世以降の伊勢参りの流行と坊人の活動によって広く崇敬を集め、一地方の氏神から多賀講の本社として全国的な飛躍をとげた。

さて、多賀の神が現社地の大森にどのように降臨したのか、『多賀大社儀軌』巻四の「杉坂之神木事」には次のような縁起が記されている。[3]

「むかし伊弉諾尊天地をひらきたまひしよりこのかた、淡路の州にて世の中にあるとあらゆる物のことは《（わ）》さをもなし、つくり事すてにをはりてのち、幽宮にすミたまはんとて、それよりして老翁のすかたとなりて、このところに影響《(向)》ならせ給ふ境節、山人畑をうちてありけるか、此老翁のやつれたちたまふ御貌をみていたはり申、粟の飯を柏葉をきよめこれに乗てまい《(ゐ)》らせける。伊佐奈喜尊山人かこころさし、慈悲心をかんしおほしめして、粟の飯をうけきこし召ける御箸を、すなはちそのところにさしを《(お)》かれ給ふ。このかた御はし生長して矛杉となる。いまの杉坂の神木是也。」

続けて『儀軌』は「栗栖之社事」のなかで「伊弉諾尊杉坂より下り麓に至り給けるか、山路につかれたまひて、くるしやとおほせられけるとて、それより村の名をも苦栖とハいひつたへたりと也。すこ《(と)》しとは五音相通なれハ也。後には文字をも書替て栗栖と云なり。此所に宮つくりましましてしはしやすらひ給て、それより多賀に移りたまふと也。去程に四月祭礼の時にハ、この所を御旅ところとして神輿をなし奉る事此所謂也、云々。霜月神事も是にてまつる也。」と降臨の次第を述べている。

この多賀神影向の光景はなかなか感動的である。万物を生みつくし疲労困憊して、息たえだえに淡路島から隠棲の幽宮を求めて近江の犬上にたどりついた大神が、畑仕事をしていた山人にいたわられる故事は、いわゆる箸立て杉（ヨウジ杉）の伝説の類話であり、杉坂と栗栖の地名伝承ともなっている。山人がイザナギにさしあげた粟の飯は、今でも多賀大社の神饌とされており、杉の箸とともに焼畑の農耕儀礼としても注目される。

多賀の森から東方の鈴鹿山脈の一角を望むと、霊仙山（一〇八四メートル）と御池岳（一二四一メートル）の間のやや低い山並をこえて、犬上から養老へとぬける杉坂峠の山頂にそびえる箸杉が見える。峠の県境には杉という集落があり、滋賀県側の古道の登り口には、多賀大社の奥宮とされる調宮《ととのみや》をま

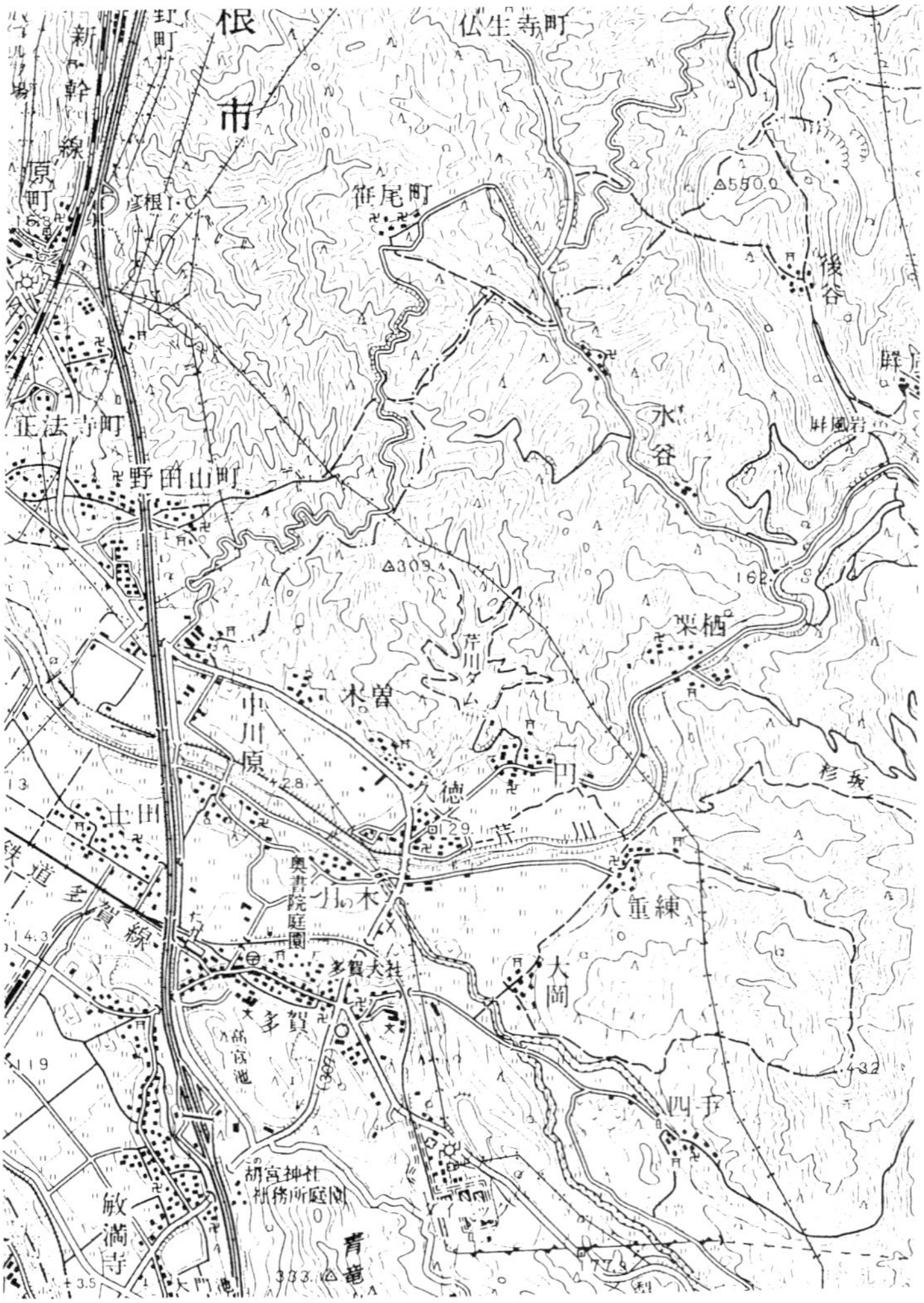

地図３　**多賀大社周辺**　国土地理院　１：50000

つる栗栖《くるす》の里がある。

ところで、「儀軌」が伝える多賀神の神話には、なぜか四月の古例大祭の神事にまつわる重大な伝承が欠落しており、他の史料にも記録されていない。本稿のテーマであるトビの伝承が由来譚としては出てこないのである。

先ずは栗栖に伝わる多賀神影向の伝説を述べよう。山中貫一郎（明治三十七年生）の話によれば、「大昔のこと、イザナギの大神が三重の方から山越えをして杉坂の峠までたどりつかれた。大神は腹をすかしておられ、いまにも倒れそうだったので、山仕事をしていた栗栖村の山ノ助という里人が粟の飯をさしあげた。大神は大変よろこばれ杉の箸を記念のしるしにさしたところ、やがて天をつくような大杉になった。山ノ助が栗栖の話をすると、大神は峠からひととびに村へと飛んで降りられた。大神が降臨されたところをトビノキと言い、宮跡ともされている。一説には大神が栗栖へ降臨されたしるしにトビノキをさしたともいう。山ノ助の屋敷跡と伝える場所は峠の登り口にあるが、子孫の行方はわからない」[4]という。

伝説にいうトビノキは、調宮から約一〇〇メートルばかりはなれた東南の谷間に、三本の桂の木が生えており、みだりに立ち入らぬよう垣をめぐらしてある。多賀町役場所蔵の地籍図によると、大字栗栖字飛の木一七四～二五三号は芹川左岸にある調宮の所在地一帯を含む土地で、「森の木」と誤記されている。なお「滋賀県地名大辞典」（角川書店刊）の小字一覧には「飛《ヒ》の木」とあるが、むろん「トビノキ」の誤読である。芹川の清流にかかる橋を村びとは「とびのきばし」と呼ぶ。

写真 16 桂家で用意されるトビノキ

トビノキと呼ばれる桂の小枝が、なぜ重視されるかというと、春の古例大祭の神事においてシンボリックな役目を与えられているからである。馬頭人祭とも呼ばれる四月中午日の四月御神事のフィナーレを飾る「富の木渡し」の「富の木」こそ、このトビノキに他ならない。以下、「富の木渡し」にいたる神事の次第を簡記しよう。

多賀大社の奥宮とされる栗栖の調宮神社には、古来トビノキの守役をつとめる桂家と、古例祭の神饌を準備する膳部家（旧姓田中）の二つの祭祀組織がある。このうち桂家は、多賀神が栗栖に滞在された折、桂家の先祖が大神の世話をしたとされ、毎年一月七日に当番を選び、祭りの前日にトビノキを切り出して、尼子の打籠《うちごめ》の馬場で行われる富の木渡しにのぞむ。桂家はもと十戸あったが、その後退転して、現在、桂条右ヱ門・桂善兵衛・桂小兵衛・桂治兵衛・桂兵四郎・桂三喜屋の六戸が輪番制で当番をつとめることになっている。

桂一族には同族関係はなく、もともと桂の名字もなかったが、明治時代に多賀大社の意向によって桂姓になったといわれている。例えば桂善兵衛家は以前は西村姓を名のっていた。当番の家には講箱と祭礼に着用する装束、県知事から贈られた木杯が伝えられており、講箱の中には「本社再建寄進帳」（明治二年）、「桂家ニ対スル帳簿」などの講帳が保管されているが、古い文書は見当らない。寄進帳には「桂講」の表書があり、「多賀大社御旅所　宮守桂宮門」名の趣意書がある。掛軸には桂家の由来が次のように記されている。

「多賀の宮四月古例祭には神輿を奉じ威儀を整へて調宮に神幸あり桂の枝を受けて冠に挿し打籠の馬場に到る此の時都恵賓台国府君の神事を終へたる頭人の列と会し宮司より頭人に桂の枝を渡すの儀あり之を富の木渡しの行事といふ茲に於て再び列次を整えて社頭に還御あり夕日の神事を以て威儀を了す蓋し桂の木を富の木というはもと飛の木の意にして多賀の大神杉坂より飛び降りて此の木に憑り給ふを神籬として栗栖に祀り調宮とはいふ也。

桂家というは其の昔より此の神木を護り連綿として今も変ることなく古例祭には富の木を宮司に勧むる神役を勧め当社とは離るべからざる家なり尊きかも桂家の由来や

紀元二千六百年十月　官幣大社多賀神社宮司金原利道書」

この由来書について「桂家ニ対スル帳簿」には、「当村多賀神社宮司金原利道殿ニ依頼シ是ソ書写サル依テ壱軸ヲ作製シ桂家順番是ヲ掛ケル事ト為ス　昭和拾七年度より始まり」と経緯が略記されている。皇紀二千六百年は昭和十六年に当り、太平洋戦争へとなだれこんでいく暗い時代に、この桂家の由来書はどのような意味をもちえたか興味深いが、筆者には「尊きかも桂家の由来や」の詠嘆の他は意外にも淡々と伝承を述べているように思われた。

さて前日までに、多賀大社から次のような「富ノ木目録」が納められた木箱が栗栖村へ届けられる。

富ノ木目録

神輿一
鳳輦一
こどもみこし二
神馬一
御劔一
　予備四
宮司一　太刀持一
権宮司一　祢宜権祢宜四
随身六
馬頭人一　健児一
御使殿一　健児一
責任役員三　多賀講供奉者五
豊年講供奉者二　養蚕奉賛会三
桂膳部家代表二　神大工一
　予備七
計　大一〇
小四〇　以上

合計五〇本の桂の小枝が、毎年桂家の当番によって飛の木から切りだされる。以前は桂の古木が生えていたが先年枯死し、傍に植樹した若木が三本どうにかトビノキの面目を保っている。毎年根元の方から若枝を切り、しかも谷間の日陰地のため上へ上へとのびるので、富の木を用立てるのは至難になっているという。富の木は桂家以外の者は一指たりともふれることはできないとされている。現在、このタブーはゆるくなっており、祭礼の前日の午後に調宮の宮役の十八人衆が切りそろえ、大小の富の木に分け、三宝にのせて神前に供えておく。

本殿祭にひき続いて多賀大社の拝殿前庭で神幸の儀が行われたあと、午前十時半頃に神輿と鳳輦を中心に列次をととのえて大社を出立、約四キロメートル離れた芹川中流の栗栖の調宮へと渡御が行われる。馬を仕立て、雅やかな装束を着飾った長蛇の行列は、まるで王朝文化を再現するかのように、春たけなわの野辺の道を一路お旅所へと向う。調宮に着御の後、御旅所の儀が行われ、富の木を神饌とともに献供し、「富ノ木目録」の通り紙に包まれた桂の小枝を各自が冠にさす。

一方、四月の古例大祭に選ばれた馬頭人と御使殿の二人の頭人は、本殿祭の後、神輿の前で御使殿、馬頭人の順に口牽式が行われ、犬上川東岸の彦根市竹ケ鼻町にある都恵《つえ》神社と対岸の犬方町にある国府君《こうのき》神社に参向し、両社において御幣合式を行う。紅白の御幣を奉持した両者が互いに向いあって御幣を合せる神事である。

調宮を還御した一行と御使殿・馬頭人の行列は再度大社前で合流し、午後二時頃、尼子にある打籠の馬場へと渡御を行う。祖母社と揖取社の境内で御旅所の儀が行われた後、いよいよ打籠の馬場での富の木渡しにのぞむこととなる。

　平成三年に当社が作製し配布した「古例大祭次第」の「富の木渡式（午後三時）」には、「桂家代表、宮司に富ノ木をすすむ。宮司御使殿に富ノ木を授く。桂家代表、宮司に富ノ木をすすむ。宮司馬頭人に富ノ木を授く」との説明がある。儀式というものは単調であればあるほど厳粛なものであるが、富の木渡しもご多分にもれず、礼装して威儀を正した神役が馬上でトビノキをやりとりする他は特異なものは何もない。御旅所前の打籠の馬場の中央に設営された斎場の、上手に宮司と桂家の当番、下手に御使殿と馬頭人がそれぞれ馬上で向いあい、桂家から宮司へと富の木をはさんだ竹竿がさしのべられる。宮司はこれを受けとり、先ずは御使殿に富の木を渡す。次いで同様にして馬頭人に富の木が渡され、御使殿と馬頭人は馬上で富の木を冠にさしてめでたく儀式が完了する。

　御使殿と馬頭人は調宮には渡御をしないため、この富の木渡しが行われることになっているが、桂家の伝承では富の木を授けられないと頭人とはいえないとされている。いわば桂の小枝を冠にさしてはじめて頭人としての任務を全うすることができる。あえて唐突なことを言うなら、富の木はまさしく「金枝」であり、頭人はネミの森の祭司王、森の王と言っていい。富の木には再生の強力な呪力が秘められているが、残念なことには都市化した祭事の演出の積みかさねによって、今では桂の小枝にこめられた呪力の意味が忘れ去られてしまった。

　また不思議なことに、「多賀大社叢書」をつぶさに調べてみても「富の木渡し」がなぜか不当に扱われている、と筆者には思われる。例えば「多賀大社一年中御神事」「多賀大社年中行事下行之覚」

「年中行事」「多賀大社儀軌」などの神事の記録には一行の記述も見られない。「年中行事」には「同御輿之御前ヲ馬頭御使有。両渡リヲ渡シ済。口ヲ取(合)。」、また「多賀大社儀軌」巻九の「四月　日中午日」の項には「濱台之河原にて両頭人出合御幣をあわせ、それより打込の馬場に至り、神輿の供奉いたす。行列の次第」とあり、桂家の役目も富の木渡しの神事も一切記されてはいないのである。

ただわずかに「諸家編」に次の記事がある。

「馬頭人方惣而相渡ス。馬頭人罷出候ハヽ三ノ祢キゟトヒ（乙本内本とも『富』）ノ木相渡ス事。」（「御祭礼御当日出役手扣」万延元年六月八日）[5]

「夫より禰宜衆富ノ木ヲ以腰ニ御指ニ成下、御奉行様渡リ拝見致シ」（「多賀御神事記」弘化二年）

「然ハ御輿御迎イと見へて頭人之前まで御出あると、禰宜富之木枝を頭人之腰ニさされ候。」（「多賀御神事諸式扣帳」弘化五年二月）[6]

「多賀大社儀軌」は安永四年（一七七六）写、「年中行事」は天明三年（一七八四）の文献であり、史料によるかぎり十八世紀にはまだ富の木渡しは儀礼には組みこまれてはおらず、「多賀御神事記」が成立した弘化二年（一八四六）の頃に神事として定着したといえなくもない。また「多賀御神事記」「多賀御神事諸式扣帳」とも、富の木を腰にさすとしており、現行の冠にさす所作と相違している。しかしこれらの記録上の差異は、所詮記述者の個性の反映でしかない。文献資料の欠落を補い、儀礼の始原を解明するためには、やはり民俗行事のなかに広く類似の事象をさがし求めるしかあるまい。よって以下に、滋賀県における桂祭りと予祝儀礼の考察を通して、多賀大社の富の木渡しを究明してみよう。

3　トビと桂祭り

多賀神の降臨の跡をとどめるという、栗栖の調宮の「飛の木」が、杉や松、タブ・榊などの一般的な神木ではなく桂の木であることから、琵琶湖の対岸の朽木谷で今も行われているトビと桂祭りの民俗を考えることによって、儀礼の象徴的な意味が深く浮びあがってこよう。

朽木谷（滋賀県高島郡朽木村）の、丹波高地と比良山地にはさまれた安曇川水系の峡谷沿いに、農業と山林業を営む山棲みの集落が過疎の波にさらされながら点在する。谷間をぬう細道は、かつては鯖街道と呼ばれ、若狭と京都をつなぐ交易の道として開けた。そのためか渓流沿いに見え隠れする村々には、今も古い伝承文化がうけつがれている。

先ずはトビについて述べよう。下古川の中村げん（明治三十七年生）の話によれば、元日の総祭りの時に杉の穂を束ねた「トミ」を二束もらってきて、稲種をまく時に苗代の水口にさす。豊作を祈る行事で、トミを受けてくることを「お米をもらってくる」と言い、杉の花を米、実を豆と呼んでいる。十二月二十日頃に、マワリカンヌシ（神殿《こうどん》）が広田神社の神木の杉の枝を切り、半紙に包んで水引きでゆわえる。この行事を「トミオロシ」と呼ぶ。

下古川のトミは二〇年前に廃止されたままになっているが、隣村の村井では今でも「トミマキ」

（トンマキ）が行われている。宮川繁一（明治三十七年生）と玉垣喜久次郎（大正四年生）によると、一月十九日の厄神祭に参拝してトミをもらい受け、「穂のそろうた稲が育つように」豊作を祈って苗代の水口にさす。近年急速に稲作の機械化が進み、水苗代が行われないため、トミを厄除けとして神棚に飾っておく家も多い。厄神社は氏神の八幡神社の隣にあり、前日八時頃にドウコウゾンとその親類が集まりソウブシンを行う。ドウコウゾンは八幡神社のコウゾンを二年間つとめたあと就任する宮役である。境内の杉の木から「トミオロシ」をした杉の穂先を半紙でくるんで束ね、ゴクを作る。氏子以外にも近在から厄神参りに訪れる人が多いため、トミは二〇〇束準備しておく。

下古川と村井は安曇川中流沿岸の平地の集落であるが、上流の北川と針畑川沿いの山村にもトビを用いる儀礼が見られる。

北川渓谷は雲洞谷《うとう》と呼ばれ、谷所・家一《えべっ》・立戸・犬丸・上村・能家《のうげ》などの小集落が点在する。隣りの犬丸から家一に移住してきた岡本要吉（大正十年生）の話では、元日の総参りの折、氏神日吉神社へダンゴウマイと呼ぶ一升の米を持参し、そのタメとして「トビヒ」（またはトビ）と言う杉の穂を一束もらい受け、神棚に供えておいてタネフセの時に、苗代の水口にさした。トビヒは稲の穂になぞらえたもので、「このトビヒは実りがよい。稲の性のよいツブがそろた実がなりますように。」と豊作を祈る。ゾンザラな穂のそろわないものは不作だという。水口にトビヒをさす際に、イリゴメをその上に供え、そのあと子供のおやつにした。「トビオトシ」は正月前にコウゾンさんが行う。

北川渓谷の上流にある能家では、トビは神主が正月前に杉の穂を藁で束ね、山神神社に初詣での折

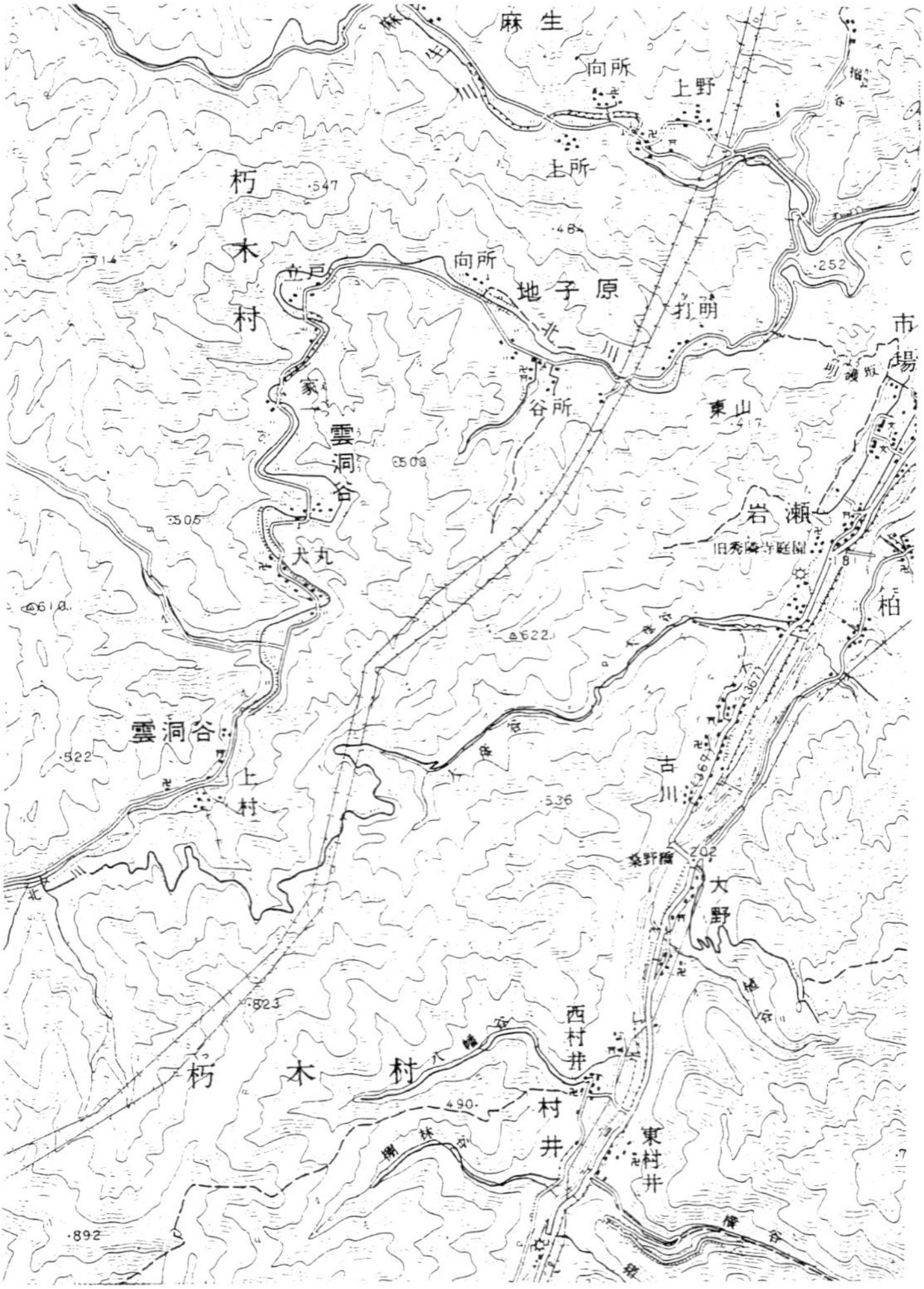

地図 4　朽木村周辺　国土地理院　1：50000

に二束ずつ氏子に配る。受けてきたトビは一月十一日のツナウチの日に、苗代田にさして一升枡に米と鏡餅を供え、「稲の穂がよくなるように」と祈ってミツグワで田をおこす。

安曇川上流の針畑川に沿って、小入谷・生杉・中牧・古屋・桑原・平良・小川の集落があり、京都府に隣接したこれらの渓谷の村々でも、かつてトビを用いる儀礼が行われていた。小入谷の田中ます(明治四十三年生)は下流の桑原から嫁に来たが、六〇年ほど以前、嫁に来たての頃に、義父が杉の実(ツボ・ツブ)を三本か、またはゲンの良い木とされる桂の枝を苗代の水口にさし、お神酒をそそいで豊作を祈願していたのを覚えている。神武天皇が生れたという四月三日のジンムさんの日は農作業の吉日で、この日モミマキを行った。しかしトビという言葉は覚えていない。桑原では元日に蛭神社から受けてくる杉の穂を「トビ」と言い、神主(コウゾノ)が準備をした。トビは二日のクワハジメ(シゾメ・ヤマゾメ)に苗代の水口にさし、豊作を祈ったと森本寅男(大正十五年生)は語っている。また後述するが、平良ではカツラマツリの桂の枝を「トビ」とも言った。

4　トビと予祝儀礼

手折れば気高い香気を放つみずみずしい桂の若枝を、季語に「山笑ふ」と詠まれる万緑の山地から迎えてきて神事に用いる習俗は、有名な上下賀茂神社の葵祭りをはじめ松尾大社・稲荷大社・日吉大社・建部大社・小野神社・長等神社など、湖南から京都府下にかけてよく見られる。これらの都市の神社の桂祭りについては稿を改めて論究するが、これから述べる後背地の朽木谷のカツラマツリと呼ばれる予祝儀礼をぬきにして、おそらくは王城の都市の祭礼習俗を語ることはできない。（話者は前章に同じ）

今も厄神祭りにトミマキをする村井では、四月二十九日と五月十一日に八幡神社でカツラマツリが行われる。老若二人の神主（以前は四人）が背たけほどの桂の枝を二束ずつ肩にかたね、八幡神社・毘沙門天・重鎮社の三社の社殿を太鼓にあわせて右回りに三回、即ち九回「ヨイッショ、ヨイッショ」と掛声をかけあって回る。鳥居の笠木に桂が用いられているのでそれを祝ったためともいい、合計六束の桂の枝は、神事後各戸に配られて、「豆の枝がはって収穫のよいように」「よい麻がとれるように」との祈願をこめ、七味の御供をそなえて枝ぶりがよくて伸長した桂の枝を一本畑にさす。五月十一日は「チャマイのご祈禱」とも言い、「茶の葉の新芽がよくはるように」「麻があんじょうのびるように」と祈った。現在、畑作儀礼として注目されるこの神事は行われていない。

雲洞谷の入口にあたる地子原《じしばら》では、五月十日の日吉神社の春祭りに、桂の枝三本を束ねたものを二束もらい受けてきて苗代の水口にさす。「地子原集落氏神日吉神社神主宮仕業」には、春祭りの項に「カツラの葉（小枝つき）一戸当り二束」とある。枝は神主（コウドー）が前日近くの山から迎えてくる。社殿の右側には桂の木があるが大木ではない。また犬丸・上村では五月十日の日吉神社の春祭りに桂の枝のシデを一本受けてきて、サビラキの日に川石を一個ゆわえて苗代にさした。大宮・十禅二人のコーゾンさんが前日カツラオトシをし、若衆が束ねる。桂は通称中畑とドノマイバラにある。桂の小枝を人によっては「トビ」とも言ったという。

能家の山神神社の春祭り（五月十日から子供の日に変更）にも、桂の枝が氏子に配られた。稲の穂がよくみのるように苗代に立て、神輿のカツギ手やコーゾンが首のうしろにさした。社殿の左後に桂の巨木があり、コーゾンが前日束ねることになっていた。

針畑川沿いの古屋では、坂本静江（明治四十三年生）の話によれば、四月三日のジンムさんの日のあとさきにタネオロシを行い、六月二十日の大宮大明神（日吉）の春祭りに桂の枝をもらってきて「ええ稲が育つように」田の水口にさした。隣りの桑畑でも、五月の節句に蛭子《えびす》神社へ女がチマキを供え、桂の枝を一本受けてきてミズタ（水苗代）にさしカツラマツリを行った。

平良ではカツラマツリともウママツリとも呼び、春秋二回のウママツリが行われた。大森新一（明治四十一年生）と久保多根夫（大正十二年生）によれば、五月九日前後の春のウママツリ（カツラマツリ）には、思子淵《しこぶち》神社の神主が桂の枝を六把用意し、ウドの根っこをそえて神前に供えたあと、氏子に一本ずつ分配し、五穀豊穣を祈って苗代の水口にさしたという。秋のウママツリにはカブラを供えることとされていた。桂は出世木とされ、一番先に芽立つため斎いこんだもので、縁起をかついで子供の頭にもさした。また桂の枝をトビとも言い、テンとシンの夫婦がそろうものを吉兆とした。

このように朽木村のほとんどの集落で、カツラマツリが春祭りの前後に行われていたが、水苗代から温床苗代へと育苗技術の進展によって田植えの時期が早まり、カツラマツリが形骸化してやがては廃止となったものが多く、現在地子原でのみ継続されている。なお、荒川や宮前坊の春祭りには、桂の枝が何本も社殿の柱に飾られ、なかなか壮観である。

5　オコナイと水口祭り

以上の通り朽木谷におけるトビの儀礼とカツラマツリは、言うまでもなく農耕の予祝儀礼に他ならない。能家や桑原では年頭のクワハジメにトビを苗代田にさし、他の集落では、いわゆる水口祭りにトビと桂が用いられている。朽木谷では予祝儀礼がこのように重複して行われていた。

例えば麻生谷の上野では、正月のはじめとおわりの午の日に若宮神社でオコナイが行われ、若衆が宝珠の形をした朱印にソフ（赤土）をつけて半紙に捺し、ウツギ二本とヤナギ二本の先を三つ割にしてはさみ、氏子に配った。ウツギは米の豊作を祈って四月中旬に苗代の水口にさす。ヤナギは大麻の予祝に用いられた。これらは県下のオコナイで作られるゴーさん（牛玉）と同じ祝棒であるが、麻生谷では牛玉《ごおう》宝印の刷物は各家の神棚に祀ることになっている。地子原でも一月三日に牛玉書き祈禱が行われる。長寿寺の和尚が赤泥汁を用いて「牛玉大宮宝印」「牛玉十善神宝印」とミノガミに書いたものをもらって来て、ハツトラの日に神棚にハリゾメを行う。一方、犬丸や岩瀬、朽木村に隣接する今津町保坂、途中では、大根の豊作を祈る削り掛けも作られた。犬丸では「ダイコン」とも「シコクバイ」とも言い、ユルダの木（ヌルデ）を削って鶴・亀・松・竹・梅・枡・鍵の絵を画き、床の間に祀る。この祝棒は十四日の年越しに行われる「イワイマショ」（戸祝い）に用いられ、子供たちが、

「祝いましょ。かどにはかどくら、せどにはせどくら、中には不動の宝蔵。厩の隅には、三才仔牛をつながはれヤア。よい嫁もらはるように、ストトントン」ととなえて各家の戸をたたいて回る。

このように稲作の予祝儀礼と、麻・豆・茶・大根などの畑作の予祝儀礼が、混淆して年中行事のなかに組み込まれているのが注目される。焼畑から常畑、水田稲作へと移行する農耕儀礼のなかで、朽木谷の予祝儀礼はどのように位置づけられるかは今後の課題であろう。

では、再び多賀大社の富の木渡しにテーマを戻そう。結論を先に述べれば、朽木谷で行われるトビとカツラマツリの予祝儀礼は、いわば富の木渡しの原形に他ならないということである。残念ながらトビノキを用意する栗栖の集落が、早く浄土真宗に宗旨替えをしており、民俗行事は伝承されていない。従って朽木谷に見られるようなトビや桂の小枝を用いた予祝儀礼は見られない。頭人のシンボルとして冠にさされたトビの小枝は、帰宅後神棚に祀られ決して粗末には扱わないが、農耕儀礼とは全く無縁になっている。

しかし、かつては多賀大社でもオコナイが修され、牛玉宝印のお札が配られたことは、次の文献に明らかである。[7]

十六日

一日向大明神ノヲ《オ》コナイ《ヒ》雑用　米壹石

十七日

一牛玉修法結願祝能大夫以下役人之銀雑用米貳拾石（「多賀大社年中行事下行之覚」）

また、「年中行事」には「牛玉そうに香水　不動院ヨリ遣ス」などの記事が見られ、多賀大社や別当の不動院より新春の嘉例として、牛玉札守が織田信長・備前守・徳川家康・豊臣秀吉等の戦国の武将に贈られたことが書状に記されている。(8) 敏満寺では今でも一月二〇日に胡宮神社で祈禱講が行われ、ゴオウギが四本氏子に配られる。ゴオウギは柳の枝を用い、多賀大社と胡宮神社の神札をまいてある。神棚に祀っておき、豊作を祈って苗代の水口に、ツツジ・水仙・チューリップ・ヤマブキ・イボタ・キンセンカ・ショーブなどの春の花をそえてさす。まぎれもなく祈禱講はオコナイであり、苗代の水口に牛玉木をさすのは予祝儀礼としての水口祭りに他ならない。「廿日行　牛玉加持拝殿而ニ　宝印ヲ導師ヨリ請取」と「胡宮年中行事」にある。

御使殿と馬頭人によって御幣合せの儀が行われる都恵神社と国府君神社も、正体のつかめない神社である。「江州犬上郡都恵神社根元記・同由緒記」には「後ニコノ天皇ヲ祭テ国府《コウノキ》大明神ト持統天皇ヨリ勅謚アリ」とあるが、この神社は江ノ木・鴻ノ木・高ノ木とも宛字されるように、もともとは牛玉の木ではなかったか。牛玉杖が根付いたというゴオウノキ（牛玉の木の森）の伝説は各地に見られる。いずれも岐　神《ふなとのかみ》であり、もとより民俗神である。

朽木谷のカツラマツリがウママツリとも呼ばれることは先述したが、多賀大社の古例大祭も官幣大社列格以前は四月中午日が当てられ、かつては六月会も霜月祭も中午日に行われた。カツラマツリは陰暦五月の午の月の神事である。祭日については、今後陰陽道の研究によって深く解明されることが期待される。

6　トビの力

さて、最後に柳田国男の問題提起に立ちかえって、トビとは何なのかについて少し整理をしておこう。

高浜町下と音海では、牛玉紙に赤土をつけることを「トビツキ」と呼ぶことは先述したが、五条市の北山・丹原では一月二日の初山の儀礼を「トビヒキ」と言い、近くの山からバベ・クヌギ・カシなどの柴を一荷刈って来て、カドにすえ、餅二つ、カチグリ・カヤ・ミカン・クシガキを包んだオヒネリを供えて山の神を祀った。「奈良県史・民俗（上）」には、雄松と薄の穂を薪一荷にさして持ち帰り、苗代始めにゴさんと花をそえて水口にさす事例が出ている。子の日の小松引きに例えて説かれる儀礼である。

岡山県新見市唐松の国司神社は陰暦正月の亥の日と土用の丑の日に祭りが営まれ、正月のかいごもり祭りには氏子に「トビシバ」が配られる。トビシバは種籾を紙に包んで榊の枝にゆわえてあり、苗代田に立てると凶作にあわないとされている。新井恒易は「トビシバはあるいは富柴のようであり、そのもとは牛玉にあったのであろう」と述べている(9)。

トビを稲の美称の富草とする説は、「トビノキは言うまでもなく稲田のこと」とする多賀大社の桜井勝之進宮司の説(10)に代表され、柳田の賜び＝年玉説と対立する。とはいえ、当社の御田植祭の田歌に

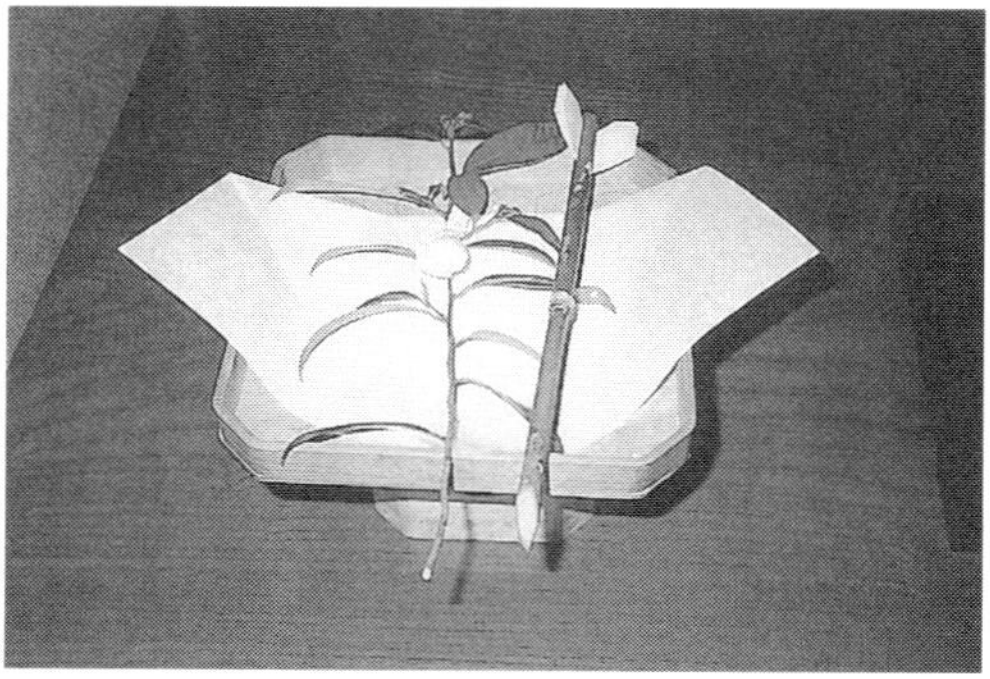

写真 17　かいごもり祭のトビシバ

は「ゑちせんのとみの　ちゃうしゃをゑの葉をもってまゐらふ　まいらしゃう　あの田に　おふるとみ草の　はをつみつみいれて　宮へまいらふ」とあり、神主が「水口に幣串を立て御酒を供して祭也」と「儀軌」に出ているが、この幣串は桂ではない。

むろん「トミ」が稲の美称であることには異論はない。「や　とみくさのはなや　やすらい花や」とうたわれる寂蓮法師のやすらい唱歌は、稲の花が咲きそろわぬうちに桜の花が散ってしまわないようにとの祈りがこめられているという説もある。

また若狭彦神社の「詔戸次第」には「富《とび》の使《つかひ》」「富《とみ》の尾《を》の富柴《とびしば》」なる語があり、青木紀元は「神への捧げ物の霊木の名」とする訓解を述べている。[11]「トビシバ」が稲作の予祝儀礼に用いられたことは先述した。朽木谷では「トミ」も「トビ」も発音上の差異にすぎないことは、トビを考察するうえで有力な資料となろう。

ただ筆者としては柳田説にもひかれるものがあり、トビの語源に早急な結論を下したくはない。占有標を意味するトビサや万葉集にあるトブサタテの儀礼をも射程に入れて熟考したいとの思いがある。トビと呼ばれる桂の小枝は、文化人類学の知見を借りて言えば「この枝または木は一般的生育の精霊と考えられている樹木の精霊を表わし、植物を生かしてみのらせる力はこうして特に麦の上に与え」

る「五月の樹」「五月の小枝」に他ならない(12)（ジェームス・フレーザー）。「すべて存在するもの、すべて生きているもの、創造力あるもの、絶えざる再生の状態にあるものは、みずから植物のシンボルとしてあらわれる」のであり、「多くの植物儀礼は、全人類が植物界の復活に積極的に参加することによって再生されるとの思想を暗に意味している」とミルチア・エリアーデは『大地・農耕・女性』のなかで述べている(13)。しかし「植物がそれをみずから以外の、何物かをあらわす限りにおいて——一つの神的なものとなる——すなわち聖性を体現し且つ示す——との思想に立ち戻るのである。いかなる木、いかなる植物も一つの木、一つの植物として単純に聖なのではない。それらにある超越的実在にあずかるゆえに聖となるのであり、またそれらが超越的実在をあらわすゆえに聖なのである」とする考えには筆者は決して与《くみ》しない。

なぜならアニミズムにまでさかのぼって一本の木、一本の小枝に向きあえば、その木はエリアーデの言葉を借りれば超越的実在そのものなのであり、決して一時的に神が宿る神籬などではなかった。錯誤をかさねた筆者の見解はまだ仮説の域を出てはいないが、安直な依代論に反省をせまるものである。トビはいわばマナ（霊力）そのものに他ならない。

第二章　シバの精霊

1　「刈敷考」の提言に立って

農耕儀礼をはじめとする日本の歳時習俗において、シバがどのように用いられているかということを考える場合、故・坪井洋文が第三十二回日本民俗学会年会（昭和五十五年十月、石川県立社会教育センター）において発表した「刈敷考《かりしきこう》――日本人の農耕観」と題する研究を私は忘れることができない。

その後、このテーマはどのように深められ論究されたか。『国立歴史民俗博物館研究報告第二十一集・坪井洋文教授追悼号』の「坪井洋文著作目録」（作成・上野和男）を見ても「刈敷考」と題した論考は見当たらない。ただ第三十二回年会が開催された一九八〇年（昭和五十五年）の頃には「畑作民と稲作民の再生原理」（『無限大』第五〇号、日本ＩＢＭ刊）と題する論文が出ており、上野和男の話によれば岐阜県吉城郡上宝村のタタカリと呼ばれる刈敷作業が論じられているとのことだが、まだ読んではいない。その後、坪井は日本民俗文化大系第二巻『太陽と月――古代人の宇宙観と死生観』（昭和五十八年、小学館刊）の第七章を担当して「日本人の再生観――稲作農耕民と畑作農耕民の再生原理」を執筆し、「畑作農耕民の再生観」の中で刈敷を再生儀礼として位置づけている。刈敷は坪井洋文の民俗学において最晩年を彩る重要な命題たりえたが、残念ながら、ご存じのように業半ばにして氏は他界された。無念というほかはない。

とまれ、先ずは何が問題提起されたのか、発表要旨の全文を次に引く。

「水田稲作の技術のひとつとして、春に山から若木の枝や草を刈り採ってきて、水田の土の中に埋めこむ作業がある。この刈敷は肥培技術のひとつと考えられてきたが、その技術は畑作農耕と一致するものと考えられる。すなわち、刈敷は水田稲作独自の技術ではなく、畑作農耕を拡大応用したものである。

次に、水田稲作儀礼と位置づけられてきた儀礼、例えば初山入りや田の神迎えなどは稲作独自の儀礼として成立したものではなく、畑作儀礼の拡大したものとしてとらえることにより、これまでの稲作儀礼を類型化できる可能性が出てくると考えられる。

最後に、水田稲作類型独自と畑作類型独自とを対比させることにより、日本人の農耕観とは何かを分析、抽出してみたい。」

この要旨だけでは何が結論として導き出されたか、必ずしも論旨が明確ではないが、私の記憶では刈敷は決して肥培技術ではなく、山の守護霊を畑や田に移すための再生儀礼であると説かれたように思う。「刈敷が山という大地母からの『新しい生命の注入または補強』という、まさに大地の再生を目的とするにあったと仮定できる可能性が生まれてくるからである。」と「日本人の再生観」の中で述べているとおりである。

また、上宝村の一宝水地区のヤマハジメのワカギキリを「山仕事の初めとみることもできようが、私はいちおう、刈敷の予祝儀礼と仮定してみたい」と注目すべき言及をしている。「非稲作村落にみられた山入りの儀礼は、決して山の神を里に迎えて田の神として祭るといった性格のものではないと考えるからである。」というのである。この視座からツクテッパ（堆肥置場）の上に正月十四日の年取りの日にアワボヒエボを立てる儀礼が注目される。「ここにその年に豊作になってほしいと願うアワやヒエの豊穣模造物を立てるということは、単なるもののすさびではない。まさに、それらの作物の成長の力の源と意識されていたからである。」

九州では刈敷はヤシナイと呼ばれることから、門松に宿る歳神への供物へと類推して、「門松もことによったら、刈敷の予祝物であったとみることもできる」と述べている。秩父市の秩父神社の田遊びには刈敷の所作が演じられるとして、山入りや初田打ちをも「山の神を田へお迎えする行事と解釈されてきた行事であるが、この民俗学の常識を疑ってみるなら、それは厩肥《きゅうひ》とか刈敷を田に敷いて、作物の生育の力の源にするための、その予祝儀礼であるという理解も成り立つのである。農耕儀礼を反映した農耕技術であるという可能性が出てくる。」とも述べている。

こうした論述をへて「山という大地母が潜在させている生命的活力源を水田に取りいれ、霊的に活性化させるためにおこなう農耕上の信仰儀礼だと仮定」し、「山の持つ活力と母性とは、定畑や摘田、稗田、稲田へも移入されて儀礼化したのが、刈敷といった形であったと考える。それがいつしか肥料効果を期待しようとする技術の次元へ変化したのではなかろうか。そのかすかな、そして普遍的な儀礼次元の痕跡が初山入りや若木迎えなどの正月の山入り行事ではなかったかと考えるのである。」という結論が導き出されるのである。

2　シバの予祝

本稿は、刈敷を再生儀礼とみる坪井洋文氏の問題提起を引きつぎ、更に私自身のライフワークとすべき杜神信仰と予祝儀礼の研究の過程で生じてきた種々の命題のなかに敷衍して、歳時儀礼のなかに占めるシバの役割を考えるための、いわば試論である。

そのまえに、先ず本稿で問題とするシバとは何かについて、少し説明しておく。

シバにはギョウギシバ・コウライシバ・イトシバなどのイネ科多年草の芝草のシバと、山野に自生する雑木・灌木・そだ・しばきを総称する樹木の柴があり、それぞれに語源も異なっている。例えば『日本国語大辞典』の「芝」の項は「シゲハ（滋葉）の義」（名言通）、「シゲリ葉の約語」（松屋叢書）、「繁草の約」（国語の語源とその分類＝大島正健）、「シハ（重葉）の義」（言元梯）、「サハ（少葉）の音転」（和語私臆鈔）、「上にすわりやすいところから、シキハ（敷葉）の義か」（和句解）、「下葉の略」（日本釈名）、「シラハラの反」（名語記）と、種々の語源説をあげている。

一方「柴」についても「シゲハ（繁葉）の義」（名言通）、「シミハ（繁葉）の略」（大言海）、「シタバ（下葉）の略」（日本釈名・紫門和語類集）、「小木をいう古語ハシバから。ハシバは、叢生する低く小さい榛樹をいうハリシバから」（古今要覧稿）、「さきがフサフサとしているところからサキフサの反」（名語記）、「シタ（重朶）の義」（言元梯）、「シマ、シマ、シナシナしているところから」（国語溯原＝大矢透）などの語源説を列記している。むろん、ここでいうシバは後者の雑木の柴をさす。辞書は、すだじい・みずなら・うばめがし・こなら・しきみ・たぶのき・がくあじさい・やましば・かえで・さかき・はまひさかき・ひさかきなどの樹木名をシバの個別名にあげているが、福井では柴といえば薪やホトロガリ・シバヤマガリと呼ばれる緑肥刈りの灌木をシバと言っている。神事に聖別化して用いられるのは、サカシバ（榊）・フクラシバ（ソヨゴ）・シイ・ブナ・ネソ（マンサク）・シデ・ナラ・カシ・アオダモが多い。

さて、それではシバが年頭の予祝儀礼のなかでどのように用いられているかを、いくつかの代表的な事例に求めよう。

事例1　オマトイリ（高浜町音海）

オマトイリがおこなわれる高浜町音海は、内浦湾に面した内浦半島西岸の戸数六五戸の漁村である。漁業を生業とし、わずかの田畑がある。田の浦と呼ばれる集落の入口には、関西電力高浜原子力発電所があり、近年漁港の整備が進んでいる。

オマトイリはすなわちお的射りであり、元旦の神事の総称となっている。神事は豊作の儀と呼ばれる田遊びと、初弓を引く歩射で構成され、稲作の予祝と悪魔祓いが氏神の気比神社で行われる。

シバはサカシバ（榊）と呼ばれ、神事の前段に長床で行われる田遊びのなかで用いられ、稲束を表すとされている。神事を執行するのは五名の禰宜（祝《ほうり》）で、神職の関与はない。ゴンノカミとも言い、そのうちホンヤクとも呼ばれるカミノネギは鳥居から上手、シモノネギは下手の末社の世話を五年間つとめる。

カミノネギの親類の若衆三名が、三束のサカシバを拝殿から長床へといかにも重たそうに運びこむ。サカシバの根元をホウリの方へ向け、ドンドンと三回足踏みをし、左回りにサカシバをまたいで「八升」、次に右回りをして「八升、八升」、株手をホウリに向けて「一斗八升」と言って景気をつける。次に昨年のカミノネギがトウキビの穂にひたした甘酒を、居並ぶ戸主の前に配られたサカシバにふりかけて回る。反閇《へんばい》のように力強く足を踏むのは雷鳴を、甘酒は夕立ちを表すとされ、昔は羽織袴が汚れるほど盛大にふりかけたものだという。サカシバは三束、すなわち一束三六本当り、合計一〇八本用意される。この数は煩悩を表すと言い、ゴンノカミのものには米を半紙にくるみ、ゆわえてある。めいめいの家にもち帰って、神棚に供えておき、苗代《のしろ》を作る際に田にさす。なお一月十一日のツクリゾメ（オコシゾメ）には、ヌルデの木で作ったゴオウギ（牛王木）を玄関・納屋・家の中・倉にかざり、田畑にさして豊作を祈ったが、戦後は廃れた。

事例2　シバノミイレ（高浜町青・青海神社）

二月十一日に、式内社青海神社で豊作を祈るシバノミイレという神事が行われる。旧青郷村の青・日置・関屋・横津海・出合の五集落の禰宜五名、総代五名が、青海神社の神主を祭司者として神事を

写真18　シバタタキ（青海神社）

執行する。シバはカシの枝を数本たばね、稲穂をゆわえてある。日置は榊のシバを用いるが、理由はわからない。シバタバネといって各集落で神事に先立って行われる。シバは氏子の数の一九〇本分が用意されているが、なぜか宮元の青のみシバタバネはしない。神饌のウシノシタモチも青の分はなく、そのかわり正月にはお鏡を配ることになっている。

神主によって修祓、祝詞奏上がとどこおりなく行われたあと、この神事のクライマックスであるシバタタキと呼ばれる田遊びが拝殿で演じられる。横津海のミヤノトウがつとめるシバカンヌシがシバノミイレの宣詞を三回読みあげるたびに、参席していた各区の禰宜がいっせいに立ちあがり、「ウォー」と歓声をあげてシバカンヌシにおそいかかり、シバで背中をたたく。強くたたくほど荒天でも良い実が入り豊作になると言われている。

シバは各区の氏子に二本ずつ配り、ゴヘイをつけて床の間にかざっておき、ツクリゾメの日にユリダ（ヌルデ）の木で作ったゴオウギを田にさし、三鍬ほどオコシゾメをしてシバを植え、恵方に向かって豊作を祈る。なお関屋は、関屋川の小石十二個（閏年は十三個）を紙に包み、シバにゆわえて一月四日の深更に山の神に供え、全戸に配る。小石はお米のかわりとされ、三月に苧の種をまくときに畑の打ちぞめをして、良い芋が出来るようにシバをさす。このように関屋では、山の神に供えた畑作儀礼のシバと、青海神社からもらいうけてきた稲作儀礼のシバの二種類があった。

現在シバノミイレは二月十一日に行われているが、旧暦においては正月三日の行事であった。戦後、建国記念日へ移行したために、もともとのツクリゾメの前段の行事がつじつまのあわないものになったのである。

なぜカシがシバとして用いられるかというと、もともと青海神社は山手の横津海に鎮座していたが、あるとき洪水になり、関屋川と日置川の合流点にある現在の社地に流れ着いた。そこで仮宮を作り、カシの木で青垣をめぐらした由縁により、シバノミイレの神事にはカシが用いられると言われている。この伝承は大嘗祭の青葉の垣を想起させる。「青葉の山は、尊い方をお迎へする時の御殿に当たるもので、恐らく大嘗祭の青葉の垣と関係あるものであらう。かの大嘗宮の垣に椎の若葉を挿すのも、神迎へ様式であらう」と折口信夫は『大嘗祭の本義』のなかで述べている(1)。

事例3　カギ（名田庄村虫谷）

虫谷は戸数六戸の滋賀県境の山村である。私の知るかぎりでは、当地の他にカギ掛けの習俗は県内には見られない。滋賀県にはカギの分布が散見されるところから、その影響を受けたものと思われる。

一月二日をデゾメ、ツミゾメと言い、午前中一メートルぐらいのクリ・カシ・ナラ・シデの枝をステッキ状に切ってカギと称し、各戸から二本ずつ集落の上手にある山の神に供える。カギヒキの神事もなく、すでにこれといった伝承もないが、初山入りの予祝儀礼であろう。

小野重朗は『農耕儀礼の研究』のなかで、カギヒキの目的について、カシキをまく代わりに行う事例を数例あげ、「カギヒキはシバを引きよせるのだから、これに勝つのはカシキを多くとることになり、そのためにその年は豊作になるのだという」と述べている。[2] また、オカギ・メカギは山の神の男《お》神《がん》・女《め》神《がん》を連想させる形状をしているのも興味深い。紛失物探索の際に、木鉤を山の神に供える民俗に注目して、野本寛一氏は『焼畑民俗文化論』のなかで、「原初的には、木鉤は男根に通ずるものだったのではなかろうか」と述べ、東北のオシラサマの原初形態も鉤に他ならないとしている。両者とも「木鍬」と「木鉤」の形状に注目しているように、[3] カギは木鍬を表し、田遊びのカギヒキはカシキの予祝儀礼と考えられる。

3　シバの祭り

次に、祭礼のなかでシバがどのように用いられているか、県内の事例をあげよう。

事例4　したんじょう祭り（福井市鹿俣）

鹿俣は戸数三〇戸、朝倉氏の館跡がある一乗谷の最奥の山村である。祭りは五月五日の端午の節句に子供組によって行われる。伝承によれば、守護職の朝倉氏が一乗谷に城を築き栄えていた頃、村下の堂山から猪があらわれ、田畑を荒らし回ったので、困り果てた農民たちが猪退治を殿様に願い出た。首尾よく浄善寺の縁の下に猪を追い込み射止めることができたので、これを記念して猪を退治する所作を毎年演じることにした。もともとは四月十五日の氏神八幡神社の春祭りに奉納行事として行われてきたが、この日は猪退治の記念日といわれている。「したんじょう」とは大名行列の「下にィ、下にィ」の掛声がなまったものという。

祭りの行列は、猪をいけどりにして村通りを引きまわし、最後に寺の境内で子供たちがいっせいにおそいかかって仕止める様子を再演する。朝、大人たちによって堂山の道ばたで近くの山から切ってきたシバキ（マンサク・ブナ）で三メートルばかりのシシを作る。午前中に八幡神社で神主によって神事が行われ、午後一時頃、ツユハライ・サキガケ・ハサミバコカツギ・トノサマ・シシヒキの順に並び、シシを引いて「したんじょう、したんじょう」と掛声をあげ、堂山から行列が出発する。サキガケ役は、ヤマブキ・ツツジ・ツバキ・フジ・タニウツギなどの春の花を竹ざおの先に飾りつけた花山をかつぐ。

事例5　じじぐれ祭り（美山町河内）

河内は、味見川の上流、飯降山（大岳、八八四メートル）と部子山（一四六五メートル）の山麓にある戸数三五戸の山村で、古くから焼畑が行われ、赤蕪の特産地として知られている。じじぐれ祭りは住吉神社の春祭りで、ニンニク祭り、青山祭り、千代千代祭り、カーカー（椿のこと）祭り、チチカカ祭りなどとも呼ばれ、五月五日（旧暦四月五日）に行われる。池田の部子神社略縁起にも四月五日の祭礼を蒜葱祭、ヂヂフリ祭、川上御前祭などと言う。また「南越温古集」足羽川の項に「日子獄（部子）より出る川なり。この流れを汲む人々は、四月五日、河上御前祭とて蒜葱を食うと言へり」とある。かつては当地の一帯で行われていたようである。

じじぐれ祭りにはシバミコシをかついで、「千代千代の　花の都のこめて　山それ　そはそばの」とうたいながら村通りを荒々しく勇壮に練り歩く。シバミコシは杉の丸太棒の井桁にブナやシデ、ネソ（マンサク）の若木をグンドフジ（山葡萄）のつるで固く結束して作るが、これは伝承によれば「モリ」とも「神の森」とも呼ばれる上比丘尼地籍の旧宮跡から、昔住吉神社を現在の社地（下比丘尼）に遷座した様子を再現したものといわれている。旧社地には山の神があったとされ、サギッチョの場でもあった。ミコシの中心には、ナカセンという三〇センチ程の棒の先にショウブ（シャガ）二十本・コブシ十本・ツバキ・ヤマブキなどの野の花をゆわえたご神体を三本つくってさしこむ。夕方・神社にシバミコシが戻り、舁子《かきこ》一同が拝礼したのち、ご神体の花を競って奪いあう。シバミコシは拝殿の階《きざはし》からつきおとして解体し、骨とも呼ばれるシバはそろえて束ねられ、九月十五日の秋祭りの宵宮に燃やすことになっている。シバミコシは大人用と子供用があり、昔は小児の玩具用にホウキミコシも作った。神輿渡御の際に、草分けとされる梅沢安右ヱ門、内田太右ヱ門、高倉清市、堂下喜左ヱ門家を回ることとされ、酒がふるまわれる。嫁取りをした家では新郎を胴上げしてミコシの上にほうり上げて祝った。

なお事例4・5については二二一頁の写真21・22を参照されたい。

4　シバをめぐる問題点

限られた紙幅ゆえ、多くの資料を網羅することはできないが、これらの代表的な事例からシバをめぐる問題点をいくつかあげて、今後の課題としたい。

『神の民俗誌』（シリーズ「自然と人間の日本史」4、新人物往来社）のなかで、神崎宣武は神事に用いられる榊について、「大別すると、祈願の対象とされる依代と、禊祓いの祭具との二系統があることをまずは認識しておきたい」と述べている。(4) すなわち、神が鎮まる森を表す天津《あまつ》神籬《ひもろぎ》と、罪穢を祓う榊の霊力である。柴神への手向けの意味もあろう。

樹木や森が神の依代であるとの解釈はよく知られているが、なぜ依代なのかという説明は充分なされた訳ではない。すくなくとも依代と言っただけで一切が了解ずみとされてきた感がありはしないか。誰よりも筆者自身がそうであった。

青海神社のシバノミイレに用いるカシの伝承も、じじぐれ祭りのシバミコシの由来も、ともに神霊のこもる神籬と無縁ではありえない。坪井洋文は疑問視しているが、古くはやはり山の神の依代であったろう。今後いっそう柴神・田の神・杜神の祭祀の原初形態が深く究明されねばならない。それは狩猟文化、焼畑文化、畑作文化、稲作文化のそれぞれの変遷を問うことに他ならない。鹿俣のしたんじょう祭りの猪狩りは、大隅半島の柴祭と同じく狩猟儀礼とみなしてもよいであろう。

南九州のカギヒキの神事が、刈敷と重要な関連を有しているとする小野重朗の説は先述したが、田遊びにおける刈敷の所作に坪井洋文も注目した。野本寛一の教示によれば、全国的にはザラにあるとのことである。

田遊びはこれまで類感呪術とされ、シバは苗や稲束を表すと言われている。この説にも特に異論がある訳ではない。事実、音海のサカシバやシバノミイレのシバは稲を表している。それはシバによって形状を模したものというより、シバのシンボリズムと言うべきもっと積極的な意味合いがこめられていなかったであろうか。

坪井洋文は、刈敷を山の守護霊を田に移す再生儀礼とみなした。正月四日に餅を持って初山入りをする行事を、京都府向日町寺戸ではホトロ山といい、新潟県中魚沼郡や滋賀県鵜川村では肥料用の草まじりの雑木をホトラとも言った。予祝儀礼が行われる場が刈敷山なのは注目していい。

『万葉集』巻三・三九一沙弥満誓歌の「とぶさ立て　足柄山に　船木伐り　樹に伐り行きつ　あたら船材《ふなき》を」とあるトブサタテ（鳥総立て）の伐木儀礼について、松前健は次のように述べている。「この習俗の原義は、単なる山の神に対する慰撫というより、もっと原始的な観念に基づいたもの、樹々に宿る精霊、コダマ・キダマの継承儀礼という信仰のものであろうと思われる。つまり樹を伐られ、すみかを失った木の精が、切株に立てられた梢の中に宿り、そこに再生するのである」[5]（『古代信仰と神話文学――その民俗論理』弘文堂）。「トベを九州の各地でトビまたはトボシ、或いはトワラと呼んでいるのは古語のトマまたはトブサなどと関係のある語であろう」と『綜合日本民俗語彙』の「ワラトべ」にある。ワラトベを若狭ではドブタと呼んでいる。おそらくはトブサの転と思われるが、もともとは伐木儀礼を受けついでニホにもトブサタテをしたのではあるまいか。またツクリゾメにさすゴオウギ(祝木)の割目に、神社仏堂の泥土をつけた牛玉紙をはさむが、この神聖な土をトビとも言った。とすれば、ツクリゾメに田畑にさすシバやゴオウギもトブサタテの作法を受けついだものであろう。

野本寛一はウレツキトーバも樹木の再生呪術と見ている(『生態民俗学序説』白水社)。

また氏は、同書の第三章「植物分布帯指標植物と民俗」のなかで、亜熱帯多雨林帯・照葉樹林帯・夏緑広葉樹林帯に分けて樹木と民俗の関わりを述べているが、聖別されたシバの樹種が海岸と山地では異なるのも興味深い。

「樹木の精霊はまた、農作物を成長させる」とフレイザーは『金枝篇』のなかで書いている。「この枝または木は一般的生育の精霊と考えられている樹木の精霊を表し、植物を生かしてみのらせる力はこうして特に麦の上に与えられる」のである。(6)したんじょう祭りの猪もじじぐれ祭りのシバミコシも、ヨーロッパの「五月の樹《メイ・ツリー》」と同じく一陽来復を祝う再生儀礼に他ならない。

依代というのは、神霊の常住する場ではなかった。むしろ儀礼に用いられるシバには、山の精霊が宿っていると考えられたのである。

第三章　歯朶の冠——異人殺しとマレビトの装束

1　手杵祭縁起

小浜市矢代の手杵祭は、「殺人祭り」とも「葬式祭り」とも呼ばれている。殺人祭りという呼称は、「朝日新聞福井版」昭和十七年四月五日付の記事の見出しで初めて用いられた、いわばマスコミ製のキャッチフレーズである。一方、葬式祭りという別称がいつの時代から使用されたかはさだかでないが、故老が語る言葉のはしばしに自然に口をついて出てくることからして、相当古くから祭りの由来とともに語り伝えられてきたのであろう。まずは江戸時代の史料『稚狭考』（一七六七）と『若狭国小浜領風俗問状答』（一八一七）から手杵祭りの項を引く。

遠敷郡矢代村鴨下上大明神社あり。其側に観音堂有。毎年三月三日、手杵まつりといふ事あり。此堂は、昔もろこし船の漂泊し来るに、乗来る女をころし、船を砕き侍りしに、一村疫を煩らひくるしみ、右の罪を悔み、観音を安置し舟をもて堂を作るといへり。実にも、ろ・かい・いかりいすれ石にふれしかと見ゆ。祭の日歌をうたひ墨にて顔をぬりたる男三人、歯朶の葉をかふり、古き素襖きて縄の襷かけ、はき高くかかけ、手杵かひこんて出る。うち二人は手杵に縄の弦かけて竹の矢そへて出るは、弓の心もち成へし。麻の上下きたる男六人、小船を竹にて作りて持出る。又年のころ十二三なる女の、かしらに袋いたたき、左の肩のころもぬきかけ、顔に扇さしあてて、老女七人従ひ出て、何れも同音に、てんしょ船のつきたるそ、もろこし舟のつきたるや、福徳や、さいはいやと訇り。太鼓打拍子とりて出る。他郡より見に来る人に恥て、朝とく此事を行ふとなり。（『稚狭考』(1)）

此月、神事、仏事異成義なし。但し矢代といふ邨海辺にあり、祭礼は三月三日朝、古き錦の袋を戴きし若き女を、老女かしつきて宮の前にいづ。時にしだを頭にいただき、素襖をきし者、顔を墨にてぬり、杵《きね》をふり廻して、其きねを投く。其故は、むかし異国の舟貴人とおぼしき女をかしつき漂着せしを、村の者ともいひ合せ、杵にてうちころし、船中の財宝を奪取しが、其後村中大に疫癘流行し、村民大半死亡せし故、その女の霊を観音と崇め、懺悔の為其様を成せしかは、疫癘止みしとそ。その後先祖の悪行を真似びて祭とするを恥てやめしかば、疫癘また大に行れける故、再び祭をなす事元の如し。此祭を民俗手杵《てぎね》祭といふ。（『若狭国小浜領風俗問状答』(2)）

現在、手杵祭は昭和十八年以降新暦に改められて、一ケ月遅れの四月三日に行われている。「他郡より見に来る人に恥じて、朝とく此事を行ふとなり」と『稚狭考』にあるように、もともとは秘密結社的な秘祭であった。ところが近年、年毎にマスコミで奇祭殺人祭と報じられて世に広く知れわたり、また昭和四十三年に福井県指定無形民俗文化財に指定されたこともあって、できれば先祖たちの悪業を後世に伝える行事などしたくはないのだが、今更止めるに止められないのだと瀬戸宗太郎は苦笑いをして語った。いくら千数百年前の故事であろうと、村中が人殺しの子孫ということになれば、内心おだやかであろうはずがない。

「この報道も興味本位の記述で読者からは直ぐ忘れられてしまう程度だったが、村人達はこの記事に限りない憤りを今も抱いている。人を殺して財宝を奪ったというあまり名誉でない伝説を事実あったこととして信じているだけにその腹立ちは大きかったに違いない」と、「矢代の手杵祭」（『若越郷土研究』９の１）のなかで錦耕三は、自社の新聞記事への反省をこめて冒頭で述べている。[3]

祭りの前日、すなわち宵祭りをエマツリといって、この日から手杵祭の神事がはじまる。午前中に大祢宜と小祢宜が帳屋につめかけて祭りの準備を行う。午後、大禰宜は羽織袴の正装をし、供の当番二人（戦前は四人）が小舟をこいで、唐船が漂着したという矢代崎の鎮守《ちんじん》さんに参拝することになっている。時化《しけ》の日は山道から浜へと降りていく。矢代崎には小さな浜があり、殺された唐の王女と八人の女臈を埋めた墓地の傍に弁天が鎮守として祀ってある。この弁天は観音堂の横にも小祠として祀られ、殺された王女たちの怨霊を斎いこめたものである。殺害した当初、「村下の浜へボイヤットいた（捨ておいた）ところ、ホームラ（火の玉）が出たので、船がうちあがった浜（矢代崎）へ埋め直した」（瀬戸宗太郎談）とされ、浜には大石が敷かれ、村のサンマイのようにごそっと中心部が落ちこんでいるという。

その浜の一帯はタモや欅の巨木が繁り、埋葬地の景観を呈しているといい、「こんなことをいうたら貴方がたはおかしく思うかもしれないが、わしらは唐船の女﨟を殺して宝を奪ったことは本当にこの村の先祖らがやったことだと思うている」（錦耕三前掲論文）と禰宜の言葉にあるように、いわば先祖の悪業を確認する場所になっている。従って矢代の氏神加茂神社の祭礼とはいうものの、御霊信仰の対象は矢代崎に祀られている弁天ということになる。なお、氏神の春の例大祭は簡素に五月一日に行われている。

2　異人殺しのパフォーマンス

古井由吉氏は「子安」（『椋鳥』所収）のなかで、「死者たちの供養のため、祖先の悪行を所作に象《かたど》って納めるということだが、さて人間、おのれの一族の原初の悪行を、どれほどあからさまに再現できるものだろう。人はおのれの醜行をどの程度、記憶に留めておけるものか。もちろん祭りというものは個々人の良心の事柄ではない。だから陽気に浮いた懺悔というものもあり得るわけだ。個々人の意識では担いきれないほど根強い罪であれば、大勢集って賑やかに祭るよりほかにない」と書いている。(4)異人殺しの悪行はどのように再現されるのか、以下に手杵祭の概略を述べてみよう。

祭りの朝八時頃、観音堂で万徳寺の住職により法会が行われたあと、女﨟八名を除く当番全員が臨席して、ヘラ藻の味噌あえを肴にして盃三献の儀が催される。加茂神社の帳屋でも三献の盃事があり、神前に一同参席して神主が祝詞奉上と献饌を行う。その後帳屋にもどり、村の中老組からえらばれた

写真19　子安観音をまつる観音堂

三役、すなわち手杵棒振り一名、弓矢持ち二名の役者の扮装が大太鼓のはやしと音頭とりの甚句にあわせて行われる。前日近くの山から小祢宜が採ってきた歯朶の葉をカツラとして頭にかぶり、歌舞伎十八番の「暫」のように墨で鼻の下にひげをえがき、眉と頰に隈どりをして悪を装い、黒地の麻の素襖に荒縄の襷がけをする。

手杵棒振りと弓矢持ちの三役が帳屋から出て来るところから、いよいよ神事がはじまる。漂着した唐船をかたどった唐船丸《とうせんまる》舁きの十六名の若衆が、甚句をうたいつつ進み、その後を八名のタカラズキン（金袋）を頭にいただいた女臈と大太鼓、笹持ちが社殿へと向かう。甚句（加茂神句）は矢代観音祭礼甚句と矢代祭礼音頭があり、いずれも他村に口外することは固く禁じられていた。『稚狭考』にある「てんしょ船のつきたるぞ云々」というのは、その甚句の一節と思われるが、現在口承されていない。錦の調査報告には「唐船のつきたるぞ、福徳ぞ、幸ぞ」とあるが、私は故老から「唐船《とうせん》ふねがついたりや、何かへいかとーのぼろう、福徳《ふくとく》幸いにエーターー」「にいもも、さえもも、観音えんげんまいられたー」とうたうのだと聞いた。甚句の一部は錦論文と斎藤槻堂「手杵祭」（『文化財調査報告』19）に収められている。ともあれ甚句そのものは秘密裡に伝えなければならないような内容ではないし、手杵祭の伝説に深く関連するものとも思えない。むしろ千石船の舟子から伝授された民謡のようなのだ。

唐船丸舁き、女臈、笹持ちの一行が社殿の背後に回ると、手杵棒振りが社殿の右側から現れ、舞殿の正面に立ち、力足を踏んで手杵を地面に二度突きたてる。次いで弓持ちが舞殿の広場で相対し、鏑矢と刺股矢の矢先を触れ合わす。いわば手杵棒振りと弓矢持ちのこれらの所作は、王女殺害の場面を無言劇のように再現しているのである。たしかに古井由吉氏が「子安」で述べているように、「どの所作もすぐに跡切れて、あとには劇的な名残りもない。行列はとりとめもなく本殿めぐりをくりかえす。女臈たちを殺害するような場面はありそうにもない」が、手杵を地面に突きたてたり、矢先を突き合わせる所作は、端的に象徴化されたパフォーマンスといえるだろう。このあと行列は社殿を右回りに一周し、ふたたび手杵棒振りと弓矢持ちが同様の所作を三回くりかえす。境内での神事をひと通り終えると、観音堂に舞台を移して唐船襲撃のパフォーマンスを三回くりひろげる。一行が帳屋へひきあげて扮装をとき、直会となる。なぜかこの行事は必ず午前中に終了することとされている。

3　御霊信仰と春のことぶれ

これまでに手杵祭の本格的な研究は発表されてはいないが、中山太郎の『諸国風俗問状答』の註に杵舞の派生とする説が提起されている他、斎藤槻堂がその所論のなかで、歩射と人身御供の名残りがあると推考している。ただ歩射については、元旦の早朝に境内で悪事災難のふき払いと大漁祈願をこ

写真 20　王女殺しを再現する

めて弓矢の式が行われているから、にわかには賛同しがたい。お宮の椎の木とコモで的をつくり、代々庄屋をつとめてきた栗駒清左ヱ門家の当主、区長、年番が「悪事災難ふき払ったァ」「大鯖の大取れェ」ととなえて矢を放つ。若狭のあちこちで行われるハツユミと何ら変わらない。ただ加茂神社のご神体が源三位頼政の鵺《ぬえ》退治の矢先とされているように、矢代の地名伝承との関連が深いように思われる。

錦耕三は『矢代の手杵祭』のなかで、平清盛の讒謗によって田烏浦に配流の身となった二条院讃岐姫の霊を祀る釣姫大明神について言及し、御霊信仰や観音信仰との結びつきに思いをはせている(5)。たしかに、みごもっていた王女の怨霊を鎮める儀礼は、持仏の観音を子安観音として祀ることにより御霊信仰的な様相を深めよう。その他に錦は念仏踊りの流れや陰陽道の影響を指摘したうえで、「古い習わしの俤ともみられるのは役者の扮装であろう。歯朶の葉のかつらを冠って顔を隈どるのはジンクのうた声によって行われるなどにもうかがえる。春の初めに祝福する神の姿の信仰は忘れられたが形だけは残っているのである。雛の節句の災厄をはらう思想もとけこんでいるようである」と結論づけている。なおまた「ヒナまつり」(『富民』昭和三十一年四月号)のなかで、「シダのかつらをかぶり顔をえどっているのは、おそらく山から里におりて来て、農作を祝福してくれる遠来の神の姿であろうし、二種類の矢は陰陽の形で、これを和合することによって生産の好結果を期待する神事であろう。」「村の成女式が農事式と結びつき、源三位頼政の鵺退治や異国の哀れな物語がくっついたもので、春が来てこれから始まろうとする農の予祝行事に疫病神追放や成女式などのいろいろの要素が集合してすっかり元の形が忘れられてしまった」と喝破しているのは注目していい。雛の節句は春の到来をことほぐ山遊びの日でもあった。

4 マレビトの群れ

手杵祭の他に歯朶《しだ》の葉をかぶる行事は、現在若狭には見られないが、『稚狭考』第五「散楽祭礼」のなかに次の記事がある。(6)

臘月朔日、せきそろとて歯朶をいたたきあるき、木綿にて覆面して、せきそろたいたい青山なと拍子とり来る。

節季候（セキゾロ）の遊芸の徒はすでに若狭にはいない。『稚狭考』には続けて「若夷」「厄払」「春駒」「大黒舞」「万歳」「ろくさい」などの「いつれも乞食の徒のわさにて、門々に銭米または餅をもらふ事」をなりわいとする賤民芸の一団がいたことを記している。このうち「万歳」は敦賀市常宮に「万歳楽」として伝えられている。また「春駒」は「ハリゴマ」と呼ばれ、三方町常神、小浜市大熊・阿納の子供組の行事にわずかに形をとどめている。ハリゴマは富山から佐渡にかけて分布する年頭の祝福芸「春駒」に他ならないが、先日矢代を調査した際に、七、八〇年前には当地にも「コマノマイ」と称する「春駒」類似の行事が正月三日に行われていたことが判明した。「春の初めにコマヤもうたり夢にみたり鈴ふったり、ハリゴマなんぞやイタヤへぞろり、リヨウのセキとて万歳楽〱、まっころや、ええお正月でおめでとうございます」ととなえながら、夜子供たちが村通りを回り、各家から餅をもらって歩いた。『稚狭考』には「春の駒は夢に見てさへよいとやもうすと、馬のあゆむを真似す。白馬の故事に慣ふかしらす」とあり、犬熊のハリゴマの唱え文句とほぼ似通っている。

ところでこのコマノマイの子供組は、手杵祭の際にも「笹持ち」の役目を四人で分担することになっている。唐船丸、女臈、大太鼓の後を、二メートルほどの笹竹をかかげて裸足でついていく。小学生から十四歳までの長男が笹持ちの役をつとめることとされている。故老の話では、笹持ちがもつ笹竹は葬式の四幡を表すといい、社殿の右回りとともに葬式祭りの理由づけになっている。とまれセキゾロの類いのマレビトであるコマノマイが、祭儀のなかで重要な役割をになっているわけである。

5　貴種流離譚のダイナミズム

さて話題を本章のテーマにそって、歯朶の葉のかぶりものにもどそう。手杵棒振りと弓矢持ちが頭につける歯朶は、エマツリに小禰宜が近くの山から採ってきた大葉のウラジロである。ウラジロはホナガとも呼ばれるように、豊作と長寿を祈って正月の松飾りに用いられる、いわばハレの植物と言ってよい。この歯朶のカツラは、八名の女﨟たちがいただく金銀財宝のシンボルであるタカラズキン（金袋）に対比されよう。しかも王女たちは不義によってテテナシゴをみごもり、唐の国から島流しにされたハラボテの穢れた身である。殺害された王女が安産祈願の子安観音となり御霊となるのは、この契機づけによっている。

祭りの研究には何よりも祭日が重要である。かつて手杵祭は「お観音さんのお祭り」とも「雛祭り」とも呼ばれた。いわば手杵祭は流し雛のバリエーションに他ならない。あらゆる災厄を身にまとって浜辺に寄り来る王女の一行を、地霊のシンボルであるウラジロを頭にいただく村びとが、年毎に悪魔祓いを再演するのである。手杵は餅つきのハレの道具であり、弓矢もまた災厄をうちはらう。役者の顔のエドリも、かつては鍋墨が用いられたにちがいない。鍋墨を身にぬりたくる行為は、火の霊力を身につけて悪霊をはらうためであった。

「民俗社会における『異人殺し』のフォークロアの存在意義とはなんなのであろうか。それはひと言でいえば、民俗社会内部の矛盾の辻褄合せのために語り出されるものであって、『異人』に対する潜在的な民俗社会の人びとの恐怖心と〝排除〟の思想によって支えられているフォークロアである」と、小松和彦は『異人論』のなかで述べている。[7] 流し雛の年中行事が漂着伝説や貴種流離譚をとりこんで共同幻想を育み、流行ヤマイを王女たちの怨霊の祟りによるものとおそれた。時に排除しても排除しきれない内部矛盾が発現するかぎり、厄払いと贖罪のために祭りはひめやかに続行されねばならなかった。秘密結社的な祭りの所以がここにある。御霊信仰の誕生は、ハレとケガレの対立概念を同時に内包して常民の情念を一挙に解放しようとする、秘祭のダイナミズムが生みだしたものといえよう。

なお美浜町金山には、久々子の浜で王女のかたわれをおそって殺したという手杵祭と類似の伝承をもち、毎年一二月八日に同族間で秘密の講を催す家がある。田辺半左ヱ門家を本家とする六戸の一族で、沖殿神社を祭祀し沖殿講（田辺講）を営んでいる。氏神日吉神社に合祀する以前は、小字大屋敷に沖殿神社があった。『旧藩秘録』金山の項に「奥明神十一月八日」、『若州管内社寺由諸記』に「沖の神　本尊薬師如来」とある。また矢代の山一つへだてた小浜市本保には、手杵祭の異伝と思われる菖蒲の前の伝説がある。『宮川村誌』には、「其の女容姿端麗召されて宮中に入り菖蒲の前と称し、寵を一身に集め他の憎悪する所となり、遂に讒せられて配流の厄にあひ矢代浦に到り、浦人の為に殺さる。後矢代観音に祭られ尊崇する所となる」とあり、(8) 矢代祭の背景を形成する貴種流離譚と異人殺しの伝承にこと欠かないことを付記しておく。

6　草木をまとう神々

最後に県内の草荘神を二、三紹介しよう。越廼村蒲生・茱崎には二月六日のムイカドシの夜にアッポッチャという行事が行われる。『福井県の伝説』によれば、「旧暦正月六日（今は新暦二月六日）にはアッポッポッチャと称して、十二歳より十五六歳の男女が頭にソウケ（ざる）をかむり、顔に墨、紅を塗り、サックリを着け、手に茶碗、鍋蓋等を持ち石を打ち鳴らしながら、子供のある家を廻って、子供を連れて行くと威嚇する。子供等はアッポ（草餅）を与へて難を避ける。かうして日暮から餅を貰ひ歩く風習で今では数人、隊を組んで歩く。これは昔、蒙古人が此の海岸に漂着して、此の村を廻って子供をさらって行ったから起こったとも、又此の海岸の大メグリと云ふ岩からアマメヤサンが出て来て、子供をさらって行ったから起こったとも云はれてゐる。アマサン或はアマメヤサンがアッポを貰ってあるくので、アッポチャと云ふ様になったとも云ってゐる」[9]とあり、東北のナマハゲ、奥能登のアマメハギと同様の来訪神の行事で、他に福井市白浜にアマメン、美山町西河原にはアマメオトシがある。アッポッチャはザルの仮面に海藻の髪をたらしている。アマメンやアマメオトシはシュロの皮で作った蓑を来て各家を回った。

　五月の節句には、福井市栃泉では花山権現が行われる。竹の先にツツジ、ボタン、フジなどの春の草花を飾りつけた花山を手に持ち、花笠を身

写真 21　したんじょう祭（福井市鹿俣）

写真 22　じじぐれ祭のブナのミコシ（美山町河内）

につけた子供たちが神殿を三回左回りに三周し、村を一巡する。手杵祭の行列が葬式回りであることを想起すれば、花山権現が一陽来復を祝福する再生の儀礼であることに気付く。

前章でのべたが、福井市鹿俣町では花山、花笠をかざし、柴で作ったシシが村を練り歩くしたんじょう祭が行われる。田畑を荒らす猪を朝倉の殿様が退治した故事に由来するといわれている。

これも前章でのべたが、美山町河内の住吉神社の春祭には、大小二つの柴神輿が練り歩く。じじぐれ祭ともチチカカ祭ともいわれ、近くの山から刈り取ってきたブナの若枝をグンドフジやネソで堅くしばりあげて柴神輿を作り、村中を練り歩いたあと、青年たちがご神体の「花」を奪いあう。これらはいずれも五月の節句の行事だが、最後には王殺しのように無惨に解体されるところが共通している。祭りのダイナミズムは破壊によって完成するのだ。

とまれ「ゆずり葉を笠にして　山草を蓑にして　むくろじを目にして　門松を杖にして　神南山まで来なはった」（愛媛県喜多地方）歳神のように、季節の変わり目に常緑の草木を身にまとって、常世の国から訪れてくるなつかしいプリミティブな神の姿があったのである。

第四章　トブサタテの民俗

1　トブサとは何か

『万葉集』の枕詞のなかに、「とぶさたて」の歌が二首収載されていることはよく知られている。まずは新潮古典集成『万葉集』からテキストの二首を引く。

391 鳥総《とぶさ》立て　足柄山《あしがらやま》に　船木《ふなぎ》伐り　木に伐り行きつ　あたら船木を　沙弥満誓

（鳥総を立てて足柄山で、船に使える良い木を、木樵がただの木として伐って行った。むざむざと伐るには惜しい、船に使える良い木だったのに。妙齢の美女が他人の妻となった口惜しさを譬えた歌。[1]）

4026 鳥総《とぶさ》立て　船木《ふなぎ》伐《き》るといふ　能登《のと》の島山《しまやま》　今日《けふ》見れば　木立茂《こだちしげ》しも　幾代神《いくよかむ》ひそ　大伴家持

（鳥総を立てて祭りをしては、船材《ふなぎ》を伐《き》り出すという能登の島山、その島山を今日この目で見ると、木立が茂りに茂っている。幾代を経ての神々《こうごう》しさなのか。[2]）

いずれも「船木伐る」にかかる枕詞で、鳥総《とぶさ》を立てて祭り事を行ない、船材を伐りだすという歌意がある。では、「鳥総《とぶさ》」とは何か。まずは『古語大辞典』（小学館）をひもとこう。

　とぶさ〔鳥総〕〔名〕梢や茂った枝葉の先の方。木こりが木を切ったときに、これを折って、切った跡へ立て、山の神を祭ったという。（以下略）

おなじく小学館刊の『日本国語大辞典』第八巻（とふ〜ひたん）の「とぶさ〔鳥総・朶〕」「とぶさ立つ」を引いても、「①葉の茂った木の枝。木末。」とあり、①の誤用として「羽交（はがい）。つばさ。」とする説が紹介されているくらいで、山の神、樹霊をまつるとする意に変わりはない。

他の辞典類も大同小異だが、ちなみに『枕詞辞典』（阿部萬蔵・阿部猛編、高科書店）の「とぶさたて」の注を見てもおなじ解説がある。また佐々木信綱・今井福治郎『万葉集神事語彙解』も、とぶさを梢、枝とし、杣人が伐木の際に梢を元の株に立てて山神を祭る習俗とする。岩波書店版の『日本古典文学大系』をはじめとして、各種古典文学全集の注記もほぼ似たりよったりの解釈をのべている。現代の万葉学や言語学の水準からすれば、このほかの解釈は成り立つ余地がないかにみえる。とはいえ、古来「鳥総立て」という枕詞をめぐり、さまざまな解釈が試みられてきた。「木を伐ったあと、切株の上にトブサをさして山の神に奉る風習があった」と日本古典文学全集5『万葉集㈣』の頭注に[3]あるように、トブサタテはすぐれて民俗的な慣行であり儀礼である。ただ単に語義を追認することだけに終わらず、学説史を再検討して異説をも視野にいれつつ、現在にのこるトブサタテの民俗事例の検証を通して古語の意味を考えてみたい。

2　トブサタテの学説史

さて、古来万葉学者を悩ませてきた「鳥総立て」について、『万葉集大成』3訓詁篇上（平凡社）は次のようにのべている。(4)

「解釈については古くより三説あって

㈠『たづき（斧の類）たて……』（和歌童蒙抄）（古）

㈡『木の末なり……』（袖中抄）

㈢『木を伐る時、木足とて切屑《くず》の散《ち》るが、鳥の翅の飛《と》ぶに似るをとぶさといふ』（詞林采葉抄）」

まず、平安時代の歌学書である藤原範兼の『和歌童蒙抄』は、「とぶさたてあしがら山に舟木こり君かへりぬとあたらふなぎを」の注解として「万葉第三にあり。とぶさたてとは、たつき《鐇》たてといへる詞也。」とする(5)が、いっさい補足説明がないため「とぶさたて」と「たづきたて」の関連がわからない。「日本国語大辞典」（小学館）は「たづき」（鐇・鏍）「たつき」の項で「木こりの用いる刃の広い斧」のこととし、新撰字鏡「鏍　太豆支」、十巻本和名抄「唐韻云鐇〈音繁　漢語抄云多都岐〉広刃斧也」などの例をあげている。しかし、言葉の意味を穿鑿しても、なぜ「たづきたて」が「とぶさたて」なのか、いっさい不明である。

次に、『和漢童蒙抄』より四〇年ばかり後に書かれた顕昭撰の歌学書『袖中抄』は、おなじく巻三―三九一の歌をひいて次のように注釈をつけている。[6]

「顕昭云、とぶさたてとは鳥総立と書り。歌にとぶさと読は木の末也。とぶれと云、ほつえと云義也。

我思みやこの花のとぶさゆゑ君も下枝のしづごころあらじ

此心也。字には鞦と書て尾ぶさと読り。其をとぶさとは鳥の尾ぶさと云心也。鳥はなかんとても、たたんとても、羽をも尾をもつくろひはたらかす物なれば、とぶさたて足かるき山と云歟。らとると同音の故也。如何にもとぶさたては、足柄山に付たる心なるべし。(童蒙抄云、とぶさたてとはたづきたてといへる詞也。ととたと、ふとつと同音也。さときとはかはりたれど、両字同によるべし。今云、船木切と云詞に付て鐇《タツキ》とは云か、おぼつかなし。又万葉には船木伐と書おきたるを、こるとよめるはあしからず。但船木といふは船に作料木也。こるとは云べからず。恵慶歌云、

奥山にたてらましかばなぎさこぐ船木も今はもみぢしなまし)」

『和歌童蒙抄』の注釈よりもくわしく、作歌の位置から想像力をはたらかせて枕詞の心意をほぐそうとするが、一面「鳥総」の宛字にやや寄りかかった牽強付会の感がないわけではない。しかし、先学の説を検討したうえで「とふさと読は木の末也」と喝破したのはさすがである。辞典類の解説はひとえに『袖中抄』の見解を今にひきついでいるといえよう。天治元年か天養元年の間の成立とされる藤原清輔の『奥義抄』も「木草のすゑ也」としている。[7]

「こは宮木舟木など山に入て採るとき、その切りたる木の末を折て株の辺に立て、山神を祭るを鳥

総立てるといふなるべし」との賀茂真渕の『冠辞考』を引いて、中山太郎は『祭礼と風俗』（地平社書房）の註九で、「現に東京では正月の門松を七日に取り去るが、その折に元の松を立てた穴へ、門松のうれの芯を二三寸ほどに切って挿すのを『とほさき』と云ふてゐるのから見ても、先づ真渕の説は隠当のものと信じたい。」とのべ、「然るに此の祭儀は我国固有のものではなく」アイヌの習俗が伝わったもので、『蝦夷産業図説』（巻四）にはアイヌが舟木を伐る際にトブサをたてて山神をまつっている図が載せてあると、その起源に言及している(8)。

「此の祭儀の先住民の間に古くから行はれたこと」が、なぜ「我国固有のものではな」いのか、その辺のことは当時の学問の風潮からして深く追及しないでおくとして、註九の記述には疑念を禁じえない、なぜなら、「松岡静雄氏は、とぶさは樹冠の意であると、筆者に語られたことがあるも、今はその説を批評する時間をもたぬので略す。」と同書にあるが、当の松岡静雄は『日本古俗誌』（刀江書院）のなかで次のようにのべているからである(9)。

「トブサについては異説区々であるが、素幡を建てたと同様の意味に於て或は贄の意を以て鳥の羽毛などを建てたことはあり得べきであるから——ポリネシアでは犬豚などを軍舟の竿頭に掲げることがある——其遺風とも解し得られる。或人のいふが如く山の神に幣する為であるならば舟木には限らず、屋材を切り出すにも薪をとるにも行はるべき筈である。ウツボ舟が実用に供せられたころには、舟木は切り倒した其場所であらかた船の形に作って海岸に持ち出した。其は重量を減じて運搬に便にする為で『足がりのあきなの山にひこ舟の尻曳かしもよここは来がたに』（万葉十四）とある歌が之を証明する。さればトブサを建てて山中で船霊を祭ることも不合理とはいへぬのである。」

『日本古俗誌』は大正十五年刊、『祭礼と風俗』は昭和四年刊である。三年ばかりの間に松岡の考えが変わったとも思えない。とまれトブサを鳥の羽根とする説は、㈢の由阿の「詞林采葉抄」同様「鳥総」という表記に寄りかかった付会の説であろう。「木足の軽く散るを足柄とよませたるにや、又鳥の翅は鞦《シリガヒ》の総《フサ》の如くなり。鳥の飛ばむとては、先翅を立てて足軽く飛ぶといふことにやと覚ゆ」と由阿は続けるのである。トブサを奉る対象が山霊・山の神ではなく船霊であるとする点も新しい見解ではあるが、やや飛躍の感がないわけではない。これでは付会にもとずく短絡、もしくは単なる思いつきである。傍証が求められよう。むろん、船木に船霊がやどるとする信仰は、山の神信仰の延長線上に発生するということも、あながち考えられないわけではない。船下しの際に「山の神おろし」とか「コケラオドシ」とも呼ばれる作法があり、この儀礼が山の神の霊を船体に鎮定させる鎮魂の呪儀であったことは、牧田茂が説くところである。延喜式祝詞に登場し、棟札にも記される屋船久々遅命という神名については、「屋船という称号が付いているのは、家屋全体を大きな槽《ふね》（容器）と見たてたからに他ならない。」からだと、松前健が『古代信仰と神話文学』のなかでのべている(10)。まだ実証段階ではないが、この屋船と漂海民の家船に何かつながりがありはしないかとの仮設を私はもっている。漁家は自家の背後の地所を領地として主張するというが、これは船着場をあらわす「澗《ま》」に起源をもとめられよう。その澗の発生と家船との関連に注目しているところである。

3　たづき立ての説

さて、「トブサタテ」の語源説をめぐって、いまひとつ見落とすことができない点は、『万葉集大成』3訓詁篇上が「古くより三説」あるとして最初にあげる「たづき（斧の類）たて」のことにほかならない。「とぶさたてとは、たつきたてといへる詞也。」と『和歌童蒙抄』のなかで藤原範兼は断定するが、その理由については一言も記していない。しかるに鎌倉時代の天台僧仙覚は、『万葉集仙覚抄』（万葉集註釈）で次のように説く[11]。

「このとぶさと云事は比集に両所侍る也然るを先達是を釈するにとふさとは草木のすゑなりといへりこの歌ともはしかにはあらず又このうたの発句古点にはとぶさたつと点ぜり然るに第十七巻の歌をかんがふるに登夫佐多氏《とぶさたて》船木妓流《ふなきる》等伊有《といふ》能登乃《のとの》島山《しまやま》今日《けふ》見者《みれは》許太知之気思物《こたちしけしも》伊久代《いくよ》神備曽《かみひそ》といへり依て今の歌の発句とふさたてと点すへしとふさと云はまさかり也さてとぶさたてあしから山につづけたる詞たとひその謂なくともか様につづかんことくるしかるへきはあらずそれにとりてこれはまさかりをのなどやうの物にて木をきるにくだけてちるからをばそま人ともはあかしと云也しかればとふさたてあしがら山とつづけたるなりさて歌の心は舟木をきるにはかまへてかたはらの木にきりかけじとする也もしそばなる木にもきりかけつればいかによき木なれども舟木にせぬ也舟は物にさへらるるをいむへき故なるへしされば木にきりよせつあたらふな木をとよめり此歌のたとへたる心は日来《ひごろ》より心

にもめさしてかよひきたり足手をつくして誠をいたせ共におもひの外にやらじとおもふかたになびきはてぬればちからをよばでやむべきをあたらしむ心にたとふる也思ひのことくにたにも母につくられましかば朽はてんまでにも我にしたがひ我も身をやとすともとしていつくの浦までもはなれさらましとよめる也」

仙覚が力説するのは、「トブサ」をたてることの心意であり恋愛の機微とでも呼ぶべきものである。にもかかわらず牽強付会の観があるのは、「とふさとは草木のすゑなりといへりこの歌ともはしかにはあらず」と言いくるめるだけの即物的な説得力があるようには思われないからだ。「もしそばなる木にもきりかけつればいかによき木なれども舟木にせぬ也」というくだりなどは、あまりに恣意的な解釈ではないか。これではトブサがマサカリやオノであるとの証明にはなりえない。

4　ヨキタテの習俗

しかるに、藤原範兼の『和歌童蒙抄』や『万葉集仙覚抄』が固執する「たづきたて」、すなわち手斧・鐇とする語源説は、近世におよんで、鹿持雅澄によってさらに次のように敷衍《ふえん》されることになる。(12)

「鳥総はいと心得がてなれど、嘗《シコロミ》にいはば、鳥総と書るは借字にて、材を割拆《ワリサク》料の器名にはあらざるにや。土佐国幡多郡方言に、手斧をトモノとも云ふこともあり。この登《ト》は敏鎌《トカマ》などいふ敏《ト》にて敏物《トモノ》と云ことと聞にたれば、登夫佐《トブサ》は敏物拆《トモサ》といふにて、古へ材を拆《さく》るの器をしか称ひしことのありしなどにもやあらむ。立てとは其器を振立つる謂《ヨシ》なり。（厳男云、敏刃多《トバサハ》立《タテ》にや）」（『枕詞解』）

『万葉集』の「集中の難解語の一」っとされる「とぶさたて」という言葉をめぐって、万葉学者たちがいかに苦闘したか、その珍腐なほどの思考の足どりがたどれるような文章ではないか。「とぶさ」という言葉は、『万葉集』に二首初出が見られるほかに、論者たちがたびたび引例する、『後拾遺和歌集』にある祭主輔親の「わが思《おも》ふみやこの花のとぶさゆへ《（ゑ）》君もしづえのしづ心あらじ」という歌がよく知られている。岩波古典文学大系の脚注には、「都に残してきた恋人、遠古の女の暗喩。『とぶさ』は鳥総で、梢や枝葉の先端」とあり、木末説をふまえている。このほか『堀河百首』に「卯の花も神のひもろぎときてけり　とぶさもたゆに　ゆふかけてみゆ」がある。また謡曲の「右近」にも「とぶさにかけり、雲につたひ」とあり、『字鏡集』に「朶《トブサ》《エダ》」と語義が記されていることから、木末説は確定したかに見えるが、なにぶん中世末まで残存していたこの言葉が、それ以後継承されず、古典の世界にのみ生きながらえ、いわば現実には死語同然となってしまったことが、いらぬ混乱を生ぜしめたのであろう。

なかでも、近代に木末説・手斧説の両説のあいだで激しくゆれうごいた万葉学者として、鴻巣盛広の名があげられる。「中世から近古まで、木末をとぶさと称する語のあったことは確実であるから、その確かなるに従って、拙著万葉集全釈第一冊にも、木末の意として解説を加へて置いた」ものの、「然るにここに此の説を改めねばならぬ必要が起って来た。」と、鴻巣は「『鳥総立』考」のなかで謙虚にのべている。(13)

学説を改変させる動機となったのは、薩藩叢書の『称名墓志』巻三如竹上人の項を読んで、「従来抱いて居た疑問が、全く氷解した感がして愉悦禁ずる能はざるものがあった。」ためである。『鳥総立』考」から、「如竹伝説」のあらましを紹介しよう。

如竹上人は屋久島安房村番鎮の下にある本仏寺の開山で儒者。明暦元年五月二十五日没。この島では、大木を伐ると必ず災厄があるとされ、島民たちは大変畏れていた。そのことを憂いて、如竹は十七日間山中にこもり、世のために木材が役立つよう祈った。下山の際に島の住民を集め、「これから木を伐ろうとするときには、前夜より根元に斧を立掛けておくがよい。翌朝、その斧が倒れていなければ災いのおよぶことはない。災いがあるときは、必ず斧が倒れているはずだから、山の神のお告げと思いなさい」とさとした。以後、伐木の習わしになったという。伊勢貞宣が実際に屋久島で聞いた話であり、真実に相違ない。云々。

たしかに、「とぶさたて」の語源を探究していた万葉学者にとっては、「目からウロコ」のような話ではあったろう。しかし意地悪く、つぶさに鴻巣の記述をたどると、そこには氏特有の思い入れが感じられる。たとえば次のような言説に、それは明らかである。

「これ（如竹の教導のこと）は恐らく如竹の学徳を敬慕するのあまり、古来此の島に行はれてゐた伐木法を如竹の教示によって始まったことのやうに言ひ伝へてゐるもので、かくの如く古い習慣や行事がその地に関係ある偉人によって開始せられたものとして伝へられてゐることは、何処の地方にもあることである。或は如竹が藤堂侯に仕えてゐた頃、他の地方に於けるかうした習俗を見聞して、これを屋久島に輸入したものと考へられないことはないが、恐らくさうではなく、早く他地方に亡びた伐木の習俗が永く南海の孤島には残ってゐるものと解釈すべきであらうと思ふ。」

いまでもこの「風俗」が島で行われているかどうかを確かめるために、鴻巣は村長に手紙を出したところ、「斧を立てて切る事も、或る大木とか、要所に立ちたる木に対し神木なりや否やを確むる為行ひつつ有之候」との回答が返ってきた。この返信によって確信を深めた彼は、「とぶさは和歌童蒙抄に記された古説の如く、斧、鐇《タツキ》のことで、船木とすべき大木を伐る前に、山神の意を知る為に、前日からその木の根本に斧を立て掛けて置いて、その伐らむとする時までそれが倒れてゐないならば、神意のこれを諾ひ給ふところとして安んじて、伐採した風俗が行はれてゐたので、巻三では足柄山、巻十九では能登の国になってゐるが、古代の日本では恐らく全国的の行事であったのであらう。それが良材を出す薩南の孤島屋久島に、今日なほ現存してゐるものに相違ないのである。」との結論を導くのである。

しかし、この立論の仕方は、私が「思い入れが感じられる」と書いたように、かなり強引な手口が見えかくれする。「島人が如竹の学徳を敬慕するのあまり、古来此の島に行はれてゐた伐木法を、如竹の教示によって始まったことのやうに言ひ伝へてゐるもの」とする、きわめて重要なポイントは、氏が「恐らく」とのべているように単なる仮設でしかない。「早く他地方には亡びた古代の伐木の習俗が永く南海の孤島には残ってゐるものと解釈すべきであらう」との推論は、少しも立証されてはいないのである。村長からの回答も、如竹の徳を顕彰して記念碑を建て、如竹踊を踊ってその霊を慰めているとまで言及しており、如竹による教示を少しも疑ってはいない。

むろん、伐木のまえに根元に斧を立てて山神をまつるこの儀礼が、いわゆるヨキタテ・マサカリタテと呼ばれる習俗であることは、私とて充分承知はしている。『日本丸木舟の研究』のなかで川崎晃稔は、「斧（ヨキ）を伐木に立てかけて、煙草を二、三服する時間倒れなければ、山神の伐採許可がおりたとするヨキタテの儀礼は、種子島、屋久島、トカラ、奄美大島、島根、男鹿半島などでみられた。『分類山村語彙』によると、杣夫の事業はじめの日をマサカリタテといい、秋田、青森、北海道では、山の神を祀り宴をはるところをみると、マサカリタテはヨキタテと同様な儀礼と考えられるから、ヨキタテの儀礼はかなり広く分布していたと考えてよい。」とのべ、ヨキタテの伐採儀礼が、山の神への移転願と譲渡願の性格をもっているとする。(14)

たとえば、カンマツリと呼ばれる種子島の伐採儀礼において、ヤマカタは神酒、米、塩、笹ジュエイをカリギの根元に供え、鋸や斧を木に立てかけ、「山神様よ、もしこの木に宿っておいでなら、こちらに移ってたもれ。山奥三十三人、山中三十三人、山下三十三人……」と祭文をとなえる。トカラの中之島でも側の木に注連縄をはり、伐採木に斧をたてて移転を願う。一方、奄美大島では神酒、塩、米、昆布を木の根元に供えて「この木を船にしたいから譲ってください。後にはたくさんの木を植えてお返しするから……」ととなえて、斧を木に立てかけ、煙草を二、三服する間、斧が倒れなければ山の神が願いを聞きとめたあかしとする。

これらの事例は、南西諸島における山おろしの習俗にみられる伐採儀礼として、川崎晃稔が刳舟制作儀礼のなかに位置づけた資料であるが、私も京都府北桑田郡美山町大原で、古老から次のような話を聞いたことがある。

大原では山仕事のために泊りこみで入山する際には、大木の根元にツルハシを一晩たてかけておき、倒れていなければ山の神の許しを得たとして安堵したという。大原は烏田楽で知られる由良川沿いの山村である。山仕事の道具を大木の根元に立てるヨキタテの儀礼は、川崎がのべるように日本の南北間にわたってひろく見られる習俗といってよい。伐木の際とはかぎらず、たとえば年頭の初山入りの折、斧やノコギリ、鎌などの山道具の模型を木で作って、山の神の祠や神木の根元に供える儀礼は、今でも京滋や大和の山中の村々でよく目にする。

写真23　ツクリゾメ（美浜町中寺）

引用文にあるように、たしかに屋久島でもヨキタテが行われたことは相違ない。しかし、そのことが、島に伝わる如竹上人のヨキタテの開始伝承を否定し、ひいては屋久島におけるヨキタテの習俗をして、トブサタテの語源を解明しえたとするには、いささかの無理があると私は考える。これでは仮定にもとづく机上の空論ではないか。鴻巣はつづけて次のように自説を展開するのである。

「従来予は木末説を採ってゐたが、船木となる大樹を切った後に、その梢の部分を立てて山神を祭るものとしては、『とぶさたて船木切る』といふ言ひ方では、とぶさを立てる動作が、船木を切る動作よりも前のやうに聞えて穏かでない。とぶさを斧の意に解すればその点が少しも無理がなくなるのである。」

　万葉学者らしからぬ言葉である。「とぶさたて」という五音の短句が枕詞、すなわち冠辞である以上、必ずしも動作の順逆を問うことはない。また高崎正秀は『古典と民俗学（上）』のなかで、このことに関して、「斧《オノ》を木に立て、もしくは弓矢を結びつける民俗は、伐木の始めに行う行事であり、梢の一部を株根に立てるのは、概して伐採後の民俗である点が問題になるだけである。」が、「伊豆《イズ》の萱引の山奥の炭焼部落などでは、山始めには木の枝を取って土に挿《サ》し、それに酒を一合くらい供えて、山の神を祀《マツ》ることになっているという（『日本民俗学』二ノ六）。すなわちとぶさを立てることは、決して伐木後の行事とばかりも論断出来なかったのである。」と反証している[15]ことを、つけくわえておこう。ツクリゾメ・クワハジメと呼ばれる年頭の予祝儀礼は、その応用であろう。

5　「木曽式伐木運材図絵」にみる伐木儀礼

　では、本論の前提にたちかえって、民俗学の立場からトブサダテの語源にせまるべく、各地の事例を検討することにしよう。

　まず、トブサタテを木末説とする有力な証拠として、よく引用される絵画史料に『木曽式伐木運材図会』がある。この図会は、所三男の解題によれば「わが国の代表的林業地として知られた木曽山

（長野県木曽郡一円）において発達し、木曽山において完成した伐木・運材技術、いわゆる『木曽式伐木・運材法』の実際を作者が実地調査して、これを上下二巻の絵巻としたもので」、著者は『斐太《ひだ》風土記』『和名抄国郡郷名索引』の著者としても知られる国学者の富田禮彦（一八一一〜一八七七）とされるが、図会をえがいた作者については絵師の雅号も落款もないため明らかではない。現在手にすることが出来る『木曽式伐木運材図会』が、高山の住広造によって復刻公刊されるまでにはいろいろと経緯があったことは、所三男の解題に詳しい[16]。その研究によれば、富田禮彦が高山の地役人の頭取として奉職するかたわら、弘化二年（一八四五）に同僚の土屋秀世、絵師の松村寛一の協力のもとに『官材図譜』を作成し、時の高山郡代豊田藤之進に献上、さらに嘉永六年（一八五三）に補写した一巻を次の郡代福王三郎兵衛に献納し、翌七年の春に飛驒材管流《くだなが》しの終点にあたる下麻生湊までの運材工程を見聞して前巻に補足し、ようやく上下二巻の『官材図会』が完成をみた。この図会は大正六年（一九一七）に高山の住広造によって『運材図会』と名付けられて復刻したと氏は解説しているが、復刻のもととなった『官材図会』の目次と『運材図会』の目次はほとんど重ならない。後者の図会には標題・序文の後書がないため正確な成立年代が不明で、「前図会完成の翌安政二年から一両年の後、即ち安政三〜四年の交に出来上ったとみて大差ないであろう」と推測している。

　両図会の画風もいちじるしく異なり、前者は「主題の運材作業を工程別に忠実に写し取ることに力《つと》め、従って作業場の背景などは副題的にしか画いていないのに対し、後者の本図絵は前者とは全く対照的で、一幅の風景画の中に伐木・運材作業を、いわば副物《そえもの》的に取り入れたと見られる画面が多

図2　『木曽式伐木運材図会』所載の「株祭之図」（長野営林局所蔵）

い。」前者が田舎絵師風なのに対し、後者は四條円山派画風の洗練した筆致が見られるとする。とすれば、「この図会は大正六年（一九一七）に高山の住広造氏が『運材図会』と名付けて復刻した」とする氏の解題には矛盾がある。しかしいきさつはどうであれ、『官材図会』には本稿のテーマである「株祭《かぶまつり》之図」が収載されてはいないため、ここではこれ以上問題としない。

長野営林局所蔵のこの上下二巻の図会には、伐木と運材の工程にそって①山趐え図②杣小屋之図③杣小屋之図其二④祭山神図⑤元伐之図⑥株焼之図⑦墨打之図⑧文六厘之図⑨御山厘之図⑩株祭之図⑪釣木之図⑫纚之図⑬臼之図⑭算盤之図⑮簗之図⑯修羅之図⑰樋之図⑱伊勢大神宮へ神納木渡入之図⑲杣人具之図⑳製材之図㉑杣判之図㉒角面之図を上巻に、①

伊勢御祓大麻持運之図②小桴之図③官狩之図④鴨桴之図⑤登械之図⑥撤橋之図⑦⑧切所狩下之図⑨留綱張渡之図⑩留綱之図⑪角乗之図⑫切所掛り木之図其一・其二・其三⑬桴士之図⑭桴乗下ゲ之図⑮桴組立之図⑯屋州白鳥湊之図⑰白鳥湊着桴之図⑱揚木之図⑲卸木之図⑳大船之図㉑登セ搔桴之図、および元船概要を下巻に納め、それぞれの図会の左画面に簡潔な詞書が書き添えられている。

このうち山の神の祭祀に関連のある図会は、上巻の④祭山神図と⑩株祭之図に見られる。その詞書によれば、「祭山神図《やまのかみをまつる》」には「杣人の小屋掛調《ととの》ヒ、山入最初ニ山神ヲ祀《まつ》リ、常盤木《トキワギ》ヲタテ、注連《シメ》縄ヲ張、頭分ノモノ両三人ニテ御酒《ミキ》ヲ奉リ、材木元伐《もときり》ニ懸《かか》レルヨリカクノ如ク、一ケ月ニ一度ヅ、不怠《おこたらず》御酒《みき》ヲ奉リ、日待《ひまち》ト唱ヘ通夜《つや》スルナリ　祭神　山津見神《ヤマノカミ》　山伎《ヤマキ》大明神」とある。この文中には斧をたてかけるとの説明もなく、また図会をつぶさに検討しても道具らしいものは何ひとつえがかれてはいないが、状況的に判断して小屋掛けが終り伐木にとりかかる直前の山の神への祈願の構図であり、いわばヨキタテの儀礼といってさしつかえはない。その証拠に、注目すべき説明が、次の⑤「元伐之図」の詞書にある。

「材木根伐《ねぎり》セザル前ニ、斧《おの》ノミネニテキルベキ木ヲ擲《うち》テ、鳥或ハ栗鼠《リス》など飛出レバソノ日其木《き》ハ不伐《らず》トイヘリ、倒《たお》ル、時発声三度アグルナリ、大木ハ鼎《かなえ》ノ足ノ如ク三ツ足・五ツ足ニモ伐残スナリ」

斧の峰で樹幹をたたいて、鳥やリスがとびだしてきたら、その日にその木は切らないという心意には、鳥や小動物を山の神の使い、顕現として畏敬する杣の素朴な信仰が反映していよう。「倒《たお》ル、時発声三度アグルナリ」というのは、誤って切った場合のおそるべき山の神の怒りの雄叫びであろう。

ヨキタテと同じように、斧をもちいた呪法といってよい。また、「大木は鼎《かなえ》の足ノ如ク三ツ足・五ツ足ニモ伐残スナリ」という伐木法は、アイヌの「サルカ」を想起させる。『日本丸木舟の研究』のなかで、川崎晃稔は萱野茂の『アイヌの民具』を引いて、「伐採した木の切り口の三角にとがった部分を『サルカ』と呼び、ここに立ち木の魂が籠っていると信じられている。したがって、伐採したらサルカを切り取ってイナウや稗や煙草などを供え、『このみやげをもって神の国にお帰りになると、一段と高い神として遇せられますよ』と祈って立ち木の魂を神の国に送り帰すという。」とのべている。(17)

むろん、元伐りは「凡そ大木を伐るには根元三・四尺上にて、斧を以て鼎足のやうに穴を穿ち、木の傾く方目立て、一方の鼎足を伐り放てば自から倒るる也」(『木曽山記』)とする木曽式伐木法であり、三ツ伐りとも鼎伐りとも呼ばれるが、元伐りに際して行われる斧を用いた呪法が、「一概に迷信とは言いきれない杣人社会での古い習俗である」以上、元伐りにもアイヌが伝承するサルカの儀礼が跡をとどめているように私には思われる。

さて、問題とする⑩「株祭《かぶまつり》之図」(図2)の詞書は次のように書かれている。

「樹木伐倒シ、其木ノ梢《こずえ》ヲ打テ株ニサシタテ山神ニ奉リ、其木ノ中間ヲ山神ヨリ賜《たまわ》ルトイフ、古《いにし》ヘ木伐例ニテ、延喜式《えんぎしき》大殿祭ノ祝詞《のりと》ニ見ヘ、又万葉集三ノ巻・十七ノ巻ニ鳥綱立《トブサタ》トヨメル、即此事ナリ」

図会には、斧を腰にさしたきこりが、腰をかがめ、桧と思われる大木の切株のまんなかに、その梢をさしたてている様子が、たなびく瑞雲のなかにえがかれている。「株祭は④の山神祭に見合う行事である。樹木を倒したあとの伐り株、または根株付近へその木の末枝《うらえ》（梢）を挿して山神（樹霊）へ奉謝するもので、これを古くは鳥総立《とぶさた》てと言った」「とぶさ立ては、杣人たちが山神祭と共に幾久しくうけ継いで来た儀礼の一つである」と所三男が解題にのべているように(18)、古くは万葉集、延喜式の大殿祭の祝詞に見える伐木儀礼であることにかわりはない。と言ってしまえば事は簡単なのだし、わざわざこの小論を書く大義名分などありはしない。鴻巣盛広の異議申立ては大殿祭の祝詞にも向けられているのである。いましばらく氏の言説に耳をかたむけてみよう。『鳥総立』考」から引用する。

「真渕は祝詞大殿祭の、『斎部能斎斧乎以弖伐採弖本末乎波山神爾祭弖中間乎持出来弖』とあるのを証として、梢を山に立てて神を祭るものと考へてゐるが、この祝詞の文は大木の中間のみを山から取り出すことを言ってゐるので本と末とを以て如何にして神を祭るかは述べられてゐないのであるから、この文を以て、直ちに梢を立てて神を祭る古俗があったものとはなし難いのである。」

「冠辞考」のなかで、賀茂真渕は大殿祭の祝詞を引いて、「同式に、造二遣唐使船一。木霊并山神祭。この外に宮材はもとより船材を採るにも祭りあり。推古紀等にも見ゆ。今も遠江の土人《クニ》の大木を切ては、其くひぜに同じ木の杪《コズヱ》を折て立る事あり。右に本末を山神に祭といふ。即此ごとくして手向るならん。」と論証しており(19)、そのことへの批判である。

大殿祭《おほとののほがひ》は、「祝言即ち祝賀の呪文を奏して、宮殿の安泰を祈る」『延喜式』所載の祝詞である。「宮殿関係の神を祭り、神今食・新嘗祭・大嘗祭の前後にきまって行われ、また臨時に宮殿の新築などに行う。御門祭の祝詞と共に斎部氏のとなえる詞で、その家に伝わったものと推考される。」と日本古典文学大系Ｉ『古事記　祝詞』の頭注にある。(20)ちなみに大系本から読みくだしにした問題の箇所を引用してみよう。

「天つ日嗣知らしめす皇御孫の命の御殿《みあらか》を、今奥山の大峡《おほかひ》・小峡《こかひ》に立てる木を、斎部《いみべ》の斎斧《いみおの》をもちて伐《き》り採《と》りて、本末《もとすゑ》をば山の神に祭りて、中間《なから》を持ち出で来て、斎鉏《いみすき》をもちて斎柱《いみばしら》立てて、皇御孫の命の天の御翳《みかげ》・日の御翳《みかげ》と、造り仕へまつれる瑞《みず》の御殿《みあらか》（後略）」

とりわけ「本末《もとすえ》をば山の神に祭りて」という文章には、「本と末とを以て如何にして神を祭るかは述べられてゐないのであるから、この文を以て、直ちに梢を立てて神を祭る古俗があったものとはなし難い」と鴻巣は論断するのである。しかし簡略化された表現とはいえ、「本末」とは木の根元（株）と梢のことゆえ、切株を祭壇にして山の神がやどる梢をその割目にさし、トブサタテの儀礼が行われたことは相違ない。「中間を持出来て」用材とするという何と簡潔で適確な言い回しであろう。それでもなお、「如何にして神を祭るかは述べられてゐない」と強弁することは、氏の想像力の欠除をいみじくも示してはいないか。松前健は、中間が宮殿の斎柱に用いられることについて、トブサタテの作法を単なる伐木儀礼としてではなく、建築儀礼として位置づけようと試みている。

『延喜式祝詞講義第二』のなかで鈴木重胤は、「中間乎持出来氐は、本末をば打伐て山神に幣為《マヒセ》る其中間の宜しき用木と為る可き所を持出来るを云なり」として、「冠辞考」を引用し、「遠江に限らず諸国にも為る事なり」とのべている。(21)文中には特にトブサタテへの言及はないが、「幣為《マヒセ》る」という言葉には梢を切り株にさしたてて祭祀を行ったことが充分うかがわれよう。また『祝詞新講』のなかで

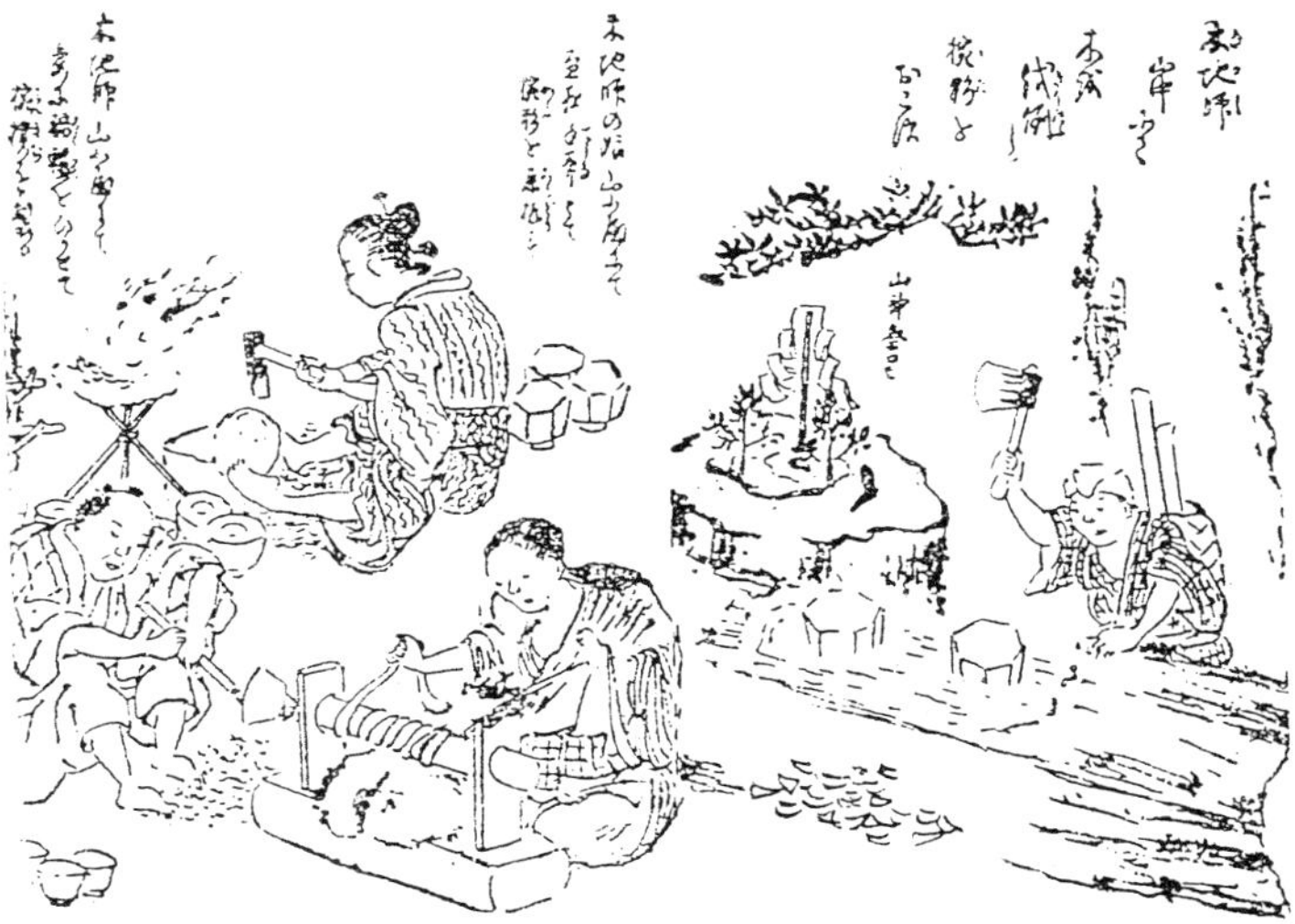

図3　『斐太後風土記』所載の山神祭

次田潤も、祈年祭の「本末打切りて」について大殿祭の祝詞を引き、「木の本末は山の神に奉って置いて、中間を宮材として取り来る古俗があったのである。」と注釈している。更に評記のなかで次のように言及する。(22)

「樹木の伐採に先立って其の山神を祭る事は、上代に於て一般に行はれた慣習であった。而して右の節に、木の本末を切って、神に供へる事が見えて居るのは、これ亦上代に行はれた古俗であったやうに思はれる。即ち祝詞考に、遠江国では、樵夫が大木を伐る時に、其の梢を折って根の処に刺し立てて、之を山の神に献る習慣のある事を記し、又祝詞講義にも、山神を祭った後に、伐採を始める風習を記し、すべて樹木を其の根に至るまで、余す所なく採り尽す事は、神の祟があると云って、忌む事になって居ると云って居る。さういふ風習は、今もなほ吾々の見る所である。」

ここで注目すべきは、大木の伐採前後の山の神の祭祀について、はっきりと区別しているということであろう。つまり、伐採前の儀礼はヨキタテの祝いであり、伐採後にはトブサタテが行われたにほかならない。「ヨキタテは伐採に当って、山の神の許しを乞うのであるのに対し、これは事後処理であってトブサ（梢）を切り株に立て、樹木の再生産を祝うのである。」と堀田吉雄も『山の神信仰の研究』のなかでいみじくものべている。(23) いずれも真渕説につきすぎている気もしないわけではないが、それだけ民俗例を傍証にした『冠辞考』に説得力があるためにちがいない。「大殿祭《オオトノホガイ》の文面には、確かに氏の言われるような疑いがないではない」としながら、高崎正秀も「古典と民俗学」のなかで「古人には『言塵集』や『冠辞考』の説のような方法で、神を祭る習慣も存したことは認めずにはおれぬ。」としている。なお、『斐太後風土記』第二巻、二ツ屋《フタヤ》村の項「木地師」の図に、切り株に御幣と二本の梢をさして「山神祭」と詞書のある絵が掲載されている。(24) まさしく「本末をば山の神に祭りて」の図柄である。

6 トブサタテの民俗例

さて、遠江ばかりではなく、切株に梢をさして山の神をまつる古俗は、「今もなほ吾々の見る所である」と次田潤は力説するが、現在どこの杣でも聞くことのできる伝承ではないようである。採訪の際、極力質問を試みるが、古老たちの反応は必ずしもよくはない。しかし、数が少ないとはいえ、古典にみるトブサタテの儀礼と考えられる民俗資料が、各地に伝承されてきたことは事実である。以下に文献もまじえて、その民俗例をあげよう。

①「山の太杉どもを伐《き》り倒し、そが末葉《ウレバ》を折りて、樵《こ》りつる木の根のこころことに挿《さ》したり。これなん本末をは山の神に祭りてと、かくしるし給ふたるふるきためし、鳥総たて足柄山に船木きりきにきりよせつあたらふな木をとなんよめる。恋にたくす万葉集のふることも、かかることをもととして杣人《そまびと》、山賤《やまがつ》が家家に伝ふ。それぞれのりありといへど、見しは今はじめ也」（菅江真澄『外浜奇勝』寛政十年五月十日の條）[25]

②「今の遠江《トホタフミ》の土人の、大木を切ては其《ソノ》くひぜに同じ木の杪《コズエ》を折て立る事あり。右に本末を山神に祭るといふ。即《スナハチ》此《カクノ》ことくして手向《タムケ》るならむ。古き事は田舎に遺れるなり。さて木杪をとぶさといふらんことは、又遠江言に木の最末《ホズエ》をとぼさきと云へり（越前・土佐などにてもさ云ふといへば、何処にても云ふか）。然れば遠先の意なるをぼとぶの語を通はし、且さきのきを略《ハブ》きてとぶさとは云ふなりけり」（賀茂真淵『冠辞考』）

③「陸中国上閉伊郡遠野の一郷は、もと南部藩侯支族の采邑に属し、其外郊四圍の山地は、御止山《オトメヤマ》として、故なく竹木を伐採することを禁止し、以て領主が不時の需要に応ずるための予備と為しける、故に此等の御止山には所謂る千年の斧斤入らざる底の古樹巨幹、其数夥しかりしが、若し斯かる古樹

巨幹の類を伐採する時には、杣人は必ず其枝葉の少許を折り取りて、根株に挿し山神に捧ぐるの意を表して、礼拝するの旧慣を存したり（維新後漸く廃す）、之に因みて想ひ起さるるは、古語の『とぶさたつる』といふ事なり」（伊能嘉矩「奥俗溯源」）(26)

④「屋久島の宮之浦では、木を倒すとすぐその場で、切株に青柴をたてて拝むというのも、トブサタテとは言わなくても、この信仰儀礼に外ならぬ事実であると思われる。南アルプスに属する仙丈岳山麓の三峰川谷の杣は、大木を伐るたびに切株にホイをさすということである。ホイというのは木の主幹となるべき枝のことであるという。これも一種のトブサタテであろう。」（堀田吉雄『山の神信仰の研究』）

⑤「（丸木舟を作るためにトチの木を）伐り倒した後、倒した木の切り株の中央の割目に、昭巳さんが小さな柴木を差して利博さんと二人が手を合わせた。

『これは「アサ祝い」っていうんですよ。丸木舟に限ったことではなくて、ある程度樹齢のいった木を切ったときにはやるもんなんですよ。まぁ、今はあまりやらなくなったですけどね。昔は必ずやってましたね。

アサ祝いというのは、全て山の木は山の神様のものですから、その山の木を伐るというのは山の神様から木を奪ったことになるんですね。そこで若い柴木を立てて山の神様に木を返しましたとするんです。ようするに、大切な自然の木を伐ってしまった、人間の勝手で伐ってしまったんですから、切り株に若い柴木を立てることで、この切り株から新しい木が芽吹いて育ってくれるようにという山人の気持ちの表現なんですょ」

と、利博さんは説明してくれた。」（田口洋美『越後三面山人記―マタギの自然観に習う』）(27)

「アサ祝い」というのは、朝一番仕事にかかるまえに行う儀礼という意味である。入山の初日には、山仕事の無事を祈ってヨキタテを行った。十二月十二日は山の神祭りを行う。山の神と田の神の去来伝承あり。（高橋利博教示による）

⑥群馬県吾妻郡六合村入山世立の関千代衛（昭和六年生）によると、大木を伐採した時には、その切り株の中心に「ごちそうさまでした。ありがとうございました。」と感謝の言葉をのべながら、伐った木の枝をさす。長い間かかって育った木を伐らせてもらうことへの感謝と、ふたたびこのような大木が育つように、再生への祈りの気持をこめて十二様と呼ばれる山の神に「新芽を進ぜる」ために行うという。入山には特に呼称はないが、隣りの長野原町ではこの儀礼を「タマシイウツシ」と呼ぶ。世立では毎月十二日が山の神の日で、松岩の十二様に焼魚を供えた。十二様には松やナラの古木がある。山の神は女の神だから、女が入山したり泊ったりするとヤキモチをやき、けがをするといわれている。一月十四日のシゴトハジメ（初山）の日には、十二様にオサゴ（米）を供えて一年の無事を祈る。入山には四つの集落があり、五月八日に十二様の石祠に組頭が赤飯を供え、「木戸巾十二山神御焚上順番帳」と書かれた講帳を渡して、次の集落に祭り番の引きつぎを行う。祠のなかには「奉修木戸巾十二山神」と書かれた木の神札が安置してある。木戸巾とは山の神の祭場をさす地名である。ヤマイヌは十二様のお使いとして恐れられており、むかし子供がさらわれたこともあったという。赤飯

の小豆のにおいをかぐと、ヤマイヌは鼻がきかなくなるといわれている。そのため、入山引沼では六月八日にヤマイヌのオボヤシネ（産養い）を行う。「右朔渡　左山」と書かれた山と里の境界に立つ石柱に、小豆飯とフキの煮物、海の魚を供え、ヤマイヌが里へ降りてこぬよう祈る。

⑦岩手県東磐井郡室根村折壁の室根山に鎮座する室根神社は奥七郡の総鎮守とされ、本宮と新宮がある。社伝によれば、本宮は養老二年（七一八）鎮守府将軍大野東人が熊野本宮を、また新宮は正和二年（一三一三）陸奥の守護職、葛西重信が熊野新宮を勧請したことに由来する。例祭は旧八月十三日。旧暦閏年の翌年に当る九月十七日から十九日にかけて特別大祭が行われ、相馬野馬追い・塩釜祭りとともに東北三大荒祭りとして名高い。両宮の神輿が山をかけおり、黒木の御所と呼ばれる両仮宮に運びあげ、先着争いをして作柄を占う。室根山中腹の田植の壇で行われる御田植神事や浜下り神事とされる唐桑からの潮水献上などに古い祭祀形態が見られる。特に里の御旅所で行われるマツリバ行事は国の重要無形民俗文化財。お仮屋とも黒木の御所とも呼ばれるお旅所は、旧九月十六日に室根山に向って右に本宮、左に新宮の仮宮が建てられる。柱材の松の木（木口四寸のもの十二本）は勢返の住民により社地の山から伐りだされるが、松丸太を伐採する際に、切り株に梢の枝をさし、お神酒を供えて手元の安全を祈る。畠山幸夫（昭和十一年生）によると、この儀礼は山の神への感謝の気持をあらわすためとされている。山の神は男の神様で、十二月十二日、一月十二日に山の神祭りを営む。また毎月十二日には山仕事を休んだ。

⑧和歌山県東牟婁郡古座川町真砂の山林業坂根弘晟（昭和十年生）によると、仏滅や三隣亡をさけ

て大安吉日に行う伐採初日のヤマイレの日に、大木の切り株にヨキで切れ目をいれて榊の枝をさし、株を台座にして山の神を祀る。三宝にお神酒・塩・洗米・鯵・リンゴ・トマト・ニンジン・アズキゴハン三個を供え、「ハライタマエ、キヨメタマエ、サキユキタマエ」ととなえるが、これは何十年・何百年と生きてきた大木にねぎらいの言葉をささげるためである。野菜は自家製のもので良いが、魚は「アジ良くいく」と縁起を祝って鯵を供える。また、木を伐る時はテノコでキリグチ（ウケグチ）を入れ、お神酒をそそいでヨキイレを行う。十一月七日のヤママツリ（六日夜をヨイヤマという）にはサカキをたて、ボタモチ（一合五勺）二個と鯵・野菜・果物を供える。かつては当日オヤカタの家にボタモチを献上する慣わしがあった。（⑥⑧についてはNHKテレビ『ふるさとの伝承』を参照）

これらの民俗例は、むろん全国の傾向を鳥瞰するには充分とは言い難い。しかし、トブサタテの語源にせまりうる一定の傾向が、以上の事例のなかには厳然と認められる。

事例①②は、もはや古典的と言っていい青森と静岡の伐木儀礼が、菅江真澄と賀茂真渕という二人の碩学によって、万葉のトブサタテに比定された例としてよく引用される。「木の最末《ホズエ》をとぼさきと云」い「遠先」の意とする『冠辞考』の一節は、「今日も正月の門松《カドマツ》は取去ると、あとへその小枝を一本挿《サ》しておく習慣があり、これを東京では遠先《トオサキ》と言っている。」とする高崎正秀の論証によって、さらに裏づけを得ていよう。いわゆる季語にもなっている「鳥総松」の年中行事である。先年、この習俗が奈良県山添郡から滋賀県の湖東にかけて見られることから、調査を試みたが、どうもこの場合は俳句の盛んな土地柄から、季語が先行しているように見受けられた。むろん、真渕の説を否定するわけではない。

八例に共通するのは、いずれも大木を伐採したあとの切り株に枝（梢）をさして山の神を祀る形態である。ちなみに、和歌山県古座川町の事例では榊をさすが、これは榊が神木として代表的な樹種であるために普及したもので、本来は伐採した大木の梢に限定されていたに相違ない。

『万葉集』のなかでトブサタテは、舟木にかかる枕詞として用いられており、奥三面のアサ祝いはまさしく丸木舟の建造に際して行われたが、むろん舟木に限ったことではなく、ヨキタテとともに、かつては山入りに際してのごく一般的な儀礼であった。なぜ、二首あるトブサタテの歌が、舟木にかかる枕詞としてとられたかというと、「万葉集に、伊豆手船・足柄小船などとよめる船も、伊豆国に造れるをば伊豆手船と称し、相模国足柄にて造りしをば足柄小船と称するなるべし」とされたからで、「万葉集巻十四、相模国歌に、『母毛豆思麻安之我良乎夫祢安流吉於保美《モモツシマアシガラオブネアルキオホミ》』、また、『阿之我里乃安伎奈《アシカリノアキナ》乃夜麻爾比古布祢乃《ノヤマニヒコフネノ》』などよめり。比古布祢は引船にて、むかし此山に船材をとりやがてそこにて作りつるより、足柄てふ船名は有りしなるべし。されば此能登島にてもそのかみ此船材をとりて、やがて作りたるにてもあるべし。」と『能登志徴』は説いている。

能登島はかつては大木の良材が生いしげり、この島に鎮座する伊夜比咩神（大屋媛命）の託宣によって、船材を日本ではじめて伐出した地であるという。当社の神職はじめ能登に船木の姓が多いのは、このことに由来する。『能登志徴』の作者はこれらの典拠をふまえたうえで、東大寺所蔵の古文書に

見える能登国立丁船木部積万呂をもその一族に比定するのである。(28)

ではなぜ、梢であれ斧であれトブサタテをして山神を祀るのか。二首の万葉歌はこの点については、船木にかかる枕詞として所与の伐木儀礼をうたいあげる。万葉の時代にあっては、トブサタテがどのような儀礼であるかは、お互いに共通の認識があったはずである。したがって、この二首からは、トブサタテが梢または斧でなければならないという限定された言い方はできない。トブサタテという伐木儀礼を行って船木を伐りだしたという前提があれば、この歌意は充分通じたのであろう。『堀河百首』の「卯の花も神のひもろぎときてけり　とぶさもたゆに木綿かけて見ゆ」の一首を得て、中つ世の文人たちはトブサがはじめて梢や枝をイメージした言葉であるかが理解できたに相違ない。

とはいえ、トブサタテという事実が厳然とあるにもかかわらず、これまで述べてきたような解釈の相違があるということは、トブサタテという言葉が民俗語彙として伝承されなかったことに大きな原因がある。この言葉は、『分類山村語彙』『分類農村語彙』『綜合日本民俗語彙』には「トビサ」または「ワラトベ」の関連語彙として扱われているにすぎない。たとえば、「この語がかの万葉集のトブサと同語らしいことは比較によって略確かである。」と占有標をしめす「トビサ」について言及はしているが、トブサという言葉はあくまでも古語でしかない。なお、土佐幡多郡の正月行事に「とぶさ立て」の報告があるが、「語が現行しているのか否か、不明」であると、高崎正秀は先の論文のなかでのべている。

それゆえ、窪田空穂ほどの大学者ですら、『万葉集評釈』の語釈のなかで四〇二六の「能登の島山」の歌について、『鳥総』は、二様の解があり、定解はない。一は伐った木の枝で、今一は手斧だといふ。」としながら、「山から船木を伐り出す時の行事で、その木を山神の物とし、伐り出すについて許しを乞ふ為の行事である。」とする。(29) また同様に三九一の「足柄山」の歌についても「本来、山の木は、山の神に属する物であるとして、それを伐り出す時には、その本末《もとすえ》、即ち株と鳥総《とぶさ》とを山神に供へることを古来より風としてゐた。」と解釈するのである。すなわち、空穂によれば、トブサを立てることは、山の神に伐木の許しを乞う行事で、古来よりの習俗であるということになる。

しかしながら、すでに民俗事例に見てきたように、入山の際に伐木の許可を得る儀礼はむしろヨキタテの機能にほかならない。ヨキタテをして山の神の許しを得たあとに、更に伐木後再度許しを乞うことはないはずである。この辺の伐採作業の工程については、先に『木曽式伐木運材図会』によっておおまかな理解をしたが、伊那谷界隈における「伐採時の作法」について松山義雄の見聞を検討してみよう。『山国の神と人』からの引用である。(30)

伐採時の作法

①伊那谷では、氏神や個人所有の小祠とわず神にゆかりのある木を「モリ木」と呼ぶ。

②モリ木は神の所有物とされ、ソマは極度に伐木をきらう。（ちなみに寺院関係の木は特殊視されず、伐採はスムーズに行われる）

③ソマは何の木であれ、ことさら大木の伐木を忌みきらう。これは古木には神霊が宿るとされるからである。

④遠山谷では、モリ木―御神木の伐採にあたって、施主が祢宜に祝詞をあげてもらい、木の譲渡を神様にお願いする。

⑤その代償に、一本伐るごとに三倍に植え増してお返しすることを神様に約束する。この作法を一般に「木もらい」、八重河内の此田などでは「木ダマシ」と呼ぶ。「木ダマシ」は木霊《きたま》のこと、此田では伐採に当って木のタマシを抜き去ることだという。

⑥遠山谷の梶谷では、伐採のまえにその木を伐ってもよいか悪いかを占う。「七尾の狐　やおうじん　この木を伐るぞ　はちおうじ」と呪文を三度唱え、ヨキを木に切りつけたまま、煙草を一服する間にもしヨキが落ちていたなら、決して伐木しない。遠山谷ではなんの木であれ、伐採に先立ってヨキ・鋸・テコを木の根元に集め、祢宜の祝詞がすんでから着手する習わしがある。売木村では、伐採前に山中にある節の多い怪異の木を神木とみなし、ソマ全員のヨキ・鋸を木の根元に集め、塩で清めてお神酒を供え、親方が無事を祈って祝詞をあげてから、全山の木にさきがけてこの神木を伐採する。

⑦木もらいの後、祢宜がモリ木に先ず一ヨキをいれてから、サキヤマの伐採がはじまる。伐木後は約束通り、同じ樹種の苗木を三本植えて神様に返す。売木村ではこれを「木のたてかえ」と呼ぶ。

⑧南アルプス仙丈岳の山麓の三峰川谷のソマは、朝、前日伐採した切り株に木のホイ（主幹の枝）を挿す。特に大木を伐った場合には、一本伐るごとに必ず芯のたった、成長過程にあるホイを挿すのを習いとする。

伊那谷におけるこの伐採の作法には、伐木前の「木もらい」「木ダマシ」「ヨキタテ」の儀礼と、伐木後の「木のたてかえ」や切り株にホイをさす儀礼が歴然と分別して認識されていることがわかる。いわゆる手斧をたてるヨキタテの儀礼は、山の神からその専有物である樹木を所望する儀礼であることには変わりないが、それでは伐木後の儀礼は何故行われるのか、という疑問にふたたびたち戻ることになる。

新潟県奥三面のアサ祝いにおいて切り株に若い柴木をたてることには、山の神への感謝と返礼、再生の願いがこめられていたことを想起する。群馬県六合村でも事は同じである。長野原町では、この古いしきたりを、いみじくも「タマシイウツシ」と呼んだ。山の神という神格化された神観念以前の、樹霊の継承儀礼としてトブサタテをとらえなおすことが肝要ではないであろうか。「本末をば山神に祭りて中間を持ち出で来て」という大殿祭の祝詞の一節は、おそらくそのことを言っているのだ。むろん、この場合はすでに樹霊は山の神へと発展をとげているが、大古のアニミズム（精霊崇拝）の記憶がこの儀礼にはこめられていよう。ともあれ、ヨキタテをしトブサタテをして伐採した船木である以上、伐木儀礼に手ぬかりは許されなかったはずである。

7　樹霊と山の神——依代説批判

さて、これで『万葉集』におけるトブサダテの問題がすべて氷解したわけではない。たとえば次のような事例をどう考えたらいいのか。今井善一郎の『習俗歳時記』から「山初め」の一節を引こう。(31)

正月六日の山初めの日、四日の御棚探しに下ろした御蒼前様の餅とオサゴ（白米）、ゴマメ、白紙を持って吉方にあたる雑木林へ行き、「手頃の小さな木を根元から切倒してその木のウラ（芯）を三尺許り残しこれをもとの根元に立てます。之に白紙で作った簡単な御幣を飾り、白米、田作りを供えておがむのであります。只行事だけの山初めでしたらこれで終って帰りますが、若し実際にその山を全伐する様な場合には今少々手のこむ祭りをやります。木の芯を残して立てることは同様ですが、この場合はこの木の芯の中央より上の部分を白紙で包んでこれを藁縄で十二ケのエボ結びにゆわえます。（簡略に七ツ、五ツ、或は三つにする事もありますが、十二が本式）この方法はいろいろの方式がありますが、大体一本の縄を三重に折って中の木と一緒に結えるのです。之にやはり白紙のオシメを添え、オサゴ、ゴマメ、塩等を供え、更にこの場合はお神酒をこの木の芯にそそぎかけるのです。勿論所謂山初めの一升はつきものであります。通例の正月六日の山初めは酒などないのです。猶この日には、十三日の小正月に使うボクの類を切ってくる事になっています。（後略）」

山の神は当地（群馬県勢多郡北橘村）では十二様と言い、戦後「この鳥総立（とぶさたて）の行事も殆どなくなりました」と著者の今井善一郎はのべている。おそらくこの「鳥総立」も在所に伝わる民俗語彙ではあるまい。『万葉集』という古典の知識に裏づけされた記述である。

事はそういうところにあるのではない。伐採作業ばかりではなく、一月六日の山初めという年頭の行事においても、トブサマツと同じくトブサタテの伐木儀礼が行われていたことに注目したい。しかも、そのようにして初山から伐ってきた若木を小正月の予祝儀礼に用いることは、何を意味するのか。

そのことが重要なのである。

「十二ケのエボ結び」というのは、たぶん「十二本の藁《ワラ》を束ね結んだ山注連《ヤマシメ》」のことであろう。「それは年木・節木・門松として十二月の数であるが、また山神の十二様《サマ》の数でもある」として、家の男の数だけ作りその年の明きの方の樹にかけ、神酒を雪の上に垂らして山神を祀り、斎い清めてから伐り取って帰る事例を、高崎正秀は「葉守神考」のなかで引用し傍証している。さらに伊豆の菅引の山奥の炭焼集落では、山始めには木の枝を取って土に挿し、酒を一合ほど供えて山の神を祀るとして、「とぶさを立てることは、決して伐木後の行事とばかりも論断出来なかったのである。(32)」とする見解は、年中行事における柴さし・柴祭りの起源について想像力を大いに刺激しよう。

かねがね私は、ツクリゾメやクワハジメと呼ばれる年頭の予祝儀礼や田遊びに用いられる柴や祝木・祝棒が、決して模擬の早苗などではないと考えてきた。現在はそのように安直に認識されているとしても、少なくとも本来はもっとシンボリックな意味づけがされていたはずである。すなわち、柴や梢の枝は山や森の精霊がこもるトブサなのであり、プリミティブな生命力の横溢した枝葉を田や畑にさして新年を予祝することは、山や森の霊力を耕地に移植することにほかならなかった。今後は山の神と田の神の去来伝承も、その文脈のなかであらためてとらえなおしてみたい。ともあれトブサタテの民俗は、単に山林労働者の伐木儀礼にとどまらず、農耕の予祝儀礼としても見直す時期がきているようである。

本来、樹霊は必ずしも山の神そのものではなかった。樹霊が山の神となるには、長い時間の集積と神観念の変遷を要した。樹木の精霊《アニマ》は外在魂が宿ったものではない。「磐根《いはね》、木株《このもと》、草葉《くさのかきは》も、猶能《よ》く言語《ものい》ふ」時代は、森羅万象に霊異を認めていた。神や霊魂が外部からマレビトとして「宿る」という言葉を極力さけてきたのは、事物に依代観念以前のフェティッシュなはたらきを指摘しておきたいからである。事は、トブサと呼ばれた、たかが一本の枝の領分に、決してとどまりはしない。

第五章　埋納予祝の民俗——オイケモノその他

1　予祝論の視座

私は長年予祝行事を研究してきた。そこで、たとえば「予祝儀礼」ということばを辞典で調べるとしよう。さしあたっては、定評のある大塚民俗学会編『日本民俗事典』にあたってみると、次のような解説がある。

「多くは年頭に、来るべき一年間の農作業や農業生活の行為をまねて行なう模装儀礼。したがって実際の農作業よりは、はるかに早く行なわれ、主として稲作の開始に先だって農事を円滑に行なうための占いを伴う、農業開始の儀礼である。（以下略）」

あくまでも辞典ではなく事典であるから、ことばの辞義に少々正確さを欠いていてもそれほど問題にはなるまい。私自身、いくつかの事典類に関わってきたから、限られた字数でことばを定義・解説することの困難を痛感する。それゆえ執筆者の労苦をねぎらう気持はありこそすれ、批判めいたことは言いたくはない。とはいえ、この解説で非常に気になるのは、予祝儀礼を農業に限定していることだろう。まさしく農本主義的な言説が横行している。なぜ、漁業をはじめその他の生業にも言及しないのだろうかという素朴な問いは、時として日本民俗学の批判にはなりうる要素をはらんでいる。といって、ここでは論争を仕掛けるつもりは毛頭ない。

ついでに、小正月の予祝行事について石田武久の「予祝から報賽まで」(1)を参考までに引くと、「小正月には稲の豊作を予祝する行事が集中している。その予祝行事を大別すると、削りかけや餅花などのようにモノツクリをして秋の稔り豊かなることを願うものと、農耕の模擬行為を演じて豊作を予祝するサツキイワイとに分けられる。またこれに関連して、果樹の豊熟を願う成木《なりき》ぜめ、害虫を追い払う鳥追い、祝い棒を使って嫁の尻を叩き子孫繁栄、生産力を増進させる呪術、網ひき・粥占などの年占《としうら》、また夜、異人の来訪神を迎える風習など、種々の行事が行われ、年のはじめにあたって農耕儀礼の一環としての予祝の模擬儀礼が繰り返し行われている。」として、全国各地のモノツクリ・サツキイワイ・鳥追い・成木ぜめ・嫁たたき・年占・小正月の訪問者の事例をあげて論述している。ここでも、事典の解説と同様にもっぱら農耕儀礼単一論で予祝儀礼を裁断する。しかし、鳥追いを「田畑の稔りを食い荒す害虫を年のはじめに追い払う行事である。」とするのは、単なる誤植であろう。あくまでも字のごとく鳥追いは害鳥を追い払う行事であり、決して虫送りなどではない。といって、両執筆者のあげ足取りをしているわけではない。

要は予祝行事に伴う占い(年占)の内容、諸相について、本稿を進めるにあたり再確認しておきたいからにほかならない。そこで『日本民俗事典』の「うらない(占い)」にあたってみると、鹿卜・

亀卜・夕占・琴占・歌占・水占・鳥占・石占・星占・橋占・辻占・足占・籤占・粥占・豆占・相撲・競馬・舟競争・綱引・流鏑馬・歩射などさまざまな占いをあげている。また「としうら（年占）」の項にあたると、粥占・トシミ・ウスブセ・節分の月焼き（豆占）・歩射・綱引き・舟競争・相撲などがあることがわかる。

三者の予祝儀礼と占いについての記述をもって、日本民俗学の代表的な言説とするわけでは決してないが、これだけを見ても、これから私がとりあげる埋納予祝の民俗については、予祝儀礼というコンセプトのなかであまり論じられなかったように思う。各地の埋納予祝の事例を以下に紹介しよう。

2　埋納予祝の形態

各地の民俗例をあげるまえに、まず「埋納予祝」ということばの定義を簡単にしておく。今になって『広辞苑』と『日本国語大辞典』で「埋納」ということばを調べてみたが、なぜなのかこの語彙が掲載されていない。別に私の造語でもないが、「埋納」とは、読んで字のごとく「ものを地中にうずめおさめること」である。ちなみに『広辞苑』で「埋蔵」を引くと、「②（主として地下に）うずめかくすこと。うずもれかくれていること。」とある。「埋納」「埋蔵」いずれであれ、ものを人為的に埋めることと、もともと自然に埋もれ隠れていることの、能動・受動の両義性があるが、本論ではやはり人為的かつ能動的に予祝行為を行なうという意味で「埋納」ということばを用いることとする。

さて、各地の埋納予祝の形態は次のように分類される。

⑴生業予祝に関わるものを豊穣儀礼を行なって地中に埋め、一定期間ののち掘りだしてその形状の変化によって農作物の豊凶と気象を占うもの。

⑵人為的に聖域で栽培された植物の発芽状態を検分し、農作物の豊凶と気象を占うもの。

つまり、いずれも農作物の作柄とそれに大きく影響を与える年間の気象状態を予測するのであるが、モノを埋めるか、あるいは植物の根の発根・発芽状態によって豊凶占いをするという二形態に大きく分類されよう。まず⑴の形態からとりあげることにする。

3 オイケモノ

「オイケモノ」とは、「御生物」のことである。『広辞苑』の「いける〔生ける・活ける〕」を引くと「⑤〔「埋ける」とも書く〕土の中や灰の中に埋める。日葡「クリ・ミカンナドヲイクル」。」とあるように、七種の木の実を聖域の巨木の下に埋め、一年後掘りだして種子の発芽状態をたしかめて農作物の豊凶を占うところから、村びとたちは「オイケモノ」と呼んでいる。せっかく古くから地元民になじんだ民俗語彙がありながら、平成六年に福井県無形民俗文化財に指定される際に「加茂神社上宮の神事」という、いかにもお役所的な名称が付されてしまった。

オイケモノが行われる小浜市加茂は、宮川谷と通称される旧宮川村の入口に位置し、野木川左岸の谷間に所在する集落である。現在、ほとんどが兼業農家で生計をたてている。

集落の上手に鎮座する氏神の加茂神社は、村を縦断して流れる小北川によって上社と下社にわかれる。下ノ宮は一間社流造の本殿と拝殿、両側に末社を配し、一方、オイケモノが行われる上ノ宮は、小北川（御手洗川）の対岸、東方百メートル上手にあり、村びとが「ノガミ」と称するように、いわゆる社殿をもたない神籬《ひもろぎ》の神社である。照葉樹林の社叢のなかほどに、木造の小さな鳥居と石積み（磐坂か）とで区切られた禁足地があり、正面に三角山を望む。社殿をもたないこの特異な神社の形態は、神体山とされる野木山周辺に顕著に見られ、神社の創祀時のプリミティブないぶきが神さびた社叢に感じられる。

『神社明細帳』によれば、人皇四十二代元正天皇の御宇霊亀二年（七一六）に大和国葛上郡鴨都味波八重事代主命が、小浜市東方にある根来谷の白石を経て当国へ御踏分されたと由緒に記している。しかし祭神については、『若州賀茂社記録』は「若狭志曰、社記曰、祭二事代主命一。大和国葛上郡鴨都味《カモツミ》波八重《ハヤエ》事代主《コトシロヌシノ》 神《ヲ》祭ると云り。」(2)とし、また『若州賀茂庄賀茂大明神縁起』は「夫当社者地神三代天津彦彦瓊瓊杵尊也。」とする。(3)一方『若狭国賀茂大明神縁起』は「当社之濫觴山城国賀茂上宮別雷神也。」とのべており(4)混乱が見られるが、若狭出身の国学者伴信友は『若狭国神名帳私考』のなかで、『若狭国賀茂大明神縁起』の別雷神説をしりぞけて事代主命を祭神と断定している。いわく「社号を賀茂と云へるによりて、己が奉仕れる方の賀茂の神と同神なりと誣言《シヒゴト》して、村人を欺ものしたりしなるべし」と(5)。

このような縁起における祭神の異同は、宮川谷の一帯が平安末期以降に、京都の賀茂神社の神領となった歴史的な経緯の反映にほかならない。したがって地名に残る加茂は、山城の賀茂神社に由来せず、祭神の鴨都味波八重事代主命にちなむ土地ということになろう。事代主神は大国主神の御子神であり、大和の大神神社は大国主神を祭神とすることから、その別宮の鴨都味波神社に由縁の深いことが知られる。神体山である野木山周辺に一言神社（上中町中野木）や弥和神社（小浜市本保）、河原神社（上中町上野木）などのひもろぎの神社が点在する歴史的な背景がよく理解できる。上ノ宮の正面には神奈備と思われる三角山が望まれ、また当社と弥和神社がある野木山の中間に弥生中期の田の神遺跡があり、これらの聖地は一直線上に位置していると、ある考古学研究者はかつて指摘したことがあった。

毎年オイケモノが行われる賀茂神社の、周辺の環境については以上の通りである。しかし、社殿のない上ノ宮で行われるオイケモノ神事の始源性との関連については、一切が不明というしかない。ともあれ、オイケモノ神事が現在どのように継承されているか、その概略について記そう。

オイケモノが行われる旧暦一月十六日は、新暦の二月末から三月初旬にあたる。暖冬つづきの近年でさえ、年によってはこの時節にも積雪をみることがあり、厳しい寒気のなかで春を待つ厳粛な神事がとりおこなわれる。

午前九時ごろ、区長、宮総代、宮世話（字大戸一名、加茂三名からなり、三年ごとに交替する）、神事当番（十八才になって氏子入りした男子）などの関係者が社務所に集合し、神事の準備をする。

神饌は神酒・塩・米・海山の幸・ウシノシタモチ二箱、七十八戸分を用意し、下の宮の拝殿に供える。当社には神職が配属されておらず、昔からこの神事に一切関与していないため、村役人が見様見真似で簡略に神事をとりおこなってきた。神事当番は当社に伝わる弓矢を奉持し、関係者一同が拝殿に並ぶ。ゴヘイフリと呼ばれる神事当番が御幣を振ってお祓いをし、その後区長が代表して五穀豊穣と区民の平安を祈願、一同拝礼して下の宮における神事を終える。ついで御幣持ち・弓矢の順に整列し、小北川を渡って百メートルほどはなれた上の宮へ移るが、その途中、中稲馬場と呼ばれる橋向いの広場でユミウチを行う。ユミウチは各地で行われる歩射にほかならないが、戦後ユミウチの弓も武器の一種であるとして進駐軍によって中止させられた経緯があり、平成六年に福井県無形民俗文化財に指定されるに伴い復元した。こもにワカバ（トクワカ）をつるして的とし、二〇メートル手前から三回神事当番が弓を射て豊凶を占う。上稲馬場と呼ばれる上の宮とオイケモノを埋めるムクの巨木の間でも三回ユミウチを行うこととされている。

また、上の宮の手前の谷川の瀬にマクラガミと呼ばれるシメナワを張った椎の古木があり、かつてはヒトミゴクが行われた。神事当番役の家から毎年一人娘をえらび、前後二人の神役がかつぐ神饌を収めた櫃の下で、榊の葉を口にくわえて行列に加わったといわれている。マクラガミに行列がさしかかると、「ウワッー」といっせいに大声をあげる。伝説では、昔このマクラガミを枕にして大蛇がねていたといわれ、その尾はオイケモノを埋めるムクの木の根元までのびていたので、大声をあげて道をあけさせた故事によると伝えられている。

一行が上の宮へ着くと、まず神饌を供えて一同が礼拝し、ふたたびユミウチを行う。その後、宮総代が「百万石」「百万石」と大声をはりあげて餅花をまくことになっている。

オイケモノの箱は、上の宮の右手、約五〇メートルほど離れたムクの木の根元に埋めてあり、いよいよ神事のクライマックスをむかえる。積みかさねた石を丁重にのけて、昨年埋めた木箱をとりだし、今年の新しい箱を安置し神酒をそそいで埋めもどす。この神事について、文献にひととおり当ってみることにしよう。

(1)『若狭郡県志』

十六日有リ二御種会《ミタナエ》一奉レ幣ヲ献二シ米醴及ビ鮮物二十四種一ヲ(6)

(2)『若州管内社寺由緒記』

上ノ宮者山神則大明神御旅所毎年正月十六日に祭礼仕二十四種の生物を備え神前の扉を開□軀を拝申候(7)

(3)『若州賀茂社記録』

上宮社内に二十四種の生物あり。毎年正月十六日、前年之生物開き拝見し、又其年之生物を納置なり。昔は二十四種とあれとも、今ハ山の芋・野老・栗・椎・柿此五種を箱ニ入、餅を以て是を籠め、則社内に埋み翌年正月までに其餅則土と成て、五種何れも芽を出す。是を開て其年之五穀ノ吉凶をしるとなり。(8)

(4)同「年中行事之次第」

十六日、本社御供・花ひら・御酒・御菓子串柿壱把。上宮下宮中馬場にて的を射る。当人勤之。上ノ宮にて的を射る。二重の棚をかさり、御供ハ竈《かまど》殿よりろうしに入、行列をして是を送る。当人御幣振、祢宜祝詞を唱へ、棚ノ上ニ七膳乃御供を献なり。社人餅花をまく。去年之生物を取出し、下ノ宮へ持参、丁屋において中老以上之氏人、酒をひらき、舞太夫を召して舞をなさしむ。是を御留守事といふ。(9)

(5)『旧藩秘録』

十六日御祭、ミキコクウ、神楽、種ノタナ物土へ生置、前年生置ハ披評申候(10)

以上の史料で問題となるのは、生物の種類についての記述であろう。『若狭郡県志』には「鮮物二十四種」とあり、『若州管内社寺由緒記』は「二十四種の生物」と記している。一方、『若州賀茂社記録』には「昔は二十四種とあれども、今ハ山の芋・野老・栗・椎・柿此五種を箱ニ入」とあることから、種類のうえではかなりの変遷がみられる。なお、現在は山の芋を入れず、銀杏・ドングリ（ミズナラ）・榧《かや》の実を加えて七種類の木の実を埋めることになっている。二十四種の鮮物がどのようなものなのか、なぜ五種に激減したのかもあきらかではない。

地元の郷土史家である三国正二は、この種類の増減について「加茂神社の祭神と年占関係神事」のなかで、「当社草創の祭神は上宮神地に鎮まる葛城遷祀の事代主神、下宮（本社）鎮祭の祭神は寛治立庄のあと、山城より遷祀の賀茂別雷神と断じたい。」として、山城上賀茂神社と当社の年中行事次第を詳細に検討し、年占神事や人身御供を寛治以前の上ノ宮の神事、御棚会や歩射神事を山城型の下ノ宮の神事と結論づけている。(11) したがって『若狭郡県志』記載の「御種会《ミタナエ》」は「御棚会」の誤記ということになる。さらにつづけて「正月十六日の御棚会であるが、本祭事は完全な山城型神事であり、山城本社の魚鳥、種菓、種菜等に見合う神饌として、当社で献した鮮物が二十四種（何故二十四種としなければならなかったのかは、さらに後考に譲りたい）であったことを思わせ、あながちにこれを年占の生物としての二十四種とは考えられぬところがある。従って郡県志にいう鮮物二十四種は、あくまでも神饌の品種を表示した記録として捉えるのが妥当である」として、「はじめ二十四種とある生物は、当初より五種か、もしくは多少の増減があっとみても、現在の七種を上廻ることは無かったものとみたいのである。」とのべている。たしかに文脈上「献㆓米醴及鮮物二十四種㆒ヲ」は神饌についての記述である。それならばなぜ「供神楽有㆓駒会㆒射㆓人㆒是流鏑馬之儀也」の記事のなかに「生物」が出てこないのかという疑問はのこる。

社務所へもどってしばらく休憩をとり、区長を上座にして一同着座し、いよいよオイケモノの箱を開披するはこびとなる。なかば朽ちた木箱の空気穴から白い芽が時にははみでていることもあり、ふたをあけぬうちから豊作への期待はいやがうえにもたかまる一瞬である。中をひととおり検分し、七種の種子の状態を次のように一同に報告する。

「今年のタネモノの芽立ちを拝見いたします。今年のタネモノの芽立ちがよくて、本年も豊作間違いなしと存じます。芽をきってはおりませんが、胸いっぱいはちきれんばかりにふくらんでおりますので、本年も豊作間違いありません。区民の皆さんに慎んでご報告を申し上げます。」

なお、この種占の文句は区長自らが機知をはたらかせて考えたものであり、昔から文例というようなものが特にあるわけではない。

オイケモノの箱を順次回覧して、めいめいが発芽状態を確認したあと、直会に移り、無事オイケモノ神事を終了する。末社九ケ所に供えられたウシノシタモチは、神事終了後全戸に配られる。七種のタネモノのエサ、コヤシとして埋納されたウシノシタモチは、かつては小豆で赤く色をつけたといわれている。

『若州管内社寺由緒記』に「上宮者山神則大明神御旅所」とあるように、オイケモノ神事は社殿のない照葉樹林の繁る森のなかで厳粛に行われる。先年、野本寛一は実地にこの神事を見聞して、「現在では、箱に詰めたものの根ざし、芽生えの様子によって、稲や畑作物の作柄を占うということになっているのであるが、本来は、箱に詰められた栗・椎・ミズナラなどの堅菓類や、根茎類であるトコロなどのナリ方・デキ方を占うものであったことはまちがいない」として、「地母神的な山の神の座のもとで、山の神の力、大地の力の恵みを祈りながら採集食物を大地に埋めてその年の恵みを占う。『オイケモノ神事』は日本を代表する『始源の神事』として極めて重要な行事である。」（『福井新聞』一九九三・一・一）とのべている。

4　ミョウガサン

「志賀郷の七不思議」という言葉がある。綾部市北西部の田園地帯、志賀郷に古来より伝わる名勝で、藤波大明神の白藤（正月一日）、金の宮大明神（阿須々岐神社）の茗荷（正月二日）、白田大明神（篠田神社）の竹（正月四日）、若宮大明神の白萩（正月五日）、諏訪大明神の柿の木（正月六日）、向田のしずく松（同）、向田のゆるぎ松（正月七日）にそれぞれ奇瑞があらわれ、その年の作物の豊凶、風雨、日柄を占う年頭の予祝儀礼を伴う伝説である。

このうち埋納予祝に関連する伝承としては、金の宮大明神のミョウガサンと篠田神社のタケノコサンと呼ばれる行事がある。

ミョウガサンは、金ケ峰の山麓、綾部市金河内町東谷に鎮座する古社、金の宮（阿須々岐神社、祭神金丸親王）に伝わる予祝神事で、現在は二月三日に行われる。

午前十時、社殿で祈禱が行われた後、大鳥居の左側の湿地にある御宝田のなかに宮司が入り、早稲・中稲・晩稲の順にみずみずしくのびはじめたミョウガの若芽を刈りあげる。この時期、畑の一隅に植えられた茗荷は、まだ発芽することはない。谷間から湧きだした清水がたえず流れているためか、モヤシのような白い芽が御宝田のあちこちにつのぐみ、寒気のなかにも早春のいぶきが感じられる。丁重にひと芽ひと芽鎌で刈り取ったミョウガの若芽を三宝の皿に盛り、参拝客の面前でおもむろに今年の稲作の豊凶を占う。

水量が豊富なので、まずは今年は干害の被害が少いこと。例年にもまして、たくさんミョウガの芽が出ており、早稲は芽がややせているとはいえ、まずは順調（八分）。中稲は力づよく太い芽をしており、また晩稲の芽も長く、いずれも平年作を上回る出来で八分五厘との占いが出た。芽の曲り具合で風向きを占い、今年は台風は三回ぐらい上陸するが、それほど甚大な被害を及ぼさない。そして宮司は、最後に次のようにおごそかにこの神事をしめくくる。「大神さまのお示しになりましたお告げ、古来からの占いを尊重しつつ、優良品種をえらび、いにしえから綿々と続けられてきた五穀豊穣の祈りと、豊作感謝の心をもって、日々農業にいそしまれますように」

社務所から配布される「阿須々岐神社御宝附」の刷物には、宮司の説明の通り次のように書かれている。

八分
一　早稲亥(北々西)から巳(南々東)風　　白吉
八分五厘
一　中稲辰(南東)から戌(北西)風　　白吉
八分五厘
一　晩稲辰(南東)から戌(北西)風　　白吉

平成十年二月三日

ミョウガサンの豊凶占いは、本来、午前六時ごろに夜明け前の薄明の光のなかで、ミョウガの生え具合を占うこととされており、その様子は誰にも見られてはいけないと伝えられている。

作柄は八分で平年作、七分ではやや不作、九分十分という見立てはまずはありえない。白吉とは白米のこと、かつて赤米を作っていたなごりで、以前は大吉、小吉も用いた。

なお、野田川町にも当社の分霊社があり、ミョウガサンの神事が行われている（未調査）。また金ケ峰の背後にある舞鶴市八代の吉井勘兵衛家でも、昭和五十年ごろまで、山すその畑の一隅でミョウガ占いが行われていた。

5　タケノコサン

⑴篠田神社のタケノコサン

例年、宮総代と祢宜四人が、二月四日の午前零時すぎに神社に集合し、社殿裏のお宝田のシノダケ（シノビダケ・寒竹ともいう）の藪に入って、事前にタケノコの生え具合を確認し、発見次第「わせ」「な可て」「おくて」の木札をさしておく。今年（平成十年）は竹の花が咲いてほとんどが枯死したため、三日の正午すぎから作業に取りかかり、夕方までかかって三品種を見つけることができた由。

午前十一時より祭典が行われ、その後、白装束姿の二人の祢宜がお宝田に入り、昨日見つけておいたタケノコを鎌・ノコギリ・ノミを手にお刈り上げの式を行う。禰宜以外はみだりにお宝田のなかへ立入ることはできない。

お宝田のなかは凸凹の起伏にとんだ地形になっており、ところどころに自然石がころがっている。低地に生えたタケノコは雨量が少いことを示し、逆に高所でタケノコが見つかると、その年は雨量が豊富で用水に困らないとされている。西の方角に生え出た場合は不作気味、中ほどより東の方が豊作だという。まっすぐにのびたものは性が良く、根の曲り具合によって風向きを占うならわしである。

掘り上げが終ると三宝にのせて拝殿にもどり、神前で奉告祭を行う。タケノコは厨子のなかに「わせ」「なかて」「おくて」の順に並べて拝殿のぬれ縁に置き、参拝者に披露をする。当社の場合、神職は占いには一切関与しない。作柄の見立てはもっぱら地元の氏子たちの経験と眼識に負っている。たとえば、麝島周市（明治四十一年生）は今年の作柄について、「早稲も晩稲も今年はわりあい色が良いなア。しかし、晩稲はタケがやや小さいのう。今年は東南の方角から風が吹くが、出来はいい。早稲と晩稲は低いところに生えとったから水が少い。逆に中稲は高いとこで見つかったので水が多いことのしるしや。中稲は根がいがんどるので、東南の風が心配。晩稲はまっすぐで肌がきれいやから豊作やろ。早稲は平年作。毎年だいたいよくあうで」と占ってみせた。
(2)早竹神社のタケノコサン
綾部市の北山の山麓、菅谷川の清流沿いにかつて十戸ばかり、上羽株の家いえが軒を並べていたが、戦争中火薬工場が出来たため、強制的に山一つこえた高槻町に移住させられたといわれている。早竹神社はもとは荒神社と呼ばれ、上羽株の先祖を祀る小祠である。当社のタケノコサンは、本来は上羽株によって二月四日に行われていた。二十六年以前より高槻区の自治会に引きつがれ、現在は二月十一日の午前中に神事を行う。

山すその早竹神社に役員が集合し、般若心経を一回読経後、長さ六〇センチの矢竹を持って、神社横の竹藪に入り、タケノコ掘りにかかる。傾斜地の竹藪には積雪がまだらに残り、笹と青木、チサカケ、シダがおい茂っており、懸命に根もとをほじくりながら矢竹のタケノコをさがす。篠田神社のタケノコサンはシノビダケであるが、当社は昔から矢竹と決っているという。その違いは素人目にはなかなか見分けがつかない。矢竹はまっすぐで皮をかぶっていないが、シノビダケは節の部分でやや曲っており皮をつけているのが特徴とされている。

掘りあげた順に「早稲」「中稲」「晩稲」と見立て、発泡スチロールのトレイに盛りつけて、早竹神社の社前で作柄の占いをする。

「早稲は背たけがのびているが、色が悪い。いもち病と害虫に注意が必要。」

「中稲は一番あかん。色つやはいいが、のびとらん。去年はまっすぐやった。」

「晩稲は色が良く、はじめ悪いけど途中から良くなる。」

「低いとこにあがっていたら水がないが、今年はワク（石柱の囲い）の上辺いっぱいに生えていたので、水は例年通りある。」

といった調子である。「早稲・晩稲・中稲、早稲が一番良いということやナ。ドンドコ（品種）でも植えるか」と自治会の面々。占いの結果は、自治会長が有線放送で村中に周知をはかる。掘りあげたタケノコは、早竹神社の祠のなかに早稲・中稲・晩稲の順に並べ一年間祀っておく。篠田神社のタケノコサンは、当社の神事を見習ったものとの伝承がある。

(3)報恩寺のタケノコの試し掘り

福知山市報恩寺は「報恩寺タケノコ」の特産地としてよく知られている。佐賀加工農業協同組合の故・片岡二郎組合長が、十五年程前にタケノコの発育状況の検分と特産品の周知宣伝を意図して、志賀郷の七不思議を参考にして始めた行事であり、もとより宗教行事としての儀礼性は一切ない。

毎年二月三日の節分に、千倍の谷にある平西新太郎家所有の孟宗竹の圃場で、マスコミの注視のもと、タケノコのタメシボリを行う。前年の十一月ごろに芽が形成され、地下の支根に通常八個のタケノコが生えており、積雪をのけて掘りあげる。少し芽が出ていれば豊作を予想できるという。平年作で二〇〇トン、昭和五十四年には四八五トンの収量を記録したが、異常気象が続いて昨年は六〇トン、ここ五、六年は二〇〇トンを上回ることはない。タケノコは地温十八度以上にならないと肥育しないといわれている。

6 申し上げ祭り・タメシマツリ

中国地方から九州北部にかけて、甘酒や粥を甕にいれ、地中に埋めて一年後開披し、その変化によって雨量や虫害を予測する行事が今も行われている。

(1)申し上げ祭り（鳥取県西伯郡西伯町馬佐良）

「オトマツリ」「幣祭り」とも言い、毎年十二月四日に保存会によって収穫祭が継承されている。午後、多目的生活改善施設（集会所）において大蛇（藁蛇）、御幣、シトギダンゴを作製後、神職を先頭に村通りをジャをかついで回り、釿守神社（チョウノモリ）の境内にある荒神宮のコガノキ（タブ）に巻きつける。荒神さんは牛の神で、もともと村の上下にコージンサンノヒロテ（社地）が二ケ所あったがチョウノモリに合祀されたという。正・五・九の二八日に当番宅で講をもつ。

写真24　荒神宮と申し上げ祭

夕刻、再度神社に集合し、祈禱後、玉垣のなかに埋めてある甕をとりだし、昨年入れた甘酒とシトギダンゴの状況を検分、その多寡により来年の雨量を占う。ふたたび今年の分を入れ直して埋納する。他にも西伯町徳永・大木屋・鴨部、大山町鈑戸、新見市位田（カイゴモリ祭）、島根県弥栄村安城（ヨハカリの水）、六日市町沢田（大元申し）、隠岐郡西ノ島町別府（デヤンナ祭）、邑知郡石見町日和、江津市金田・跡市・有福、広島県比婆郡東城町塩原、下関市蓋井島（山ノ神祭）など、申し上げ祭りの類似の神事が各地で行われている。

(2)タメシマツリ（佐賀県佐賀郡富士町下無津呂字谷内）

集落の裏山に新田義貞を祀る七郎さんという小祠があり、牛馬の神としても信仰が厚い。タメシマツリはもともと十二月二十三日に行われていたが、現在は十二月十日のオオマツリに近い日曜日に変更した。ゴクウサンをお粥にしたものをため し甕に入れ、祠の傍の大岩の前に埋め、一年後に取りだして、粥の水分が多ければ雨量が豊富、少いと旱魃、また蛆がわいていれば虫害の恐れありと占う。字北沢のコンピラマツリでも行われている。

7 埋納予祝の基層にひそむもの

若狭の一隅から日本海側の中国山地を経て九州の背振山脈の山中に点在する埋納予祝の民俗を概観すると、ものを埋める、もしくは埋まっているものを掘りだして作況を予祝するという違いはあるものの、いずれも山の神や荒神、牛馬神といった民俗神を祀る神樹、巨樹の根もと、または古社の社叢のなかで大変プリミティブな神事が営なまれてきたことが共通項としてあげられよう。これはまさしく原生の森が本来有する、地母神的な豊穣の力への加護を願う民衆の心意の表われにほかならない。いみじくも、オイケモノについて野本寛一が指摘したように、現在は稲作の予祝を目的としているが、もともとは埋納物そのものの作柄占いが素型であったろう。採集植物から栽培植物への転換がこれらの神事に反映している。

あるいはまた、これはまったくの作業仮説にすぎないが、中国地方の埋甕の民俗は朝鮮半島の祖先壺との関連がありはしないか。彼の地でも壺のなかの米が変色したりすると、不作を予想した。

なお、福知山市報恩寺のタケノコのタメシボリは、戦後の商業主義の影響を受けつつも、儀礼性を極力排しながら節分の行事として定着しており、新興の民俗の力強いいぶきが感じられる。民俗行事の伝播上、注目される現象である。

とまれ、ものを埋めて掘りだすという人間の原初的な行為は、いわば再生儀礼そのものであり、原生の森の力と土地の霊への畏怖心、敬虔な祈りなくしてありえなかったと言ってよい。

第六章　森の神と開拓先祖

1　ニソの杜と二十四名

若狭大島の森神ニソの杜《もり》について語る場合、地元の郷土史家である大谷信雄が著した稿本『島山私考』をぬきにしては一言だにできない、と私は考えている。昭和五十四年に関西電力大飯原子力発電所が建設され、その後、道路の改良補修、漁港の整備が進み、海浜は埋めたてられ原野が削られて、年ごとに半島のマリン・リゾート化がくわだてられている現状のなかで、民俗行事は衰退する一方であった。当然のことながら伝承そのものも古老の死とともに葬られていることを、調査の都度痛感してきた。

したがって、大谷翁が採集し、あるいは口承されてきた大島の歴史と民俗は、今日ますます貴重な記録として後世に引きつがれねばならないであろう。

なかでも日本民俗学界の注目を一身に集めてきたニソの杜の記述は、もっとも信頼にたる基本的文献として、ますます評価が高い。なぜなら、氏は「口碑」と「伝説」「私考」を厳正に区別し、決して仮説をほしいままにすることなく、在野の研究者として節度をわきまえた記述に徹しているからにほかならない。

たとえば、原文のまま「にその杜（一説ニにゐんそ）」の項を次にひこう。

一、祭神　二座　大地主大神　遠祖大神

一、由緒　創祀年代不詳

口碑

其ノ一　にその神は志摩の元祖に坐まして二十四名の宗家各別に小祠《ホコラ》を建てて我家の遠祖を祀りてこれをにその神と尊称し奉るなり

其ノ二　にその杜は二十四名の宗家各々我家の祖神を祀りたる処にして其の総数は余永の御祭神と同しかるべしとの伝へあり　然るに今にその杜の数は二十四箇所よりは多し　実数は知らされとも想ふにその杜に小杜《コモリ》といへるがあり即此の小杜なるも此は二十四杜の外にして或は二十四名中の祖神の臣ノ神に坐まして其の臣家も亦主家に准ひて吾の家の祖神を祀りたるが故に小杜《コモリ》の別称を附したるにや　又第二期二十四名より後に志摩に（渡り来て）住居を構へたる者あり　前者二十四家の者にに准ひて各々祖神を祀りしも此なるや判明せず

其ノ三　にその祭りは霜月二二日の夜に於て各にその杜に定めの献饌をなし翌二十三日に直会式を執り行ふこれをにその講といひ居れり「中古廃めたるもあり」と

にその講には各其の杜の神に縁り有る宗家を始め其の分家等悉く参集して式に與かれり

として、伴信友の『若狭旧事考』(1)と『若狭郡県志』(2)の「島民追レ遠毎レ歳祭二島祖一」（郡県志は「歳」を「年」と記述）の記事をひき、氏自らの〈私考〉を加えている。それによれば（異本に「予実地調査をなしたるに」とあり）、ニソの杜は三十ケ所あり、宗家の杜は大杜でそれ以外の六ケ所は小杜であるとする。その例として瓜生の杜のニソ講は「大にその講」もしくは「大にそ」とも呼ばれており、一方ハゼの杜は「小にその講」もしくは「小にそ」と呼ばれることから、大島の開拓先祖二十四名の宗家に該当しないと考証するのである。なお、校訂を加えるとすれば、「口碑其ノ二」は一条の線をひいて「伝説」と加筆し、「其ノ三」は同じく「口碑―其二」と訂正をほどこしてあり、「口碑」と「伝説」を区別しているのが注目されよう。口碑とは『広辞苑』によれば昔からの言い伝えであり、伝説とは①うわさ・風説②神話・口碑などの「かたりごと」を中核にもつ古くから伝え来った口承文学のことである。あまりこの言葉の差異はないと思われるが、氏はその辺の言葉の定義をどのように考えていたのか、今では知る由もない。

〈私考〉のあと、浦底・博士谷・瓜生・西口・中口・サグチ・脇域・ダイヂク・一ノ谷・窪・清水前《スヅノマイ》・ハゼ・オンジョウ・日角浜・大谷・畑村・マタ・今安《イマス》・オタケ・脇村・井上・井上・上野・上野・ハマネ・新保・新保・神田・つかね・小森の三十ケ所のニソの杜について、所在地の番地・小字・地目・土地所有者名・祖家・伝承を箇記している。末尾に「以上計三拾ケ所　内所在社二十五ケ所 所無社五ケ所」

とあるのは、おそらく、小祠の有無についての記述であろう。また「外に左の杜在り」として添の杜・西浜の杜・さぐちの杜・谷の杜の名を挙げ、「にその杜にはあらず」としている。いずれも「山の神」とし、谷の杜以外は「社無」の記事が見られる。

ついでに欄外の書きこみについても少しふれておこう。「にその杜」の項は二種類の記述があり、

①識者の説に
にそ　御祖ナラン　何れも遠津《トオツ》御《ミ》祖《オヤ》をにえんそ　御遠祖ナラン
申すなり

にその杜
　又にそを　に江んそと云ふ人もあり
②にそハ
みそならん
即御祖と
にゑんそとハ
御《ミ》遠祖《エンソ》也
と法学者
歴史家の

写真 25　浜祢（ハマネ）の杜

説なり

と加筆している。このニソの杜の語源説は、二十四名の開拓先祖を祀るとする伝承に、ニソ、またはニンソーという発言を無理にこじつけた妄説であり、やはり柳田国男が安間清に宛てた私信にある[3]ように、霜月二十三夜の祭りを指す「ニジョウソウ」が正しい。名田庄村下三重に地の神を祀るニジュウソウの株講があり、また但馬から播州にかけてニジュウソウのお講が点在している。

2　二十四名の史実と伝承

さて、大谷信雄の稿本をながながと引用して、地元の伝承を再確認したのは、「ニソの杜」、もしくは「モリサン」「ニンソー」「ニソー」などと呼ばれる大飯町大島の聖地、ニソの杜が二十四名の開拓先祖を祀るとする伝承の、基層にある歴史的な事実が大いに気になるからにほかならない。

大谷信雄は『島山私考』のほかに『大島村漁業組合沿革誌　全』と『島山神社社記』の三冊の稿本を著している。そのなかの二十四名の記述を抜き出してみよう。

(1)「一、大島村ハ二十四戸開祖二十四名と称へ宗家二十四と云へりに闢まり夫より漸次増戸したり此の二十四名素ハ官位高き公卿の系統にして往昔御内裏御知行所より二十四名の者等各々官位を賜ハリたりと古老の言ひ伝へあれども今ハ其の処るところの確証なく唯口碑の侭を記し置く已而

二、二十四名中、多くハ藤原姓にて其の一部ハ物部姓なり、是れ毎年、年の始めに古例に依りて祈

年せし勧請の文中に、藤原左近大夫　同右近大夫　同宮内大夫　同刑部大夫　同某大夫　亦物部某大夫　同某大夫と列記し阿るに拠りて明らかなり」（『大島村漁業組合沿革誌　全』）

(2)「余永様（余永神社のこと。筆者注）はにその（にその称詳かならず）の神様と御同体の神様であって、我が志摩の宗家二十四名の氏神様なり。にその神とはにその杜に御祀りしてある神様を云ふなり、斯のにその神様は、二十四名各家の御先祖様であって、我が志摩の土地を闢めて開拓し給ひし神様なり。故ににその杜《リ》は、志摩中に二十四箇所在りて、二十四名の宗家は各一ケ所を有し、吾家の御先祖を斯の杜《リ》に御祀りしたるなり、因て、にそノ杜《リ》とはいふなりと古老謂ひ伝へり　「と言ふ」（『島山神社社記』）

「にそノ杜りとはいふなりと古老謂ひ伝へり」……　「と言ふ」とはなんと微妙な言い回しであることか。とりわけ「と言ふ」の文言は、逡巡してあとで補記したものと推察される。厳密に「口碑」と「伝説」「私考」を区別した翁らしい記述であるが、地元の伝承にいくらか混乱がみられたのかもしれない。『島山神社社記』は大正五年三月の執筆、『大島村漁業組合沿革誌』は執筆・刊行年月日の記載はないが、巻末の余白に犬見村山口宗右衛門に関するメモ書きがあり、死亡年月日を「昭和拾年九月拾七日」としていることから、昭和十年には脱稿していたと考えられる。なお、『島山私考』は第一巻志摩山私考編纂資料集、第二巻志摩の郷、第三巻神社及祖祠、第四巻寺院仏堂、第五巻名所、古跡、墳墓、第六巻雑の全六巻が構想されたが、書き込みも多く、生前の完成を見なかったようである。執筆年月の記載はない。

さて、口碑にある「二十四名」をどう呼ぶかによって、ニソの杜の歴史的な背景が大きく様相を異にしよう。単にニジュウヨンメイなのか、もしくはニジュウヨンミョウなのか、地元の呼称でも時に混乱はみられるが、荘園の開拓に関わることから、ミョウ（名）とよぶべきだろう。研究者として最初に現地入りをした安達一郎の『若狭大島採訪記』は「二十四名《ミョウ》」とルビを付している（二十四名《ミョウ》と『ニソの杜《モリ》』参照）[4]。氏は大谷信雄からじかに聞書き調査をした。また、鈴木棠三も『若狭大島民俗記』の「三　祭祀株」のなかで「二十四苗《みょう》」と表記している[5]。

まずは史料に当ろう。『大倭国大安寺流記資材帳』の天平十九年（七四七）六月十七日付の記事に「若狭国乎入郡島山陌町四至皆海　右飛鳥浄御原御宇天皇歳次癸酉納賜者」とあり[6]、島山百町が奈良の大安寺の荘園として位置づけられていたことがわかる。この「島山」は「四至皆海」の記述から大島を指すと考えられるが、鎌倉時代に成立した『大田文』では、対岸の内外海半島にある泊・勝見（堅海）も含まれていた。また、『長楽寺縁起』に「当嶋は御内裏知行所にて、其上御壱代の仏帝御すべり、当地御ざなされ、其時御慰みのため廿四名の百姓等に、荘官位を御許し遊され、此嶋の御物成大形寺社領に下置かれ、御内裏へは御年貢を紙袋にて指上げ申候由伝ふ」とあり、『若州管内社寺由緒記』『神社私考』巻四嶋山明神の条にも『廿四名の百姓』の記述が見られる。

これらの史料を検討し、さらに「庄園史上の一問題」として『郷土誌大飯』の執筆者は『若狭国惣田数帳』から大島の名の存否をたしかめ、次のように結論づけている[7]。名田の不輸田を集計すると、志摩郷の惣反別一三九町五反三三〇歩のうち、除地が一三八町六反二六〇歩、定田九反七〇歩、所当米五石五斗一升六合六勺七才となり、文献通り「御年貢を紙袋にて指上げ申候」という次第である。

除地の内訳は、寺田一町六反二六〇歩、神田二三町三反、別名一一三町二五〇歩、名の数一九、郷・保・浦の分が六、合計二五の所有者に区分されるとし、「大島は若狭においても珍しい多くの田堵《たと》(開拓主)によって開発され、引継がれて、文永の頃にも二十数名の名主によって分領されていたのである。/伝説の二十四名は、このあたりから発生したものであろうか。」とのべている。大島をめぐる歴史的な背景は、これらの史料によってかなり明らかになったであろう。「御壱代の仏帝」云々の記事には、大島が故あって都の公家が島流しをされたという伝承が反映していよう。多くの国宝級の仏像がそれを傍証している。ただ、大島の歴史は何も中世に始まるわけではない。縄文時代前中期の寺内川遺跡や後期の宮留遺跡をはじめ、多くの弥生遺跡が発見されている。むろん、これらの遺跡の住人と二十四名の開拓先祖、さらにニソの杜との関連は一切不明である。ニソの杜がこれらの遺跡や古墳、集落跡、古墓の近くに所在することから押しはかるしかない。ともあれ、開拓先祖を祀るとする伝承が成立したのは、歴史上中世以降ということになる。むろん、祖霊信仰の起源がそこから始まったということではない。

3 森神信仰の分布

ここで、ニソの森に類似する森神信仰が、周辺にどのように分布するか、大よその傾向をのべよう。まず、福井県全体について鳥瞰すると、敦賀市を除く越前地方(嶺北)には、名うての真宗地帯のためか純然たる森神信仰は存在しない。ただ一部に、若狭に多いダイジョコ―大将軍信仰の形跡が残存しており、大将軍神を氏神の祭神とする集落も点在している。敦賀以西の若狭地方全域には、陰陽道の星の神、大将軍信仰が中世以降民俗神化したダイジョコ・ダイジョゴ・ダイジングウ・ダイジョゴンなどと呼ばれる屋敷神が、カブ・マキ・イッケなどの同族神として多数分布しており、大島のニソの杜のなかにも派及している。また、地の神・地神・地主荒神・荒神・ジノッサンと呼ばれる地神系の民俗神も三方以西に多い。とりわけ地主荒神は、地神・地主神と中国地方の荒神信仰が習合しており、若狭から丹波・丹後・但馬にかけて広く分布する。いずれも、祭日は霜月二十三日（改暦後十二月への移行も見られる）で、タモ（タブ）の木の根元に祭場を設け、株の先祖とか土地の守護神として祀っている。ニソの杜と同様に小祠のない森神もあり、明らかに古墓と思われるものも散見される。ダイジョコ信仰のなかには、大師講と習合した伝承もあり、いわゆるダイシコの跡隠しの雪の伝説や片目・片脚の不具神の伝承を今に伝えている。

なお、山の神もモリサンと呼ばれており、小地名にその名をとどめている。名田庄村の山村の一部にカブで山の神（モリサン）を祀る事例があるが、多くは集落や字ごとの村落共同体の神として位置づけられている。

4　モリサンと苗の神

さて、若狭の周圏に位置する京都府北桑田郡美山町の「知井村十苗」について、これまで「祖霊信仰」（『講座・日本の民俗学7・神と霊魂の民俗』雄山閣出版）や「小さな森の祭り――若狭の森神信仰」（『ふるさとの伝承・解説偏』示人社）『日本民俗文化資料集成21・森の神の民俗誌』（三一書房）の解説のなかで、比較民俗学的な見地からその重要性について簡単にふれてきた。ここではニソの杜との関連上、もう少し踏みこんで考えてみたい。

旧知井村は美山町の北部、由良川上流の山峡に所在し、知井中・下・南・北・河内谷・江和・田歌・知見・中・芦生・佐々里・白石の集落によって構成されている。いわゆる「知井村十苗」について、『福正寺縁起』は文明七年（一四七六）にこの地を訪れた蓮如の行跡についての記述のなかに、次のように記している。(8)

「惣じて知井之庄九ケ村に十名と号して、其の内四ケ村に十ケ所の氏神の鎮守の社有之、所謂南村に二名勝山名林名、北村に二名中野名津本名、中村に二名井曽祇《ゐそき》又は急名長野名、江和村に四名中井名高野名中田名東名とて四ケ村十名ありて編者いふ香賀兼家の武臣十苗の伝説と相似たる所あり。残五ケ村は名主に付添る村也。依り佐々里村は南村に付き、河内谷村は北村に付き、白石村は中村に付き、芦生村田歌村は江和村に付く。庄内の式目も此の十名主の相談にまかすこと建長元年の証文を持って先規よりの掟也」

「知井村十苗は各々その祖先を敬ひ神祠を建ててその祭祀を怠らず」(9)として、『京都府北桑田郡誌』は「十苗十社の事」のなかで次のように「名主の氏神」を掲げている。

高野神社　藤原則宇　江和　高野氏の祖

中田神社　藤原良友　同　中田氏の祖
大牧神社　藤原兼延　同　大牧氏の祖
長沢神社　藤原家一　同　長野氏の祖
　以上いづれも延宝四年の建立
勝山神社　源末友　南　勝山氏の祖
林神社　源末之　南　林氏の祖
　以上二社は古く建長二年の創立
稲荷神社　北　中野氏の祖
諏訪神社　同　津本氏の祖
大将軍社　河内谷　名古（又は急）氏の祖
中井神社　江和　東（又は中井）氏の祖

また、「知井村十苗の事」のなかで、人皇第四十二代元明天皇の和銅六年（七一三）に香賀三郎兼家が八頭一身の大鹿を退治した際に、この地に定住した従兵が知井村十苗と呼ばれる開拓先祖となったことを記している。(10)

知井庄は鎌倉時代には弓削郷（京北町）に属する野々村庄の一部として建仁寺領、また室町期には弓削庄の加納地（出作により開拓された土地）として天竜寺の所領とされていた。『後監』文明十年（一四七八）五月二十七日の条には、八大将軍足利義政が知見谷の四分の一を鹿王院（天竜寺塔頭）に安堵した記事があり、[11]早くから荘園の開発が行われたことが知られている。また、日吉町世木に伝わる延文五年（一三五八）銘の大船若経の墨書書入れに「十名ヨリ白米一石」の記事が見え、すでに当時から知井村十苗の活躍が知ることができる。[12]柳田国男編『山村生活の研究』のなかで、杉浦健一はこの知井村の十苗に早くから注目しているが、[13]以上の荘園開発の歴史を踏まえたうえで、苗（名）的結合と祖霊信仰の係わりについて考察しよう。

5　モリサンと苗講

私が知井地区をはじめて訪れたのは、四年前の平成四年四月のことである。キツネガリの調査の折、知井村十苗に出会い、その後断続的に調査をしてきた。ここでは調査によって判明した十苗の現況について、要点をあげておく。

(1)『北桑田郡誌』所載の十苗十社のうち、現在も細々ながらも祭祀が継続しているのは、南の勝山神社・林神社、北の稲荷神社・諏訪神社、河内谷の大将軍社、江和の中田神社・長沢神社・大牧神社の八社であり、江和の中井神社は祭祀者が絶え、祠の所在も不明である。また高野神社も三年前に高野長己家が大津へ移住した際に、祠も移したという。諏訪神社（津本社・ランパ明神）も津本苗が絶え、現在は中野苗が祭祀している。

郡誌の記述以外に、南から移住した勝山苗で祀る北の鎌倉神社と、河内谷の上下・長野カブで祀る山王さん（上）と長野稲荷神社（下）がある。

(2)いずれも小祠をかまえているが、「モリサン」とも呼ばれ、トチや松・欅の巨木が小祠の傍に生えている。祭祀組織を指す苗と株（カブウチ）の定義は明確ではなく、厳密に区別されてはいない。強いて言えば苗とは一定地域に居住する同苗（同姓）を、また株とは同族関係を指すが、集落外から移住してきた同族以外の家も苗講に参加しており、一層混乱に拍車がかかっている。「最近は漸次に土地の最寄りのものが団結する地縁集団に化して行く傾向がある。その第一の原因は同苗の者は部落を異にしてゐても結合していたのに、違った部落に居る者が苗山を分割して以来血縁的結合よりも地縁的結合が強くなったといふ。」（『山村生活の研究』[14]）。苗講は旧暦九月九日に行われていたが、現在は知井八幡宮の秋祭り（十月八日）の翌日、もしくは山の口講（十二月九日）と寄せ講にしている。真言宗から浄土真宗に改宗した歴史的な背景もあって民俗信仰の衰退が著しいが、それでもなお古老のなかには、モリサンは開拓先祖を祀った苗、株の氏神との伝承を伝えるものがおり、『福正寺縁起』や『北桑田郡誌』の記述に一致する。

(3)弓削庄の加納地との史料に明らかなように、南の勝山苗や河内谷の長野株（苗）は、「弓削から山坂こえて来はった」との伝承があり、事実、京北町上弓削筒江には勝山株が実在する。

(4)ニソの杜も知井村十苗も、名の開拓先祖を祀るとされ、モリサンとも呼ばれる。祭日、神饌は異なるが同族・同苗の講をもつ。しかし、同族結合が稀薄化し、ますます地縁化が進むとともに、地域神に発展する傾向が認められる。

あとがき

エコマークばやりの昨今である。それほど地球をとりまく生態系が危機に直面しているからにほかならない。「森」を冠した著作も多く刊行されている。しかし、「木を見て森を見ない」傾向のものも多い。森や木の民俗面、とりわけ森神信仰と呼ばれる民俗信仰の見地がすっぽりと欠落している。人間の精神世界と森の民俗空間は、古来神と動物との深い交渉によって、堅固なコスモロジーを構築してきた。本書がその欠落を少しでも補うことができれば幸いである。

さて、私事になるが、四月二十七日に母静子が八十三才で他界した。この著書の大半は、昨秋の再入院から死亡、一週間ごとの法要の合間をみつけて執筆したが、私の誕生月である九月の刊行をめざして、いわば産月前の母胎に立ち戻り、季節の移ろいのなかで老母とともに苦闘したものである。実際、高齢による難産だったらしいが、いわば第一作になる本書の出版は、私にとって再生儀礼にほかならなかった。ゆえにこの著書を母にささげる。

また、運命的な邂逅から二十年来、あたたかく、時には厳しくご指導をしていただいた異能にして無比、わが民俗学の師、日本地名研究所所長の谷川健一先生の再々のはげましがなかったら、おそらく本書は陽の目をみなかったにちがいない。師を通して知りあえた近畿大学教授野本寛一先生の、真にラディカルな時機を心得た助言も私をきたえ、勇気づけてくださった。そして、怠惰になりがちな、出版に関しては胎児同然の私を、みごとにとりあげてくださった風狂の名エディター・関川幹郎氏、この三氏と諸先学、各地のすぐれた伝承者に衷心より感謝とお礼を申しあげる。

なお、初出は左記の通り。それ以外の章は新たに書き下したものである。

「若狭の鳥勧請」（『民俗文化』第七号、一九九五年、近畿大学民俗学研究所）

「無言の交易と異類伝承」（『北陸の民俗』第九集、一九九一年、福井民俗の会・加能民俗の会・富山民俗の会）

「トビ・飛の木・富の木渡し」（『まつり』53、一九九二年、まつり同好会）

「シバの精霊」（『北陸の民俗』第七集、一九八九年、福井民俗の会・加能民俗の会・富山民俗の会）

「歯朶の冠」（『自然と文化』26、一九八九年、日本ナショナルトラスト）

一九九八年六月三十日

金田久璋

注（文献のみ）

狐狩り候

（1）能楽書林、一九七三年、二一九〜二二〇頁。
（2）わんや書店、一八九九年、一七頁。
（3）白水社、一九八四年、一一四頁。
（4）『能狂言』下、岩波文庫、一九七八年、三一一頁。
（5）『定本柳田国男集』第二十巻、筑摩書房、三四六頁。
（6）高橋美智子著、藤原書店、一九七九年、二三二頁。
（7）仏教大学民俗学研究会、一九九一年、「家構成表」（表2）による。
（8）高浜町教育委員会、一九九五年、一八頁。
（9）内浦村教育会、一九一六年、第十三章「風俗習慣」
（10）舞鶴市史編纂委員会、一九七五年、二〇〇頁。
（11）前掲書、二八頁。
（12）前掲書、三一一頁。
（13）淡交社、一九八五年、一二八頁。
（14）ものと人間の文化史44『つぶて』、法政大学出版局、一九九六年、一九五頁。
（15）杉原丈夫編、松見文庫、一九七六年、一五二頁。
（16）福井県郷土誌懇談会、一九七四年、一四七頁。
（17）福井県郷土誌懇談会、一九七四年、六四〇頁。

(18) 前掲書、六七九頁。
(19) 荒木信次郎発行編纂、一九四四年、一四三頁。
(20) 『定本柳田国男集』第十三巻、筑摩書房、二五八頁。
(21) 山陰民俗叢書7『年中行事』、島根日日新聞社、一一四頁。
(22) 小学館、一九九二年、一八二～一八五頁。
(23) 『日本民俗学会報』一九五九年、三一頁。
(24) 『京都民俗』第七号、京都民俗学談話会、一九八九年、一〇六頁。
(25) 『日本民俗学』第八八号、一九七三年、三一頁。
(26) 前掲書、一一〇、一一七頁。
(27) 前掲書、三三頁。
(28) 前掲書、八六頁。
(29) 吉川弘文館、一九七七年、三五三頁。
(30) 弘文堂、一九八五年、七〇四頁。
(31) 『日本歌謡研究』第三十五号、一九九五年、六五頁。
(32) 前掲書、一〇九頁。
(33) 前掲書、一〇八頁。
(34) 前掲書、六九頁。
(35) 前掲書、一一五頁。
(36) 名著出版、一九九〇年、九頁。
(37) 有精堂、一九九四年、二五五頁。
(38) 伏見稲荷大社、一九五一年、八八頁。
(39) 地人書館、一九四三年、三〇二頁。
(40) 前掲書、三〇二～三〇三頁。

(41)『日本随筆大成』第一期第十一巻、一四七頁。
(42)『史料纂集義演准后日記』第一、一九七六、続群書類従完成会、一七四〜一七八頁。
(43)紀伊国屋書店、一九七一年、三六八頁。

若狭の鳥勧請

(1)近畿大学民俗学研究所、一九八九年、一九四頁。
(2)『古代史と民俗学』所収、一九七七年、一五〜一六頁。
(3)『えちぜんわかさ』第四号所収、福井民俗の会、一九七七年、四三〜四四頁。
(4)『定本柳田国男集』第二十二巻、「野鳥雑記」所収、一九七五年、一五三頁。
(5)『稲作の神話』、弘文堂、一九七三年。
(6)『日本祭礼行事』第七巻、一四八頁。
(7)『国学院雑誌』第九十四巻十一号、一九九三年、一六五頁。
(8)『ケガレからカミへ』、木耳社、一九八七年、六二〜六三頁。
(9)『薬網論——近江におけるジャのセレモニー』、近畿民俗叢書10、初芝文庫、一九九四年、七八頁。

無言交易と異類伝承

(1)『人類学雑誌』32巻8号、一九一七年、一〇〜一二頁。
(2)『南方熊楠全集』3、平凡社、一九八四年、七七頁。
(3)『定本柳田国男集』第五巻、「一目小僧その他」、筑摩書房、一九七五年、二三八頁。
(4)『異人その他』、言叢社、一九七九年、一一九頁。
(5)福井県郷土誌懇談会、一九五八年、七五九頁。
(6)東洋経済新報社、一九八一年、一一五頁。

龍蛇と宇宙樹の神話

(1)『日本の昔ばなし』1、講談社文庫、一九七九年、五四頁。
(2)日本古典文学大系1『古事記　祝詞』岩波書店、一九六四年、二八三頁。
(3)日本古典文学大系新装版『風土記』、岩波書店、一九九三年、四八三～四八四頁。
(4)日本古典文学大系67『日本書記　上』、岩波書店、一九八四年、二九六頁。
(5)松見文庫、一九七六年、八〇一頁。
(6)日本古典文学全集Ⅰ、小学館、一九八一年、二八八頁。
(7)宝文館出版、一九九〇年、三八頁。
(8)『南方熊楠全集』2、平凡社、一九八四年、五三頁。
(9)『日本伝説大系』別巻、みずうみ書房、一九八二年、三七六頁。
(10)中日新聞、一九九一年九月一七日～一九日。
(11)別冊歴史読本／最前線シリーズ〈日本古代史〔神話・伝説〕の最前線〉、新人物往来社、一九九六年、『地方の神話・伝説——もう一つの神話空間』、一三六頁。
(12)『丹哥府志』賢美閣、一九七九年、五四二頁。
(13)安田重晴『まいづる田辺道しるべ』、出版センターまひつる、一九九八年、二四七～二五〇頁。
(14)京都新聞社、一九七七年、一六〇～一六一頁。
(15)一九八四年、一六〇～一六三頁。
(16)人文書院、一九九四年、一八頁。
(17)白水社、一九七六年、三七四頁。
(18)『福井県無形民俗文化財』、福井県無形民俗文化財保護協議会、一九九七年、八三頁。
(19)前掲書、一六〇頁。
(20)季刊『自然と文化』三三号、「柱のダイナミズム」一九九一年、一四頁。
(21)岩波書店、一九八三年、五一頁。

トビ・飛の木・富の木渡し

(1)『食物と心臓』、創元社、一九四〇年、一六一～一九〇頁。
(2)『多賀大社叢書』文書編、多賀大社社務所、一九八三年、二七五頁。
(3)『多賀大社叢書』記録編、多賀大社社務所、一九七八年、三六一頁。
(4)『多賀町の民話集』、多賀町教委、一九六〇年。
(5)『多賀大社叢書』諸家編(一)、多賀大社社務所、一九八三年。
(6)『多賀大社叢書』諸家編(三)、多賀大社社務所、一九八五年。
(7)同書所収。
(8)『多賀大社叢書』記録編一、六八頁。
(9)『農と田遊びの研究』下巻、明治書院、一九八一年、三六九～三七〇頁。
(10)『日本の神々』5、白水社、一九八六年、四四六頁。
(11)『祝詞古伝承の研究』、国書刊行会、一九八五年、四三八頁。
(12)ジェームス・フレーザー『金枝篇』(一)、岩波書店、二五五頁。
(13)『大地・農耕・女性――比較宗教類型論』、未来社、一九八一年、一八五～二〇九頁。

シバの精霊

(1)『折口信夫全集』第三巻古代研究(民俗学編2)、中公文庫、一九七五年、二一九頁。
(2)弘文堂、一九七〇年、一七九頁。
(3)雄山閣出版、一九八四年、四〇〇頁。
(4)シリーズ『自然と人間の日本史』4、新人物往来社
(5)弘文堂、一九八八年、二一四頁。
(6)『金枝篇』(一)、岩波書店、一九六六年、二五四～二五五頁。

歯朶の冠

(1) 福井県郷土誌懇談会、一九七四年、第五「散楽祭礼」、六三九頁。
(2) 中山太郎歴史民俗シリーズ9、パルトス社、一九八八年、三八一頁。
(3) 『若越郷土研究』9の1、福井県郷土誌懇談会、一九六四年、一頁。
(4) 『椋鳥』、中央公論社、一九八〇年、六三頁。
(5) (3) に同じ。
(6) 前掲書、六三三頁。
(7) 『異人殺しのフォークロア』、青土社、一九八八年、八六頁。
(8) 第二章「旧跡、墓碑」五清水又六屋敷、宮川村役場、一九二五年、三三六頁。
(9) 松見文庫、一九七六年、五五〇頁。

トブサタテの民俗

(1) 新潮社、一九八四年、二一七頁。
(2) 新潮社、一九七六年、一一二頁。
(3) 小学館、一九八一年、二三九頁。
(4) 平凡社、一九五四年、一七四~一七五頁。
(5) 久曽神昇編『日本歌学大系』別巻一、風間書房、一九七八年、一六〇頁。
(6) 久曽神昇編『日本歌学大系』別巻二、風間書房、一九五八年、二五五~二五六頁。
(7) 佐々木信綱編『日本歌学大系』第一巻、風間書房、一九七八年、二五四頁。
(8) 地平社書房、一九二九年、二四~二六頁。
(9) 刀江書院、一九二六年、二五二~二五三頁。
(10) 「木の神話伝承と古俗」、弘文堂、一九八八年、二一六~二一七頁。

(11)日本文学古註釈大成・万葉集古註釈大成『万葉集仙覚抄・万葉集名物考他二編』、日本図書センター、一九七八年、七八頁。
(12)『万葉集古義第9巻・秋詞解・名所考』、国書刊行会、一九一三年、二二〇頁。
(13)『奈良文化』、一九三一年、七一頁以下。ほぼ同じことを『北陸万葉古蹟研究』（宇都宮書店、一九三四年）のなかでものべている。
(14)法政大学出版局、一九九一年、三一一頁。
(15)講談社学術文庫、一九七八年、一〇八頁。
(16)銀河書房、一九七七年、九九頁。
(17)前掲書、一四四～一四五頁。
(18)『木曽式伐木運材図会』一〇七頁。
(19)『冠辞考』下巻、大阪交盛館、一八九六年、五二頁。
(20)岩波書店、一九六四年、四一七頁。
(21)国書刊行会、一九七八年、八五頁。
(22)明治書院、一九四三年、一二四～一二五頁。
(23)光書房、一九八〇年、三三二頁。
(24)大日本地誌大系31、雄山閣、一九七〇年、六八頁。
(25)『菅江真澄全集』第三巻、一九七二年、未来社。
(26)『人類学雑誌』第33巻第4号、一九一八年、八九頁。
(27)農山漁村文化協会、一九九二年、九二頁。
(28)森田平次・森田外与吉著『能登志徴』巻五、石川県図書館協会、一九三八年、五一八～五二〇頁
(29)東京堂出版、一九八五年、三一四、二六一頁。
(30)未来社、一九六一年、四三～四五頁。
(31)煥呼堂、一九七五年、四八～四九頁。

(32) 前掲書、一〇七〜一〇八頁。

埋納予祝の民俗

(1)『日本民俗研究大系』第三巻・周期伝承、国学院大学、一九八三年、二三四頁。
(2)『小浜市史』社寺文書編、小浜市役所、一九七六年、五一頁。
(3) 同、四八頁。
(4) 同、四八頁。
(5)『伴信友全集』巻二、ぺりかん社、一九七七年、一五六頁。
(6)『小浜市史』史料編第一巻、小浜市役所、一九七一年、四八三頁。
(7) 若狭地方文化財保護委員会、一九五八年、一三〇頁。
(8)『小浜市史』社寺文書編、小浜市役所、一九七六年、五二頁。
(9) 同、五三頁。
(10) 稿本、小浜市立図書館所蔵。
(11)『小浜市史紀要』第5輯、小浜市教育委員会、一九八一年、四九頁。

森の神と開拓先祖

(1)『伴信友全集』巻五、ぺりかん社、一九七七年、一九四頁。
(2)『若狭郡県志』にはこの記述はない。
(3) 安間清編著『柳田国男の手紙・ニソの杜民俗誌』、大和書房、一九八〇年、二七頁。
(4) 日本民俗文化資料集成2『森の神の民俗誌』、三一書房、一九九五年、一五頁。
(5) 前掲書、二一頁。
(6)『群書類従』第十五巻、経済雑誌社、一九〇一年、四一三頁。
(7) 大飯町教育委員会、一九七一年、八六〜八八頁。

(8)『京都府北桑田郡誌』、名著出版、一九七二年、五九一頁。
(9)前掲書、五九〇頁。
(10)同、五八九頁。
(11)国史大系巻二、吉川弘文館、一九七二年、六五三頁。
(12)『日吉ダム水没地区文化財調査報告書』、一九八八年、六四一〜六四三頁。
(13)国書刊行会、一九八一年、三八〇頁。
(14)前掲書。

新装版に寄せて——その後の研究動向の一端から

講演の冒頭で、自己紹介代わりに民俗学の研究のライフワークとして三点のテーマを挙げることが多い。いわく「来訪神」「餅なし正月」「森神信仰」の三つである。いずれも日本民俗学の大きな研究テーマで、年中行事の一分野であることから主に年頭に集中しており、酷寒の時期ゆえ調査に困難を極める。しかも年に一度の機会しかないから、研究は遅々として進まない。いやはや、つくづく因業な仕事ではあるが、今さらやめるわけにはいかない。地道な採訪の作業を続けるしかないわけである。

以上三点はいわば表テーマ。裏テーマはといえば「初夜権」「割礼」(日本にも実はあるのである)と、悍《おぞ》ましい「カニバリズム」。むしろそっちを聞きたいとの下世話な注文も時にはあるが、今なお人間性の深層の民俗を直視する姿勢は失うまいと考えている。表テーマの「森神信仰」は全国を対象にすることは断念し、当地と近県に絞ってここ数年のうちにまとめたい。おおい町によるニソの杜の総合調査も近々始まる予定である。また「来訪神」については、若狭町の「戸祝い」「キツネガリ」の報告書が今年度には発刊されることとなった。本書の波及効果は確実に高まっているようである。

このたびの新刊に際し、編集部の求めに応じて「ニソの杜から考えるアニミズムの地平」とのサブタイトルを付したが、本書は第一部「森の神の動物誌」、第二部「森の神と異類伝承」、第三部「森の神の祭り」の三部立てになっており、おおよそ究極のテーマはアニミズムにほかならない。動物や樹木、異類・妖怪、精霊・地霊や祖霊、時には悪霊・怨霊が跳梁跋扈する、日本古代の民俗世界と霊魂観、神霊観が習合的無意識を形成する、日本人の感性の古層を執拗に論じた。「人はなぜ、天空にそそり立つ巨木をあがめ、その木や森を開拓の祖として信仰の対象にするのか。『固有信仰論』や『依《よ》代論《しろろん》』では解きがたい問いだ。常民の深層意識に根ざした神話的なイマジネーションの領域に、おずおずと踏み込みつつ、著者が描こうとするのは、巨木のある森と人と獣たちが群れつどう民俗世界である」と、的確に赤坂憲雄氏は『朝日新聞』（一九九八年十月二十五日付）の書評で紹介された。

また、野本寛一氏は『日本民俗学』二二二号（二〇〇〇年）の書評のなかで、「いわゆる民俗神や民俗芸能の研究は盛んなのであるが、神以前の精・精霊・モノ・ヌシといった霊的なものに関する体系的な研究は盛んだとは言えない。本書がもたらした最大の収穫は、山と森の精霊研究に、果敢に鑿を打ち込んだところにあると言えよう」として「シバの精霊」から「トブサタテの民俗」への流れを取り上げる。「伐った木や枝葉を立てる信仰行為を、定説化している依り代説で説くことを拒み、精霊説を主張しているのである。こう読んでみると、第三部第一章の「トビ・飛びの木・富の木渡し——桂祭りと予祝儀礼」もよく理解できる。これは、「信仰儀礼的に立てるものを安易に『依り代』として通過しようとする流れに対する批判である」「若狭という濃密な民俗土壌から鋭敏な感性と持続的な努力によって掬いあげられた民俗、それを、人と自然とのかかわりの根幹にかかわるアニミズムという視点で編みあげた本書から学ぶことは多かった」と述べておられ、大きな励ましをいただいたことは忘れられない。
果敢に先学を超克されようとされる現代日本民俗学の両巨頭から、心強い支持と共感を発刊後に頂き発奮したが、その後、年ごとに強まる地球環境の悪化と、二〇一一年三月十一日の東日本大震災と原発事故の発災を受けて森の文明・文化への関心はよりいっそう強くなり、本書がとくに取り上げた樹木や動物に関する民俗信仰に深い興味と閉塞感の打破、打開・超克の契機を民俗誌のなかに見出そうとする機運が一部に見られるようになる。とりわけニソの杜については、上田篤氏の依頼を受け社叢学会で記念公演をしたこともある。

以前「シャレのめして、よく『原子と原始が混在する』と評されることがある、福井県大飯郡大飯町大島」と宮田登監修『ふるさとの伝承　解説編』の「小さな森の祭り——若狭の森神信仰」のなかで冒頭に述べたことがある。折しも原発事故とニソの杜を関連させて、人類学者の中沢新一氏の発案で「ニソの杜から日本の未来を考えるシンポジウム」が二〇一二年六月三日に小浜市文化会館でグリーンアクティブの主催で開催された。あまりにもトレンディなテーマと素材に当初躊躇したものの、若狭のニソの杜の存在を全国に広く知ってもらうために現地案内とパネリストをお引き受けした。

リーフレットのなかで、主催者の中沢新一氏は次のように述べている。福井県大飯郡おおい町大島は、「日本文明のルーツを探ろうとするとき、とてつもなく貴重な文化遺産を残した土地」で、そこに多数点在するニソの杜は、「森におおわれた積石古墳によって、(…) 大昔の墓所であり、また家の先祖を祀る神社でもあったことがわかる。柳田國男は『ニソの杜』こそが日本の神社の原型であるという学説をたてた。それ以来、大島半島は日本民俗学の聖地の一つとなった」とする。「『ニソの杜』を含む環境と文化的伝統は、長いこと大島の人々の努力によって守られてきた。（…）半島突端部に原子力発電所を建てる、という関西電力と日本政府の申し出があったとき、大島の人々は逡巡の末に、原子力発電の建設を受け入れることにした。それから三十三年がたった。／私たちはいまあらためて『ニソの杜』の価値について考え直してみなければならない、と考えるにいたった。『ニソの杜』は荒廃しかかっている。それを失えば、日本人は取り返しのつかない宝を永久になくしたことになる。いったい私たちにとってほんとうに価値のある生活とはなにか。経済的な豊かさにまさる『別の豊かさ』はじっさいにあるのではないだろうか」

この言や良し。問題はシンポジウムの原発問題をめぐっての応答のなかで、わたしが「都会と地方（都と鄙）」の問題として提議しようとしたところ、司会のいとうせいこう氏が「都と鄙の問題は日本国内だけの問題ではなく、日米関係でもある」と引き取り、肝心要の話題を拡散してしまったことに、都会人の卑怯さへの疑念と憤懣を覚えた。原発問題の主眼は都市と地方の経済格差にその多くを負っているはずである。シンポジウムの記録は『すばる』九月特大号（二〇一二年）にほぼ全文が掲載された。参照されたい。

二〇一四年六月十八日

亡母の十七回忌を終えて　金田久璋

著者略歴
一九四三年、福井県生まれ。民俗学者・詩人。若くして民俗学者の谷川健一氏に師事。日本民俗学会評議員、福井県文化財保護審議会委員、福井民俗の会顧問、若狭路文化研究会会長。著書に『稲魂と富の起源』（白水社）、『あどうがたり』（福井新聞社）など。

本書は一九九八年に小社より刊行された。

森の神々と民俗《新装版》
ニソの杜から考えるアニミズムの地平

二〇一四年七月一五日 印刷
二〇一四年八月一〇日 発行

著 者 © 金《かね》田《だ》久《ひさ》璋《あき》
発行者 及 川 直 志
装幀者 小 林 剛（UNA）
印刷所 株式会社 理 想 社
発行所 株式会社 白 水 社

東京都千代田区神田小川町三の二四
電話 営業部〇三（三二九一）七八一一
編集部〇三（三二九一）七八二一
振替 〇〇一九〇‐五‐三三二二八
郵便番号 一〇一‐〇〇五二
http://www.hakusuisha.co.jp
乱丁・落丁本は、送料小社負担にてお取り替えいたします。

株式会社松岳社

ISBN978-4-560-08391-8

Printed in Japan

白水社の本

白山麓の焼畑農耕
その民俗学的生態誌

橘　礼吉

《第三十四回柳田國男賞受賞》白山麓はかつて日本の焼畑雑穀センターというべき存在だった。そこに展開された農耕文化の全貌を、技術、作物、料理、儀礼を柱として記述・分析し、焼畑農耕の本質を究明する。

庶民列伝
民俗の心をもとめて

野本寛一

広い領域と多様な地形要素をもつ静岡県は、民俗の宝庫であり、とりわけ伝統的職業をもつ住民との語らいの中から生まれた本書は、読物としての高い格調と民俗の心を伝えてやまない。

軒端の民俗学

野本寛一

内と外の境界を象徴する軒端は、実用・信仰の両面で多様な民俗が展開され、日本人の生活と思想が最も鮮明に現れる場であった。一四〇〇枚におよぶ写真を援用、日本人の空間意識の本質に迫る。

生態民俗学序説

野本寛一

生態学の概念を民俗学に導入し、とりわけ民俗の連鎖現象を手がかりとして、種々の気候・風土に生きる日本人の生活体系を組織的に解明する。民俗学の発想転換を迫る画期的大著。

海岸環境民俗論

野本寛一

海岸（汀線をはさんだ海陸両面の一定領域）のもつ地理的・生態的諸要素と生業との関連を精査し、サンゴ礁・磯・潟・砂地・河口・海峡・海蝕洞窟をテーマに斬新な考察を展開する。